HISTORIA Y GEOGRAFÍA DE AMÉRICA

DE LA FORMACIÓN NACIONAL AL SIGLO XX

Augusto Montenegro González

Profesor Titular de Historia y Profesor Distinguido en Historia de la Pontificia Universidad Javeriana de Bogotá. Director del Departamento de Historia y Geografía (1968-1987) y ex-consejero académico de la Facultad de Educación de dicha universidad. Doctorado en Derecho y Estudios de Ciencias Sociales (Universidad de La Habana), Licenciatura en Filosofía y Letras con especialización en Historia y Doctorado en Historia (Universidad Javeriana). Profesor de Ciencias Sociales durante varios años en colegios oficiales y privados. Ex-profesor de las universidades Santo Tomás de Villanueva y Social Católica de La Salle (La Habana), Pedagógica y de la Sabana (Bogotá) y del Instituto de Capacitación para el Magisterio de Bogotá. Autor de numerosos textos y trabajos históricos.

Inés Elvira Rojas de Reyes

Licenciada en Ciencias Sociales y especialista en materiales para la enseñanza de la Geografía. Es autora de los capítulos geográficos que forman la primera unidad.

GRUPO EDITORIAL
norma
EDUCATIVA

Primera edición, 1996
Primera reimpresión, 1997

Carr. 869 km 1.5
Royal Ind. Park, Bo. Palmas Cataño
Puerto Rico
Teléfonos: 788 5050 y 788 6010 - Fax 788 7161

Impreso por ImpreAndes
Calle 15 No. 39A-34 Santafé de Bogotá
Mayo 1997
Impreso en Colombia — Printed in Colombia

Director editorial, William Mejía Botero
Editor senior, Andrés Olivos Lombana
Editor junior, María Clara Pineda
Corrector, Antonio Atehortúa
Diagramación, Giry Checa
Fotografías interiores, archivo Editorial Norma, Libia M. González
Fotografía de cubierta, The Image Bank
Mapas, Carlos Ruiz

ISBN del libro: 958-04-3011-X

Carta abierta al estudiante

Apreciado Estudiante:

Este libro de **Historia y Geografía de América: de la formación nacional al siglo XX**, se te presenta como un amigo y compañero de viaje en tu camino de aprendizaje y de formación.

- Esperamos que al finalizar el curso, este libro te haya contribuido a:
  — establecer relaciones de causa y efecto en torno al ambiente geográfico y diversos aspectos de la vida económica y sociocultural de las Américas;
  — analizar fenómenos fundamentales en los procesos políticos, económicos y sociales de las Américas, desde la época de formación nacional hasta el presente;
  — argumentar en torno al impacto negativo y positivo que tuvo la independencia de las colonias americanas;
  — explicar los aspectos más significativos del desarrollo político, económico y social de Estados Unidos después de la independencia;
  — evaluar la situación política, económica y social de la América Española después de lograr su independencia;
  — analizar aspectos esenciales de la política, la economía, la sociedad y la cultura de América Latina en la época contemporánea;
  — reconocer y estimar la relación histórica de Puerto Rico con los pueblos de América;
  — expresar actitudes positivas hacia personas de otras razas, culturas y religiones, libres de estereotipos y prejuicios por razones de sexo, nacionalidad, edad o condición física.

Asimismo tu libro de **Historia y Geografía de América: de la formación nacional al siglo XX** se inscribe dentro de los objetivos generales del currículo del Programa de Estudios Sociales. Y en consecuencia se identifica con tales objetivos a través de dos propósitos fundamentales:

- Este libro, interpretando el Programa de Estudios Sociales, se propone contribuir, — Conjuntamente con tus padres y maestros—, a tu crecimiento, formación personal y social, dentro de los principios humanísticos y morales.

- Este libro, —en cuanto herramienta didáctica para el proceso de enseñanza-aprendizaje—, se te propone como ayuda para entender la realidad histórico-social del mundo en el que te ha correspondido vivir, a la vez que te estimula en la formación de un pensamiento crítico, reflexivo y de análisis, que te conduzca a asumir una actitud comprometida con la tarea de construir un país y un mundo en el espíritu solidario, en paz y armonía, en el que los derechos humanos sean una realidad al alcance de todos los hombres y mujeres del planeta.

Finalmente, en nombre de los autores y de nuestro equipo editorial, te deseamos los mayores éxitos en todos tus empeños por lograr un mejor y mayor crecimiento como persona, como estudiante, como puertorriqueño y como ciudadano del mundo.

Cordialmente,

Andrés Olivos Lombana
Editor

Conoce tu libro

Este texto ha sido organizado cuidadosamente para facilitar tu lectura y estudio comprensivo. De tal manera se espera que este libro se convierta, —para ti y tu maestro—, en la mejor herramienta didáctica para el estudio de la Historia y la Geografía de América: de la formación nacional al siglo XX.

Para un mejor aprovechamiento de tu texto es importante que conozcas cuáles son y cómo se presentan las distintas secciones.

• PÁGINAS PRELIMINARES

— Carta abierta al estudiante: allí encontrarás la exposición sobre la concordancia del texto con el programa de Estudios Sociales, así como los propósitos pedagógicos y éticos de este libro en relación con tu formación como ciudadano comprometido con tu país y con el mundo.

— Contenido: como cualquier índice, —te indica—, en resumen, los títulos de las unidades y de los capítulos, el orden de su exposición y la página precisa donde puedes ubicarlos.

• DESARROLLO DE LOS CONTENIDOS

— Unidades: encontrarás seis unidades, diferenciadas de acuerdo a una temática específica. Cada unidad se compone de un promedio de 5 capítulos. En la primera página o portada de unidad encontrarás los objetivos, los títulos de los capítulos y un texto de presentación o introducción de los temas a tratar.

La primera unidad, escrita por la especialista Inés Elvira Rojas de Reyes, ofrece el ambiente geográfico de América, necesario para la comprensión del espacio en que se desarrollaron las sociedades de nuestro continente y los factores condicionantes de problemas actuales.

Las unidades segunda a sexta desarrollan la información histórica, como se explica a continuación.

La segunda unidad, titulada Repasando lo estudiado: época indígena y época colonial, resume el aprendizaje que hiciste sobre estas dos épocas en 5º grado. El repaso afianza los conocimientos indispensables para estudiar con más profundidad los siglos XIX y XX, de acuerdo con la organización cronológica de los cursos de Historia de Puerto Rico, Historia de América e Historia del Mundo.

La tercera unidad abarca desde las reformas Borbónicas y la Ilustración en el siglo XVIII hasta las campañas que independizaron las naciones continentales de América de sus respectivas metrópolis: Inglaterra, España y Portugal.

La cuarta desarrolla los procesos de formación de las nacionalidades en Estados Unidos, las repúblicas hispanoamericanas y Brasil. El énfasis está en las nuevas sociedades creadas y en las relaciones entre sus organizaciones políticas, sus economías, sus manifestaciones culturales y las influencias internacionales.

La quinta estudia a América en el siglo XX, particularmente en su desarrollo político y económico. Encontrarás un capítulo muy novedoso en que se explica la participación de la mujer en nuestra historia continental y la conquista de sus derechos civiles, políticos y laborales.

La sexta y última unidad trata de las expresiones científicas, artísticas y literarias en el siglo XX, los problemas contemporáneos y las asociaciones vigentes para la integración de América Latina. En el capítulo final podrás valorar la identidad latinoamericana de Puerto Rico y las importantes vinculaciones históricas y culturales con los demás pueblos de América Latina.

— Capítulos: el libro está dividido en 30 capítulos. Cada uno de los capítulos presenta las siguientes secciones:

- Síntesis: de los contenidos del capítulo
- Texto de fondo: desarrollo de los contenidos.
- Citas (al margen): fragmentos breves de autores especialistas en el tema.
- Frase u oración: fragmentos breves de autores especialistas en el tema.
- Glosario: definiciones de términos especializados o de uso frecuente.
- ¿Para qué la historia?: texto de reflexión, al final del capítulo, que promueve el pensamiento crítico, y relaciona el pasado con el presente, dando mayor relevancia a la importancia del estudio de la historia.
  Actividades: cuestionarios, trabajos de observación, debates, entrevistas, dramatizaciones.
  Talleres: ejercicios para el desarrollo de destrezas que dinamizan el proceso de enseñanza-aprendizaje.
  -Evaluación: ejercicios indicadores del grado de competencia en relación con lo estudiado en el capítulo.
  Los talleres y las evaluaciones fueron elaborados por Teresa Florián, licenciada y docente.

— *Sección al final de la unidad*

- ***Documentos:*** fragmentos de fuentes historiográficas que complementan y refuerzan los contenidos explicativos del texto.

- ***Letras americanas:*** fragmentos de obras literarias que complementan el estudio de la historia en integración con otras disciplinas.

• PÁGINAS FINALES

— ***Epílogo:*** Reflexiónes finales del autor: la dinámica del proceso histórico del continente. La necesidad del pensar criticamente nuestro pasado; y el conocimiento como, aporte a la construcción del siglo XXI.

— ***Bibliografía:*** Referencias bibliográficas para una mayor profundización de los temas (general y por unidad).

— ***Anexos:*** cinco tablas cronológicas correspondientes a las unidades segunda a sexta.

Contenido

Unidad 4

Unidad 5

Unidad 6

UNIDAD

1

El paisaje americano

Objetivos

1. Establecer los elementos que identifican el continente americano.
2. Explicar cómo es el medio físico de América para identificar los fenómenos naturales que en ella se producen.
3. Identificar los recursos naturales de América y ubicarlos en el espacio.
4. Identificar cada uno de los territorios que conforman las Grandes y las Pequeñas Antillas y establecer las características físicas más significativas del archipiélago.

Capítulos

Presentación

Los capítulos siguientes te ofrecen una valiosa información sobre la geografía del continente americano, la cual te brinda la oportunidad de admirar el paisaje natural, sus formas y riqueza, al igual que determinar las causas de sus transformaciones. Analizarás las diversas formas de interacción del hombre con su medio.

Canal de Panamá.

América, unidad y diversidad

CAPÍTULO

1

SÍNTESIS

El nombre de América

Muchas veces te habrás preguntado de dónde salió el nombre de nuestro continente. Pues bien, América se llama así, en honor al navegante y cartógrafo italiano Américo Vespucio, quien difundió en 1504 la noticia de haber llegado a un Nuevo Mundo, pues los navegantes que acompañaron a Colón en sus viajes no lo sabían. Este nombre, apareció por primera vez en 1507, en la introducción a la Cosmografía del geógrafo alemán Martín Waldseemüller.

América se encuentra en el hemisferio occidental y está formada por América del Norte y América del Sur, enlazadas por el istmo de América Central y el arco insular de las Antillas. El continente está enmarcado por océanos. El Atlántico que incluye el mar Caribe, tiene un litoral amplio y numerosos accidentes; el Pacífico es pobre en accidentes y su línea costera es un reflejo del relieve continental.

Partes, formas y extensión

América comprende tres conjuntos continentales y uno insular: América del Norte y América del Sur, enlazados por el istmo de América Central y el archipiélago de las Antillas.

Habrás observado en los mapas que, tanto América del Norte como América del Sur, tienen forma de triángulo. La primera, es más ancha y por ello comprende mayor número de meridianos; mientras que la segunda, es más larga y engloba mayor número de paralelos.

América tiene una superficie de 42,032,533 km². Representa el 29,1% de las tierras emergidas del planeta y ocupa el segundo lugar respecto a la superficie de los demás continentes. Su territorio se extiende por los dos hemisferios, desde las cercanías del polo Norte hasta las proximidades del Círculo polar Antártico.

Porcentaje que representa la tierra emergida de América en relación con los demás continentes.

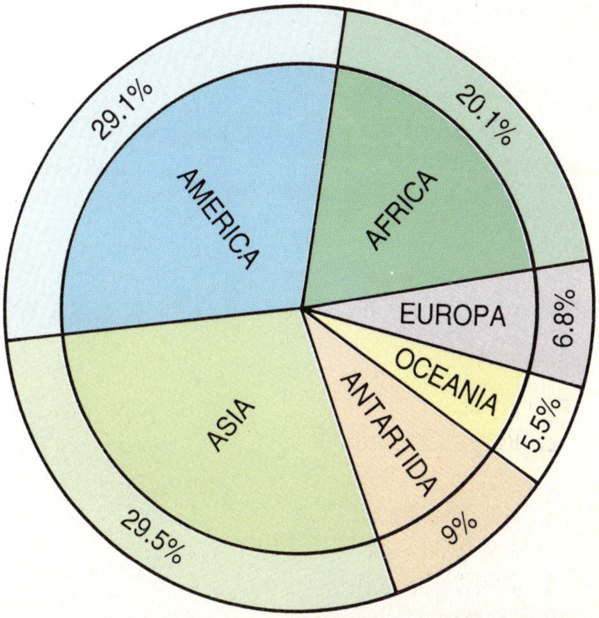

América del Norte abarca 22,759,379 km², desde Alaska hasta el istmo de Tehuantepec en México. América Central, tiene una superficie de 1,427,692 km² y comprende desde el istmo de Tehuantepec hasta el istmo de Panamá, en donde se halla el canal del mismo nombre, abierto desde 1914 al paso de barcos de un océano a otro. América del Sur, comprende 17,845,462 km² desde el istmo de Panamá hasta Cabo de Hornos. El conjunto de las islas Antillas que, como una guirnalda se reparte en forma de arco sobre el mar Caribe, tiene una superficie de 235,000 km².

Posición astronómica o absoluta

En el globo terrestre América se encuentra ubicada dentro de los siguientes puntos:

- Norte, a 71° 23' de latitud norte, Punta Barrow
- Sur, a 55° 55' de latitud sur, Cabo de Hornos
- Este, a 35° de longitud oeste, Recife
- Oeste, a 168° de longitud oeste, Cabo Príncipe de Gales

Posición geográfica o relativa

El continente americano se encuentra rodeado de agua. Limita al norte con el océano Glacial Ártico; al este con el océano Atlántico; al sur con el océano Glacial Antártico y al oeste con el océano Pacífico.

La separación de América de las demás masas continentales del planeta, produjo hasta el siglo XV, un aislamiento relativo. Actualmente la situación de América se torna privilegiada por su acceso a los dos océanos más grandes y frecuentados del globo: el Atlántico y el Pacífico.

Partes que conforman América.

A continuación estudiarás lo que se entiende por plataforma continental y las características de cada uno de los océanos que circundan nuestro continente.

Plataforma continental

Se llama plataforma continental al relieve continental que se prolonga en el lecho marino hasta una profundidad de 200 m. En el Atlántico la plataforma continental es continua y oscila entre 200, 400 y 600 km de ancho, especialmente frente a la isla de Terranova, desembocadura del Amazonas y la Patagonia Oriental.

Características del océano Atlántico

El océano Atlántico tiene el tráfico comercial más intenso y como consecuencia sus puertos son los de mayor intercambio con Europa, y al mismo tiempo, los que han recibido el más alto número de inmigrantes europeos. La línea costera es amplia y con litorales articulados que han favorecido el desarrollo de la navegación y el emplazamiento de puertos. Estos se enriquecen con la presencia de numerosos ríos que discurren por estuarios o forman deltas en sus desembocaduras.

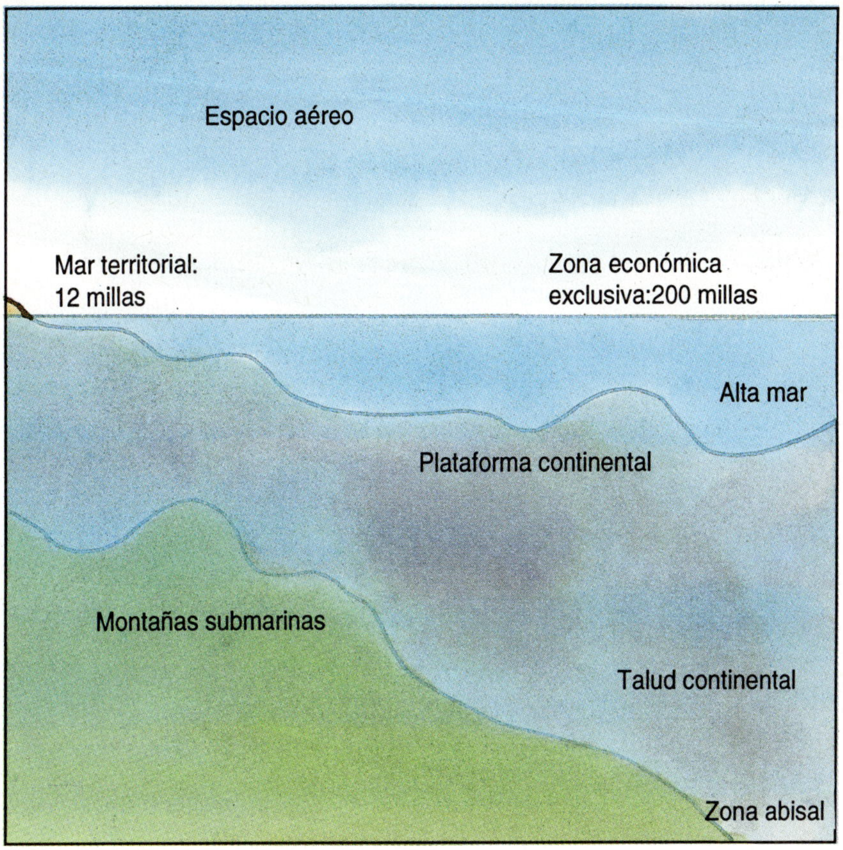

Corte vertical de la plataforma continental.

Por esta razón, en el litoral Atlántico se encuentran algunas de las ciudades más populosas, como Nueva York, Boston, Filadelfia, Miami, Río de Janeiro, Buenos Aires y Montevideo.

El océano Atlántico presenta tres corrientes marinas: la del Brasil y la del golfo de México, cálidas, mientras que la del Labrador, es fría. Posee profundos cañones submarinos ubicados a 203 km al sur de Nueva York.

Dentro de las formaciones costeras y cercanas al litoral, sobresalen en América del Norte, la isla de Terranova y la península de Nueva Escocia, desembocadura del río San Lorenzo; Long Island, en donde termina el río Hudson y está emplazada la ciudad de Nueva York; la península de La Florida, que forma con Cuba el estrecho del mismo nombre. En América Central, se destacan la península de Yucatán y el golfo de Honduras.

En América del Sur, los accidentes litorales más notables son: la isla de Trinidad, frente al delta del Orinoco y las islas de Marajó, Mexiana y Caviana, emplazadas en la desembocadura del río Amazonas. Además, el cabo de San Roque, los golfos de Bahía Blanca, San Matías y San Jorge; más al sur, el estuario de la Plata, las islas Malvinas, situadas frente a las costas de Argentina y en el extremo austral, el estrecho de Magallanes con su canal del Beagle, cavado por los hielos en las épocas de las glaciaciones, por donde se comunica un océano con otro.

La corriente del Niño debe su nombre al nacimiento de Cristo, ya que alrededor de la Navidad desciende hacia el sur, cuando se retira hacia el oeste la corriente fría de Humboldt, provocando lluvias y florecimiento vegetal en el desierto de la costa peruana.

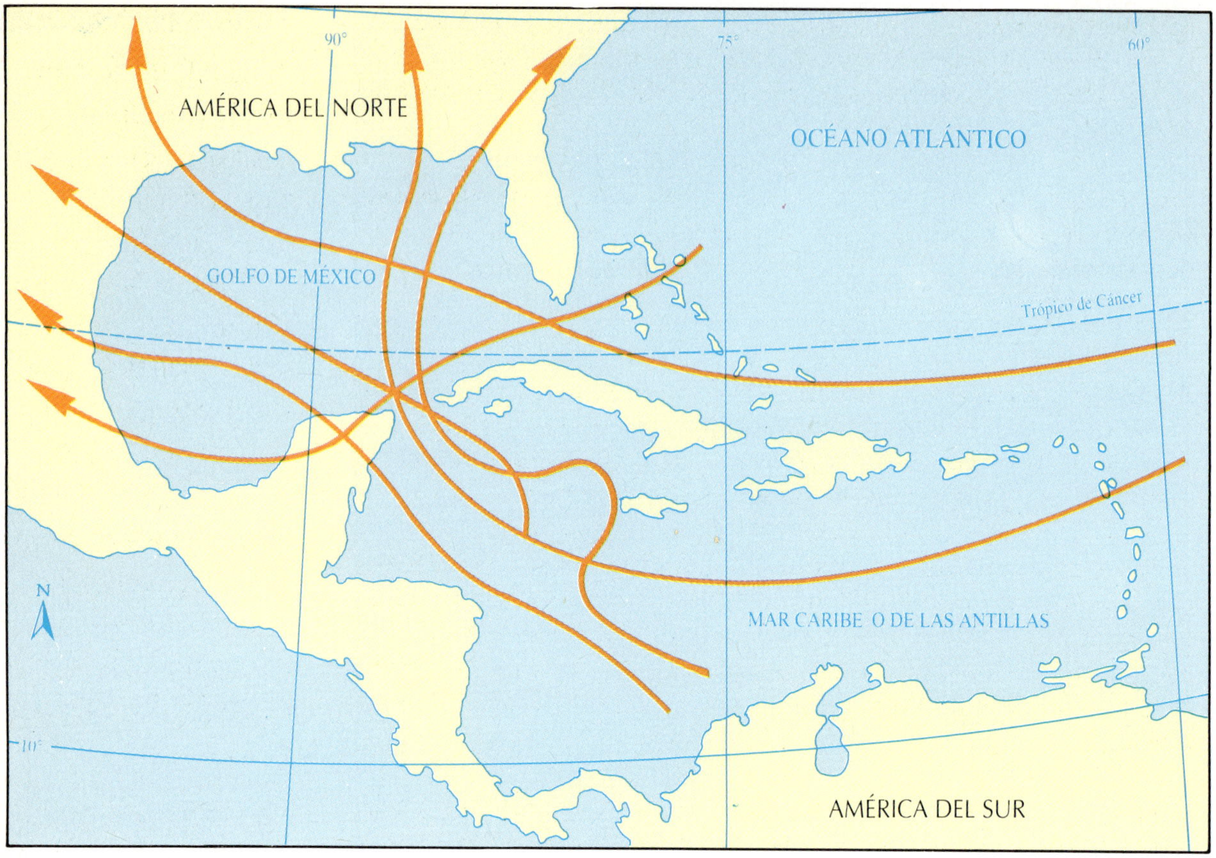

Dirección que llevan los huracanes en el mar Caribe.

El mar Caribe

El mar Caribe, llamado también el Mediterráneo Americano, se extiende por la zona tropical, sobre 4,300 km^2 y alcanza profundidades de 2,000 m. Incluye dos brazos del océano Atlántico.

El golfo de México, está al lado oeste y el mar de las Antillas se encuentra al este. En el golfo de México, nace la corriente cálida del mismo nombre; allí el fondo del mar desciende en forma de escalera hasta el centro en donde se halla la fosa Sigsbee (4,375 m). El mar de las Antillas presenta dos fosas profundas, la de Puerto Rico (9,219 m) y la de Bartlett (7,239 m).

Terremotos y huracanes en el Caribe

Seguramente, al sentir un temblor de tierra o al soportar un huracán, te has preguntado cuáles son las causas de estos fenómenos naturales. A continuación encontrarás una explicación en torno a la relación que existe entre estos acontecimientos y el sitio en donde se encuentran las islas de las Antillas .

La situación de las islas de las Grandes Antillas, es geológicamente compleja por encontrarse al borde norte de la placa Caribe; este hecho, está asociado al peligro de los terremotos cuando la placa se desplaza en dirección este. Las Grandes Antillas no presentan volcanes activos, en contraste con las pequeñas Antillas situadas al sureste, en donde sí hay erupciones volcánicas. Un huracán es aire en movimiento. Se origina cuando la temperatura del agua del mar supera los 26 °C. Como el mar Caribe está ubicado en una parte de la zona tropical y esta recibe directamente los rayos del sol durante todo el año, la temperatura del agua se eleva y alcanza a los 25 °C en febrero y a 29 °C en agosto.

Las tormentas y los huracanes barren las islas con sus vientos veloces que alcanzan de 120 a 240 km por hora, sembrando a su paso la ruina y la destrucción.

Océano Pacífico

¿Sabías que el océano Pacífico ha sido llamado el océano del siglo XXI? Ahora conocerás la razón de este apelativo. La importancia del océano Pacífico se debe tanto a la riqueza mineral de su cuenca, como al vínculo que establece entre el continente americano, el sureste de Asia y el Japón.

Surcan las aguas del Pacífico varias corrientes marinas; las más conocidas son la de Humboldt al sur y la de California, al norte. Hay otras cuya manifestación es muy reciente . Entre ellas tenemos la corriente cálida del Niño, que circula con dirección norte-sur, a lo largo de la costa peruana, y la corriente templada de Gunther, que va en dirección contraria a la de Humboldt a 400 m de profundidad.

El trazado de la costa pacífica, coincide a grandes rasgos, con la dirección de las cadenas montañosas muy próximas a la línea del litoral; como consecuencia, la plataforma continental es angosta y en el océano hay fosas abisales.

El litoral Pacífico es poco recortado, con excepción de las zonas al oeste de Canadá, al sur de Chile y desde Costa Rica hasta Panamá; el resto, carece de mares interiores y de planicies costeras amplias. Dentro de las fosas más

"(...) elGulf Stream es un río que discurre libremente por el Atlántico, (...)un río salado, incluso más salado que el mar (...)En ciertos puntos, su corriente discurre a una velocidad de hasta cuatro kilómetros por hora, el volumen de sus aguas, que es invariable, supera al de todos los ríos del globo".

VERNE, Julio. Veinte Mil Leguas de Viaje Submarino. Bogotá, Oveja Negra, 1984. pág. 404.

Falla geológica.
San Andrés (California).

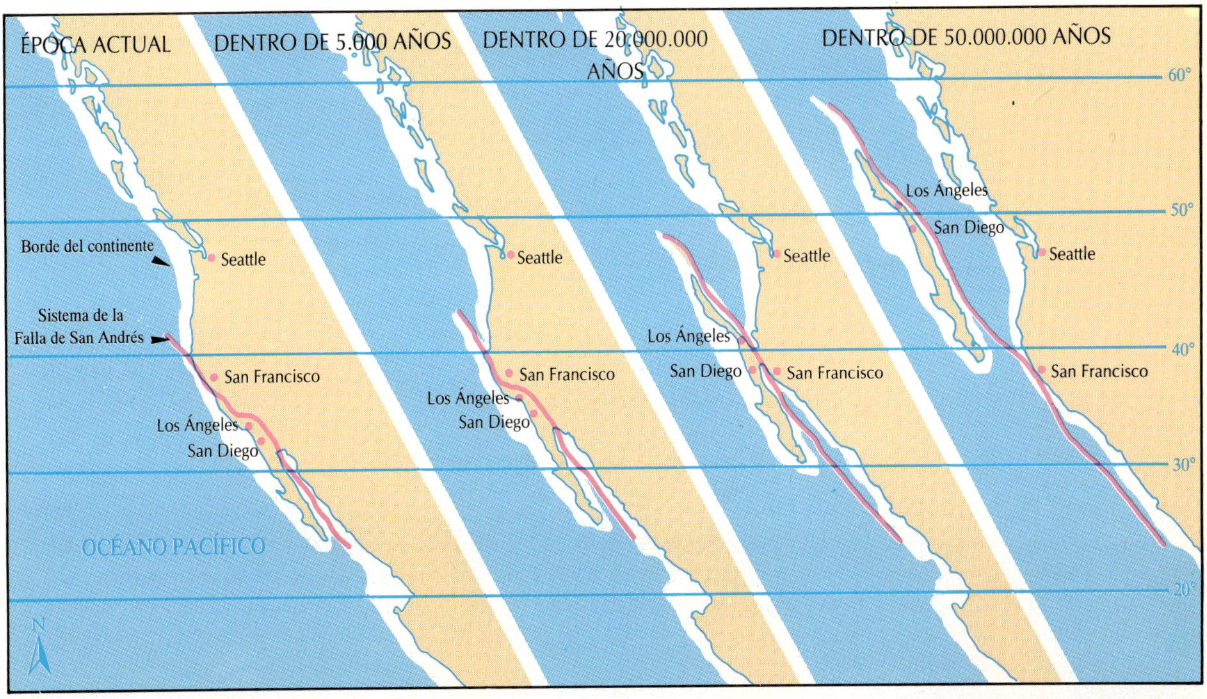

GLOSARIO

Estuario: Desembocadura de un río que por tener un lecho de rocas duras se halla libre de sedimentos.

Deriva Continental: desplazamiento lento de los continentes de una parte del globo a otra a lo largo de grandes períodos de tiempo. Este fenómeno se explica por el desplazamiento de las placas que conforman la corteza continental y la oceánica.

Abisal: superlativo de abismo, relativo a la expansión del fondo del mar. Gran profundidad submarina.

profundas, se destacan: las Aleutianas (7,678 m); la que se encuentra frente a América Central, que va desde el sur del golfo de Tehuantepec hasta Panamá (6,488 m); la fosa de Lima (6,769 m) y la de Atacama, al norte de Chile.

Los accidentes litorales más notables del Pacífico, son: La península de California en Estados Unidos, que amenaza con desprenderse del continente, y el golfo de Guayaquil en Ecuador. Además, a 1,000 km de la costa ecuatoriana se encuentran las islas Galápagos, llamadas así por sus asombrosas tortugas gigantes.

Océano Glacial Ártico y Antártico

El océano Glacial Ártico mantiene sus aguas congeladas la mayor parte del año. Su profundidad alcanza los 5,440 m y es emisario de grandes témpanos de hielo que se desplazan por la corriente fría del Labrador. Por ello, la navegación se torna difícil. Sus costas conforman un laberinto de canales, fiordos e islas, de las cuales se destaca Groenlandia, posesión de Dinamarca.

En el extremo sur del continente, entre el Cabo de Hornos y el continente Antártico, se encuentra el paso de Drake; allí la profundidad de las aguas oscila entre 2,000 y 4,000 m y circula la corriente fría del Antártico por donde se desplazan gigantescos bloques de hielo. ◆

¿Para qué la Geografía?

A medida que avances en tus estudios geográficos precisarás las particularidades físicas de la variedad de paisajes que tiene nuestro continente y lograrás darle una mayor significación cuando las relaciones con la presencia humana. Así lo podrás percibir, cuando por ejemplo, además de localizar e identificar correctamente los océanos, analices su importancia económica y política en la historia de muchos pueblos. Hoy cuando nos hallamos en las puertas del siglo XXI, el Pacífico se mira como el océano del futuro.

Actividades

Trabajo grupal

Organízate con tus compañeros para realizar una consulta en la biblioteca, acerca de las teorías de la Deriva Continental y de la Tectónica de Placas. Fijen las conclusiones en el tablón de edictos.

Trabajo individual

Contesta, en tu libreta, las siguientes preguntas:

- ¿Qué relación existe entre la plataforma continental y el relieve terrestre?
- ¿Por qué hay mayor tráfico comercial y un mayor número de inmigrantes europeos en la costa este de América?

Trabajo individual

Elabora, en tu libreta, un cuadro comparativo sobre las características de los océanos que circundan América.

Trabajo individual

Elabora una cartelera que ilustre la historia e importancia del canal de Panamá y su próximo futuro.

Trabajo grupal

Junto con tres compañeros, realiza una entrevista a tres maestros de estudios sociales, sobre las precauciones que deben tomarse cuando se presentan sismos y huracanes. Luego, presenta a los compañeros un informe.

Trabajo grupal

Con tres compañeros, elabora un mapa mural de América y sobre él moldea en arcilla o plasticina sus principales accidentes costeros. Acompáñalo con un comentario sobre la importancia de sus formas costeras en el desarrollo americano.

TALLER

1

Observación de paisajes geográficos

En los estudios sociales un aspecto fundamental es el conocimiento de los espacios geográficos. Esto se logra cuando el sitio es observado con detenimiento, y se siguen algunas pautas que conduzcan a un estudio ordenado de los elementos del paisaje.

En esta oportunidad te damos a conocer estas pautas:

- Antes de viajar, debes proveerte de un mapa o plano, donde localices de manera precisa el área a visitar;
- sobre el mapa o plano traza la ruta a seguir para llegar al sitio escogido;
- una vez en el área, observa el medio físico: características, dimensiones y límites;
- si predomina el paisaje natural, señala las unidades de relieve que sobresalen (montañas, valles, depresiones, llanuras);
- si por el contrario es un área urbana, elabora un plano del lugar, teniendo en cuenta los puntos cardinales;
- entabla diálogos con las personas del lugar, interrógalos sobre las ventajas y desventajas del área, posibilidades de comunicación y recursos;
- recoge muestras de la vegetación y del suelo, si te es posible, o toma algunas fotografías;
- finalmente, redacta un informe de lo observado.

Realiza la observación del paisaje dentro del cual se encuentra tu colegio.

Revisa tu trabajo y comprueba si cumplió con los siguientes aspectos:

- Se utilizó un buen mapa o plano y se logró un trazo correcto de la ruta seguida, en este caso de tu casa al colegio.
- Se delimitó correctamente el lugar.
- Las formas del relieve fueron ordenadas y caracterizadas.
- Se identificó y clasificó la fauna y flora del lugar.
- La información recolectada se ordenó de acuerdo con su importancia.
- El informe presentado es claro y ordenado.

Con la asesoría de tu profesor(a) selecciona un paisaje de tu región, obsérvalo y presenta un informe.

Paisaje rural

Paisaje urbano

Rasgos físicos de América

CAPÍTULO

2

SÍNTESIS

El relieve americano

Este capítulo te servirá para refrescar tus conocimientos a cerca de las formas predominantes del relieve americano, los cambios que produce la erosión y algunos aspectos relativos al clima. De esta manera podrás comprender mejor cómo se han creado los diversos paisajes que tiene nuestro continente.

El relieve de América está conformado por tres unidades. Al lado este, se encuentran los macizos antiguos desgastados por la erosión; en el centro, las llanuras de origen aluvial y al oeste, las cadenas montañosas jóvenes.

El continente Americano tiene un relieve compuesto por macizos antiguos, al lado este; llanuras aluviales surcadas por grandes ríos, al centro; y por un eje montañoso, situado al oeste en donde se presentan frecuentes sismos y erupciones volcánicas. Las aguas de los ríos llegan a las vertientes del Ártico, Atlántico y Pacífico. Por su extensión latitudinal, hay seis tipos climáticos que son: polar, frío, templado, tropical, seco y en las partes con relieve elevado, clima de altura.

Macizos antiguos

En América del Norte, se encuentra el macizo Canadiense, mientras que en América del Sur, se destacan tres macizos; al norte, el macizo Guyanés; al centro, el macizo Brasileño y al sur, el macizo de la Patagonia.

Cordilleras jóvenes

Las cordilleras jóvenes se levantan muy cerca de la costa del océano Pacífico desde Alaska hasta Tierra de Fuego. En América del Norte sobresalen la Cordillera de Alaska, montañas Rocosas, sierras de las Cascadas, Nevada, y sierra Madre Occidental. En la costa este se levantan los Apalaches y la sierra Madre Oriental. La máxima altura en esta región es el monte MacKinley (6,195 m.s.n.m).

En América Central, el relieve elevado se denomina cordillera dorsal y en América del Sur, se conoce en toda su extensión como Cordillera de los Andes cuyo pico culminante es el monte Aconcagua (6,959 m.s.n.m).

Perfil del relieve andino desde la costa del Perú hasta la Amazonía.

El canal de Erie, cuya construcción se terminó en 1825, abrió la primera vía de comunicación entre la costa del Atlántico y el medio oeste, permitiendo el desplazamiento de las barcazas desde el río Hudson hasta Buffalo, en el lago Erie. El canal facilitó la llegada al este de las materias primas y los productos agrícolas del medio oeste. El desarrollo del ferrocarril a mediados del siglo XIX y del tráfico en los Grandes Lagos fueron los factores que más contribuyeron al despegue industrial de la región.

América del Norte, América Central y Grandes Antillas. Colección Tierras y gentes. James Hughes, Mónica Unger. Editores. pág. 18.

La zona montañosa de América pertenece al llamado *Círculo de Fuego del Pacífico*, debido a su inestabilidad geológica que se manifiesta con frecuentes sismos y erupciones volcánicas. Estos procesos naturales, han contribuido a modelar el paisaje, en el que abundan los cráteres apagados coronados por nevados y los volcanes activos.

La llanuras y sus ríos

Entre los macizos antiguos y las cordilleras jóvenes, se han formado extensas llanuras, mediante el proceso de la erosión. Como recordarás, este proceso actúa desprendiendo el material rocoso que es arrastrado por las corrientes de agua, hasta depositarlo en las depresiones.
Algunas de las llanuras americanas llevan el mismo nombre de los ríos que las circundan. Estas corrientes, a la vez que permiten adentrarse desde el Atlántico hasta el corazón del continente, constituyen un formidable recurso natural, porque sus aguas además de servir para el consumo humano y para riego, se utilizan para generar energía.

En América del Norte, desde Canadá hasta Nuevo México, se halla la Gran Llanura Central, que en su parte sur recibe el nombre de llanura del Mississippi, por estar atravesada por el río del mismo nombre.

En América del Sur hay varias llanuras; al norte, la del Orinoco, surcada por el río que lleva su nombre y que a su paso, recoge el agua de múltiples

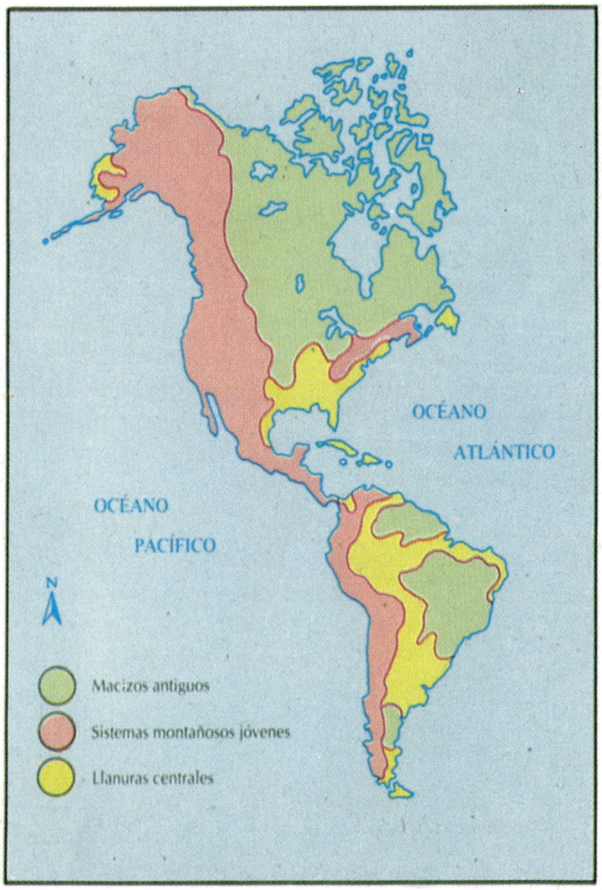

Formas dominantes del relieve Americano.

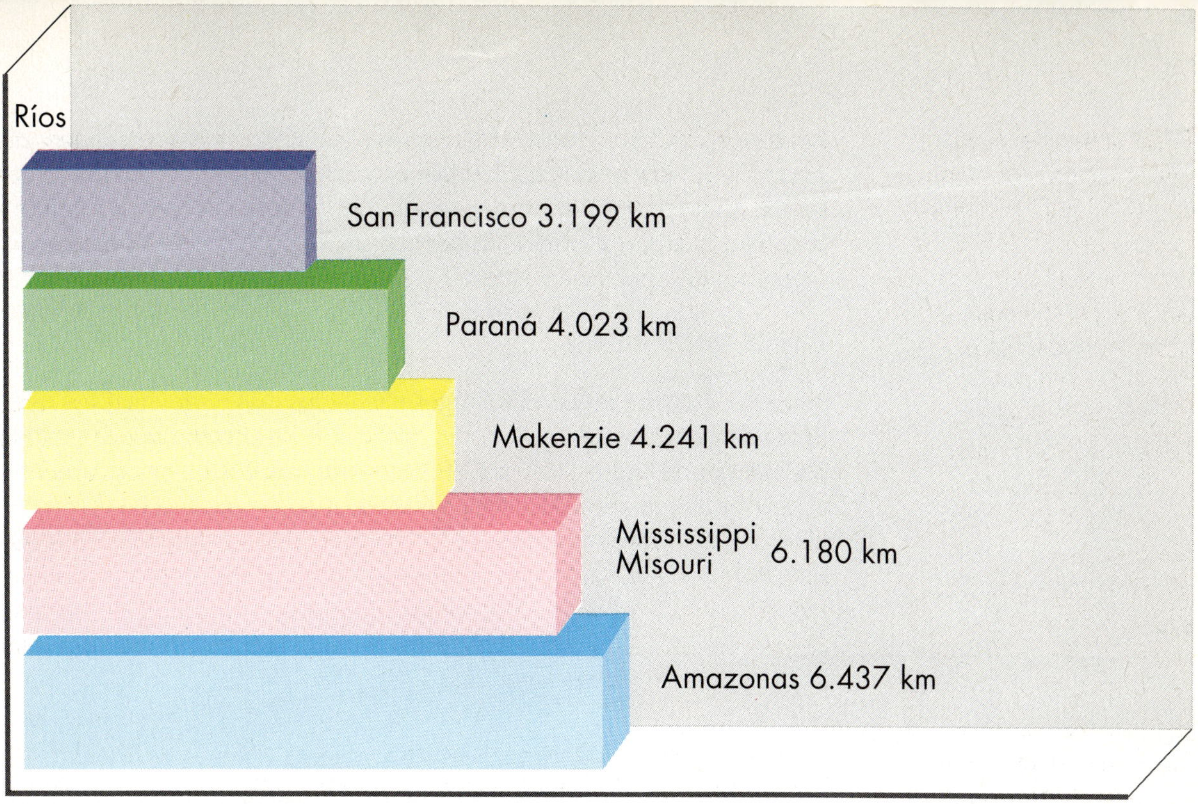

Extensión de los principales ríos americanos.

afluentes por sus dos márgenes con los que se aumenta su caudal; entre los ríos tributarios más importantes por su ribera izquierda están, el Apure, el Arauca, el Guaviare, el Meta y el Vichada, y por la derecha, el Caroní y el Venturi.

En el centro se encuentra la llanura del Amazonas, regada por el río del mismo nombre el cual recibe más de 1000 afluentes directos e indirectos; los más importantes son el Blanco, el Caquetá, el Juruá, el Mandeira, el Negro, el Putumayo y el Tapajos. Más al sur, en parte de territorio paraguayo y argentino está la llanura del Chaco; por la cual circulan los ríos, Paraná y Paraguay y otros que nacen en los Andes, como el Bermejo, el Pilcomayo y el Salado.

La llanura de la pampa Argentina, se extiende desde el piedemonte andino hasta el litoral Atlántico, interrumpida únicamente por las sierras de Córdoba, Tandil y Ventanas. La pampa está regada por varios ríos que se originan en los Andes; entre ellos el Dulce, el Grande, el Neuquén y el San Juan; los otros ríos que la surcan, proceden del Brasil y son, el Paraná, el Uruguay y el Paraguay, cuya unión, forma el sistema hidrográfico de La Plata.

Vertientes hidrográficas

Los ríos de América vierten sus aguas a los océanos que la circundan. Al Ártico llegan numerosos ríos y entre los más importantes se encuentran el Mackenzie y el Yukón. Al Atlántico desembocan de norte a sur, el San Lorenzo, el Hudson, el Mississippi, después de recoger las aguas de varios tributarios como el Missouri, el Arkansas y el Ohio, y además el río Grande o Bravo, que marca la frontera entre Estados Unidos y México.

Los ríos centroamericanos que entregan sus aguas al Atlántico son pocos y entre ellos se destacan, el Motagua, el Usumacinta, el Ulúa, el Escondido y el San Juan, que sirve de desagüe al lago de Nicaragua.

En América del Sur, van al Atlántico las corrientes de los ríos, Orinoco, Amazonas, el Río de la Plata, Magdalena y San Francisco. El Pacífico recoge las aguas de ríos de curso relativamente corto porque nacen en la cordillera cercana a la costa; y entre ellos los más importantes son el Colorado y el Columbia, en América del Norte.

Lagos naturales

América del Norte posee varios lagos y entre los más representativos están los siguientes: el Oso, el Esclavo, y el conjunto de los Grandes Lagos, formado por el Hurón, el Eire, el Michigan, el Ontario y el Superior. En América Central, el lago Nicaragua y el de Managua. En América del Sur se encuentran al norte, el lago de Maracaibo, al centro, el Titicaca y el Poopó y al sur, Mar Chiquita, Nahuel Huapi y Llanquihue.

Riqueza natural del Mississipi.

Como bien sabes, el agua mantiene su ciclo en la naturaleza y su cantidad ni aumenta ni disminuye; pero, lo que sí varía, es la calidad. Por ello, conviene que cuides las fuentes de agua para conservar puros los recursos hídricos de nuestra América.

El clima de América

Si observas el mapa climático de América que se encuentra al final del libro, podrás notar que hay una gran variedad de climas. Surgirá en tu mente la pregunta sobre cuál es la razón de esta diversidad. A continuación encontrarás la respuesta.

América se extiende desde las proximidades del polo Norte hasta las latitudes altas en el hemisferio Sur, por esta razón su territorio incluye todas las zonas climáticas. Pero hay algunos factores que modifican los climas; ellos son: la disposición y altitud del relieve, las corrientes marinas y la continentalidad.

Por las características comunes de temperatura y precipitación, en América se pueden distinguir seis tipos climáticos que son: tropical, templado, seco, frío, polar, y en las zonas con relieve elevado, clima de altura.

Clima tropical

El clima tropical se caracteriza por tener temperaturas superiores a los 21°C. Se presenta en los territorios situados a uno y otro lado del ecuador, entre los Trópicos de Cáncer (23° norte) y Capricornio (23° sur); con excepción de las zonas con relieve montañoso.

Las variaciones de humedad permiten subdividir el clima tropical en dos tipos: tropical seco y tropical húmedo. El tropical seco, es aquel que se presenta en dos períodos anuales, uno seco y el otro lluvioso. El tropical húmedo, presenta precipitaciones abundantes durante todo el año.

Tienen clima tropical seco, algunas zonas de América del Centro y de América del Sur (Brasil, Bolivia, Colombia, Paraguay y Venezuela); además de las islas de Sotavento en el Caribe. El clima tropical húmedo, se presenta las islas de Barlovento en el Caribe, en la mayor parte de los territorios de América del Centro, en la cuenca del Amazonas y en el litoral Pacífico colombiano.

"Señora, hiciste grande,
más grande a nuestra
América.
Le diste un río puro de
colosales aguas:
le diste un árbol grande
de infinitas raíces:
un hijo tuyo digno de su
patria profunda".

NERUDA, Pablo. Confieso que he vivido. Valencia, Círculo de Lectores, 1975. pág. 332.

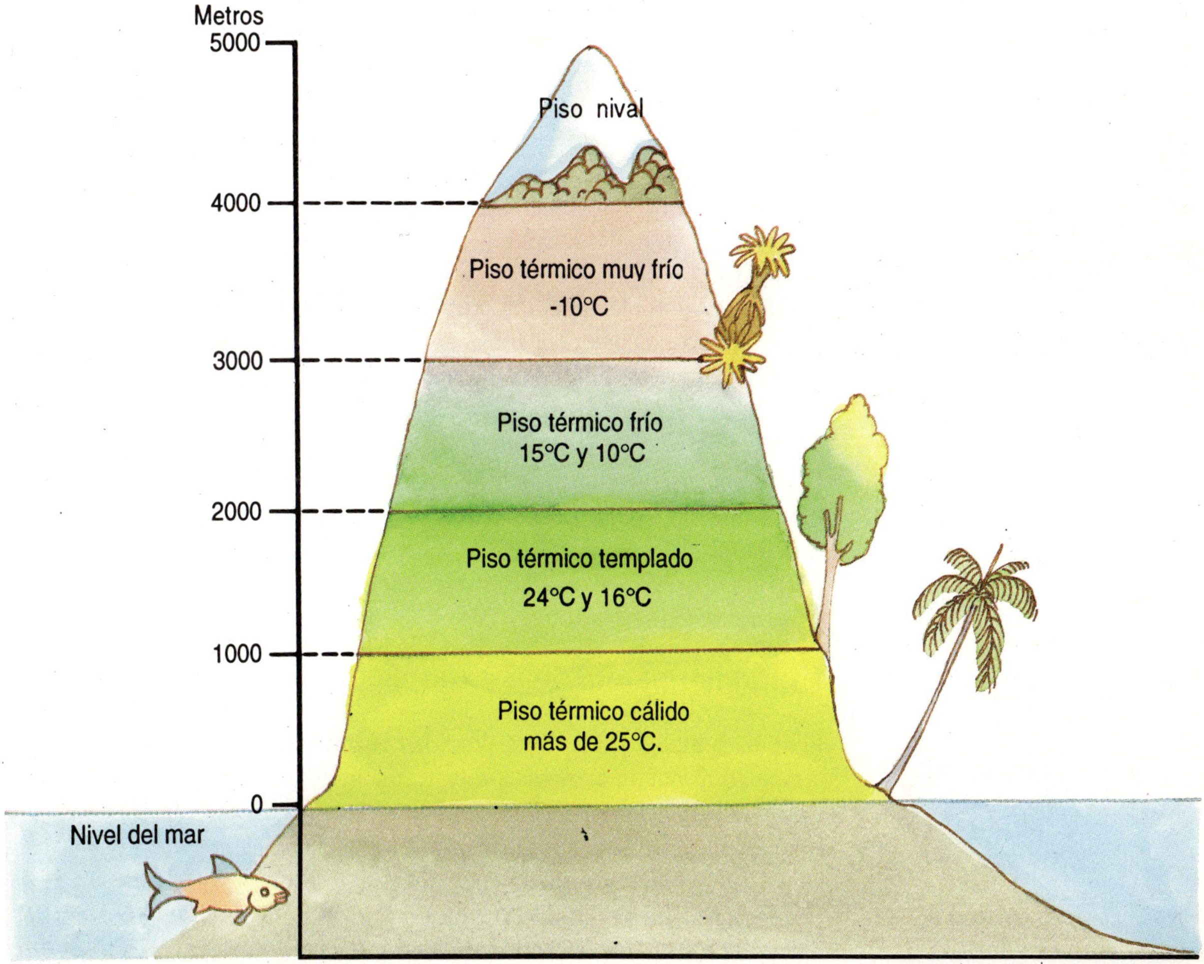

Pisos térmicos. Variación de la temperatura, flora y fauna según la altura.

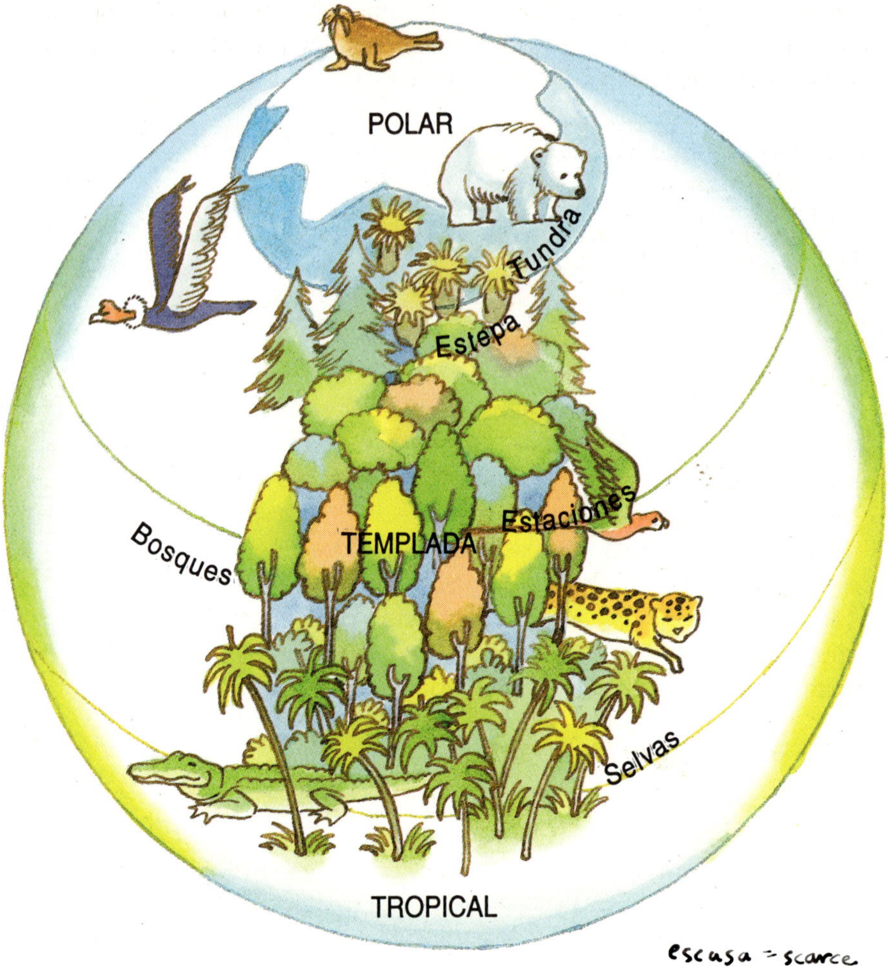

América presenta tres zonas bioclimáticas:: tropical, templada y polar.

escasa = scarce

Clima seco

El clima seco también puede subdividirse en dos tipos, el árido y el semiárido. El árido se presenta en las zonas en donde el agua es escasa y a veces, no cae ni una sola gota de lluvia durante el año; el semiárido, registra algunas precipitaciones.

Las regiones con clima seco se localizan entre las intertropicales y las templadas. En América del Norte, domina el clima seco, en el desierto de Arizona (Estados Unidos) y en los desiertos de Sinaloa y Sonora (México). En América del Sur, en el desierto de Atacama (Chile) y en la Patagonia (Argentina).

Clima templado

El clima templado es el que tiene las cuatro estaciones. En el verano la temperatura puede alcanzar los 18°C, mientras que en el invierno a veces llega a —3 °C. Se presenta entre las latitudes 23° y 66°, tanto en el hemisferio norte como en el sur.

Hay factores que modifican el clima templado y por ello se subdivide en tres tipos: templado húmedo, mediterráneo y templado seco. Los factores que

"Retengan en sus mentes la memoria de esta tierra tal como estaba cuando la entregamos...Y consérvenla, para sus hijos y ámenla, así como Dios nos ama a todos".

La carta de un indio pielroja. Publicación sin pie de imprenta.

entran en juego para modificar el clima templado son: la acción de las corrientes marinas y la dirección en que se mueven las masas de aire que, unas veces portan humedad y en otras ocasiones son secas.

Hay clima templado húmedo en América del Norte, al noreste de la fachada del Pacífico y en América del Sur, al lado este de Argentina y al extremo sur de Chile. El clima templado mediterráneo con lluvia en el período invernal, domina en la península de California en América del Norte y en la parte central de Chile. El clima templado seco se presenta en el sureste de Estados Unidos y en la desembocadura del río de La Plata.

Clima frío

El clima frío es el que tiene un invierno largo mientras que el verano es corto. Se presenta en los territorios que se encuentran en las latitudes 60° y 70°. En la mayor parte de Canadá y en Alaska; mientras que en América del Sur apenas alcanza La Tierra del Fuego.

Clima polar o ártico

El clima polar se presenta en la islas del Ártico y se caracteriza por precipitaciones escasas, casi siempre en forma de nieve, y temperaturas menores a los 10 °C.

Clima de altura

El Clima de altura es el que se presenta en todas las montañas, en donde por las variaciones de altitud, se forman pisos térmicos que son franjas de terreno con temperatura diferente y por consiguiente con distintos pisos de vegetación según la altura.

GLOSARIO

Macizo: prominencia del terreno formada por rocas cristalinas muy antiguas.

Piedemonte: zona ubicada al pie de las estribaciones de una cordillera o montaña.

Continentalidad: factor que hace variar el clima de una región dependiendo de la distancia entre el territorio y el mar.

Barlovento: lado en donde caen las lluvias debido a la circulación del viento.

¿Para qué la Geografía?

Los paisajes de América han variado a través del tiempo. Los macizos antiguos, por ejemplo, que eran mucho más elevados han sido rebajados por la erosión; las llanuras aluviales se amplían cada vez más y las cordilleras se renuevan con los sismos y las erupciones volcánicas. La disciplina geográfica nos permite conocer cómo han sido estos cambios, cuáles han sido sus causas y cómo serán sus consecuencias. Sólo si conocemos cómo es el medio ambiente, estaremos en capacidad de preservarlo.

Actividades

Trabajo individual

En tu libreta, responde las siguientes preguntas:

- ¿Qué características tiene el llamado Círculo de Fuego del Pacífico?
- ¿En qué se diferencia el tiempo del clima?
- ¿Qué tipo de clima se presenta en las islas de las Antillas?

Trabajo grupal

Reúnete con dos compañeros y realiza una entrevista a las autoridades de tu localidad, sobre las acciones que se están desarrollando para preservar la calidad del agua. Luego, presenta las conclusiones ante los demás compañeros.

Trabajo grupal

Reúnete con tres compañeros para hacer una consulta en la biblioteca en torno a la corriente del Niño y su influencia en el clima. Saca tres conclusiones y fíjalas en el tablón de edictos.

Trabajo individual

Elabora, en tu libreta, un cuadro comparativo entre el medio físico de América del Norte, Central y del Sur. ¿En cuál percibes mayores ventajas para el desarrollo humano?

¿Cuál zona presenta mayores peligros y dificultades?

Trabajo individual

En tu libreta, elabora un ensayo de dos cuartillas sobre la influencia que tiene el clima en la vida de los hombres.

Trabajo grupal

Con tres compañeros, consulta en la biblioteca sobre el clima de Puerto Rico. Precisa sus características y su influencia en las actividades humanas. Prepara un informe y lo presentas al curso.

América y sus recursos naturales

CAPÍTULO

3

SÍNTESIS

ladrillo = brick
sencilla = simple
riego = irrigation

La Naturaleza y el ser humano

¿Te has preguntado de dónde provienen las cosas más sencillas que utilizas para estudiar? ¿Sabías, por ejemplo, que tu lápiz nació en el bosque y tu libreta también? ¿Que los pesados ladrillos con los que está hecha tu casa son parientes de las vasijas en que te sirven el alimento porque los dos están hechos de barro?

Para asegurar la subsistencia, todos los seres humanos utilizamos la naturaleza de la que obtenemos los productos que necesitamos. Por esto, el hombre es el recurso más importante que actúa sobre el medio ambiente y lo transforma.

- Utilizamos el suelo para la producción agrícola y ganadera.
- Extraemos los metales para elaborar utensilios y herramientas.
- Hacemos uso de los ríos para pescar y para el riego, el consumo y el transporte, y generar energía.
- Nos valemos de los océanos para navegar y para pescar.
- Empleamos la madera de los bosques para construir nuestra vivienda, fabricar muebles y como leña.

América ofrece variedad de recursos naturales renovables y no renovables. Entre los primeros se destacan los suelos que soportan la vegetación de bosque, sabana, desierto y tundra. Además, hay riqueza pesquera en sus mares, lagos y ríos. Los recursos no renovables también son abundantes; hay combustibles fósiles y otros minerales, aunque su distribución en el territorio acusa notorias diferencias.

Flora y fauna americana.

La mayor parte del agua para el consumo humano en Ciudad de México, proviene de los acuíferos del subsuelo.

– El viento nos sirve para mover molinos.
– Usamos el carbón, el gas o el petróleo como fuentes de energía.

Los recursos naturales, como su nombre lo indica, son aquellos que encontramos directamente en la naturaleza. El aire, el agua, la tierra, la vegetación, la fauna, y todos los minerales que hay en el subsuelo.
Los recursos naturales se dividen en *renovables* y *no renovables*. Son recursos renovables aquellos que la naturaleza reemplaza en cierto tiempo; los no renovables son los que la naturaleza tarda muchísimos años en crear, como rocas y minerales, y entre ellos, los combustibles fósiles (gas, petróleo y carbón).

"Cada tres segundos, una porción de selva virgen, equivalente a un campo de fútbol, desaparece cuando el hombre tala los árboles para ampliar el área de cultivo. Aunque las condiciones tropicales permiten el rápido crecimiento del bosque secundario, la pérdida de la selva pone en peligro millares de especies vegetales y animales que pueden extinguirse..."

Gran Atlas Salvat. Vol. II. Pamplona, Salvat S.A. Ediciones. 1986, pág. 504.

Los suelos

En América hay gran variedad de suelos. Algunos son pobres en materia orgánica; otros, son ricos en humus y aptos para las labores agrícolas. Entre los suelos más fértiles están aquellos que se han formado a partir de cenizas volcánicas (se encuentran a lo largo de la zona montañosa del oeste) y los suelos de origen aluvial, propios de valles y llanuras.

Los suelos están en estrecha relación con el clima y la vegetación de un lugar. Con el clima porque la temperatura y la humedad permiten la descomposición de la materia que los forma; y con la vegetación, porque las raíces de las plantas los sostienen y las hojas y frutos que caen los nutren.

Vegetación y fauna de América

Debido a las condiciones del medio ambiente, en América se presentan varias formaciones vegetales y en cada una de ellas reside determinado tipo de fauna.

Las formaciones vegetales más importantes son: el bosque húmedo tropical, lugar donde residen multitud de animales arborícolas y trepadores, entre ellos monos, gorilas, chimpancés; pájaros, como papagayos y tucanes; numerosas fieras, destacándose jaguares y tigrillos; reptiles e insectos. El bosque seco tropical es menos rico en fauna silvestre.

El bosque de coníferas (pinos), en donde aún se encuentran renos, bueyes almizcleros y bisontes. Las sabanas, en donde habitan búfalos, ciervos y pumas. Los desiertos, con poca fauna y la tundra, en donde viven animales muy valiosos por su piel, como caribúes, linces, lobos, osos y zorros.

Además, en las zonas con relieve elevado en donde la temperatura varía se desarrolla el páramo, la puna y la yunga. El páramo constituye un recurso hídrico porque funciona como una esponja acumuladora de agua, originando numerosos ríos. Hay páramos en las cumbres andinas tropicales, siendo el de Sumapaz, al sur de Bogotá, Colombia, el más extenso del mundo. La puna y la yunga, están habitadas por llamas y alpacas; se desarrollan en Perú y en los valles altos de Bolivia.

Los bosques son fuente de recursos forestales y su explotación intensiva rompe el equilibrio del medio ambiente. La progresiva destrucción de este recurso natural tiene consecuencias ecológicas a nivel planetario. Actualmente, la comunidad científica está de acuerdo en que el futuro de nuestro mundo está ligado a la conservación de los bosques y especialmente, los bosques tropicales húmedos.

Bosques tropicales húmedos

Se caracterizan porque sus árboles conforman con las ramas un techo siempre verde que alcanza los 45 metros de altura y cuentan con numerosas especies en armoniosa convivencia; algunos árboles llamados emergentes pueden sobrepasar el techo del bosque y a veces superan los 60 m; sus troncos son lisos y sus ramas albergan multitud de lianas y orquídeas, como si fueran un jardín aéreo.

De los bosques húmedos se extrae madera y además, esencias, resinas y gomas, como el chicle y el caucho; también se obtienen de ellos innumerables materias primas que se utilizan en los laboratorios para producir medicinas. Hay bosques tropicales húmedos sobre las faldas de las montañas, en la costa del Caribe desde el sureste de México hasta Panamá y en algunas partes de las islas Antillanas; además, en el Pacífico colombiano y en la Amazonia.

Bosque tropical, fuente de recursos forestales.

la falda - skirt / dress / foothills

Ni los metales preciosos, ni ninguno de los minerales extraídos de las profundidades de nuestro planeta son tan valiosos para el ser humano, como esos pocos centímetros de tierra que conforman el suelo.

Bosques tropicales secos

Los bosques tropicales secos, son aquellos cuyos árboles pierden las hojas durante la sequía. Son escasos porque la mayor parte de ellos se han talado para dar campo a los cultivos o a los pastos para ganadería. No obstante, aún se encuentran en la costa del Pacífico, en América Central y al suroeste del Brasil.

Bosques de coníferas

El bosque de coníferas (llamado así porque sus árboles tienen forma de cono, como el pino), es valioso porque de él se saca la pulpa para elaborar papel. Hay bosque de coníferas en extensas zonas del Canadá y de Estados Unidos, Chile y Argentina.

Sabanas

Las sabanas tapizadas con hierbas, se desarrollan en la zona ubicada entre los bosques y los desiertos. Actualmente las sabanas constituyen las regiones ganaderas más importantes de América. Ejemplos de ellas son: la Gran Pradera en Estados Unidos, los llanos colombo-venezolanos y la pampa Argentina.

Paisaje canadiense.

El desierto y la tundra

El desierto se caracteriza por tener plantas espinosas como el cactus. En la tundra la vegetación es escasa y está compuesta por algunos arbustos bajos y hierbas que florecen al lado de los hongos. La tundra únicamente se desarrolla en América del Norte en la zona polar.

Recursos pesqueros

América es rica en recursos pesqueros, tanto de agua salada como de agua dulce. La pesca en los ríos y lagos se destina en su mayor parte al consumo de las comunidades ribereñas.

La pesca en alta mar, generalmente es para comercializar, la desarrollan particularmente los Estados Unidos y Canadá, mediante barcos muy sofisticados que llevan a bordo aparatos para detectar los bancos de peces. Las embarcaciones camaroneras y atuneras, suelen desplazarse desde la zona ecuatorial hasta las cercanías del círculo polar Ártico.

Los países de América del Sur que aprovechan mejor los recursos marinos son: Perú, célebre por la captura de la anchoveta con la que se elabora harina; Ecuador, especializado en los camarones, Chile y Brasil.

El agotamiento de los recursos energéticos amenaza día a día e invita a su uso racional.

Recursos no renovables

Por tus conocimientos de la historia de América sabrás que la riqueza mineral de nuestro continente es inmensa y su explotación también. Muchos museos lucen verdaderas joyas de oro y plata, elaboradas por artistas de la época precolombina; esta riqueza en metales preciosos, fue uno de los mayores incentivos para los españoles que llegaron al Nuevo Mundo.

Actualmente, además de los metales preciosos se explotan otros yacimientos que son aprovechados por la industria, tanto para la producción de energía como en la elaboración de bienes. Para producir energía se utilizan el petróleo, el gas natural y el carbón. Hay cuencas carboníferas en Estados Unidos, México, Brasil, Chile y Colombia; pero, por ser costosa su explotación, los países que tienen hidrocarburos como petróleo y gas natural, se inclinan más a su extracción.

Hay petróleo y gas natural en Estados Unidos, Canadá México, Trinidad y Tobago; y en América del Sur, en Argentina, Brasil, Colombia, Ecuador, Chile, Perú, Bolivia y Venezuela. Venezuela es uno de los mayores productores de petróleo del mundo.

GLOSARIO

Formación vegetal: grupo de plantas que se han adaptado a las condiciones del suelo, de la temperatura y de la humedad y que se distinguen por sus rasgos comunes.

Materia prima: material a partir del cual se puede producir otro. Por ejemplo, del algodón (materia prima), se saca una tela.

Yacimiento: sitio en donde se halla naturalmente una roca, un mineral o un fósil.

Combustible fósil: material formado en el interior de la corteza terrestre u oceánica, por la acumulación de restos de caparazones de animales y plantas, como el carbón y el petróleo.

Otros minerales

Enumerar todos los recursos minerales de América es muy difícil por su cantidad y variedad; no obstante, algunos minerales constituyen una fuente de riqueza para la economía de los países que los explotan. Ejemplos de ellos son: la bauxita, el estaño, el cobre, el mineral de hierro, el níquel y el zinc.

La bauxita, materia prima para producir aluminio, es abundante en Jamaica, Surinam, Guyana y Brasil. El estaño, en Bolivia y México; el cobre, en Canadá, Estados Unidos, México y Chile; el mineral de hierro, en Canadá, Estados Unidos, Brasil y Venezuela; el níquel, en Canadá, República Dominicana, Cuba y Brasil; y el zinc, en Estados Unidos, México, Perú y Bolivia. ◆

¿Para qué la Geografía?

Si bien es cierto que los recursos naturales de América son abundantes y variados, la explotación intensiva de algunos de ellos los ha llevado a agotarse. De las especies vegetales y animales originales queda tan sólo la tercera parte y si no se cuidan, pronto se extinguirán. Lo mismo puede suceder con los suelos, con la calidad del agua y del aire. Por esta razón es preciso estudiar qué tenemos y cómo debemos utilizarlo sin romper el equilibrio natural.

Actividades

Trabajo individual

En tu libreta, elabora un cuento de dos cuartillas en torno a los recursos naturales de tu localidad y su uso.

Trabajo individual

Haz dibujos para colocar en el tablón de edictos, que representen la vegetación y fauna de los bosques tropicales.

Trabajo grupal

Reúnete con cuatro compañeros para hacer una salida de campo y observar la vegetación que hay cerca de tu residencia. Luego, en forma individual, elabora una lista de diez plantas e indica las que son nativas y las que no lo son. Fijar los resultados del trabajo de campo en el tablón de edictos.

Trabajo grupal

Reúnete con dos compañeros para hacer una consulta bibliográfica en torno a la relación que existe entre la vegetación natural y el equilibrio de los ecosistemas. Presenta los resultados ante los demás compañeros.

Trabajo individual

Dibuja, en tu libreta, un mapa de América y ubica sobre él los recursos naturales no renovables más importantes. Elabora la tabla de convenciones.

Trabajo grupal

Con tres compañeros ve a la biblioteca y consulta sobre:

—El origen y objetivos de la OPEP.

—Empresas extranjeras que explotan recursos en Latinoamérica.

¿Qué opinan al respecto? Escriban un informe para leerlo en la puesta en común.

TALLER 2

Elaboración de carteleras

La cartelera posibilita ampliar de una manera novedosa y llamativa los temas propuestos en clase. Es muy probable que hayas realizado solo o en grupo carteleras de las materias que has estudiado. Ahora, con el fin de ampliar tus conocimientos y habilidades en este campo, vas a familiarizarte con algunos pasos básicos en la elaboración de la cartelera, no sólo para la clase de sociales, sino para otras materias. Estos pasos son:

- Selección del tema específico que va a tratarse y del objetivo que quiere lograrse.
- Hacer en una hoja el bosquejo de la cartelera. Debes tener en cuenta el trazo de márgenes, la ubicación del título, la diagramación que permita establecer una secuencia de lectura, la selección de la imagen principal que llame la atención e invite a leer y la escogencia de colores adecuados que produzcan contraste.
- Revisar el bosquejo con ayuda de uno o más compañeros(as) o con la asesoría del profesor(a).
- Conseguir y preparar los materiales con los que elaborará la cartelera: cartulina, icopor, marcadores, colores, pegante, letras recortadas en papel silueta, fotografías, dibujos y gráficos (obtenidos de revistas, periódicos y libros en desuso).
- Hacer la cartelera, teniendo siempre presente la limpieza, el orden y la letra clara. Para la cartelera, es preferible escribir con letra de imprenta de tamaño adecuado.

Elabora con dos compañeros(as) una cartelera sobre los recursos naturales de Puerto Rico.

Concluido el trabajo y antes de entregar la cartelera, revísala con la mayor objetividad posible, teniendo en cuenta los aspectos siguientes:

- La imagen principal produce impacto y capta la atención de quien la mire.
- Las imágenes están relacionadas con el título y guardan relación con los textos.
- El tema se presta para ser representado en cartelera.
- La diagramación es adecuada para el tema.
- El espacio está usado de manera racional.
- Los textos son precisos, claros y llamativos, sin caer en la exageración.
- No hay recargo de palabras, figuras o colores.
- Los colores usados contienen contrastes que facilitan la lectura.

Elabora una cartelera sobre el agua o sobre otro tema que indique tu profesor(a).

NUESTROS RECURSOS NATURALES

Perfil geográfico de las Antillas

CAPÍTULO

4

SÍNTESIS

El nombre de las Antillas

La palabra Antilla significa en lengua griega isla anterior, o lo que primero se divisa. Según el filósofo Aristóteles existió una tierra misteriosa ubicada en el océano Atlántico entre Asia y Europa a la que los antiguos griegos llamaron "Antilia Insula" o Antilla. Los cartógrafos españoles denominaron con este nombre, a las islas que conforman el archipiélago de las Antillas, porque fueron las primeras que vieron al llegar al Nuevo Mundo.

Posición astronómica de las Antillas

El archipiélago del Caribe está formado por un gran grupo de islas esparcidas en forma de abanico entre los 10° de latitud norte en la isla de Trinidad, hasta el trópico de Cáncer cerca de Cuba y desde los 60° hasta los 85°, de longitud oeste.

El archipiélago de las Antillas tiene una superficie de 235,000 km^2 y está formado por tres grupos de islas. Al norte, las *Bahamas* o Lucayas; al centro, las *Antillas Mayores* o *Grandes Antillas* y al este, las *Pequeñas Antillas* o *Antillas Menores.*

Las islas antillanas son picos emergentes de una antigua cadena de volcanes. El archipiélago está compuesto por varios grupos de islas. Al norte, las Bahamas o Lucayas; al centro, las Grandes Antillas (Cuba, Jamaica, La Española –Haití y República Dominicana– y Puerto Rico); al sur, las Pequeñas Antillas. Todas las Antillas gozan de clima tropical y sus ricos suelos han permitido el desarrollo de una vegetación variada.
Su relieve está dispuesto en sentido horizontal, favoreciendo la acción de las lluvias.

Las Antillas

Grandes Antillas. Superficie en kilómetros cuadrados.

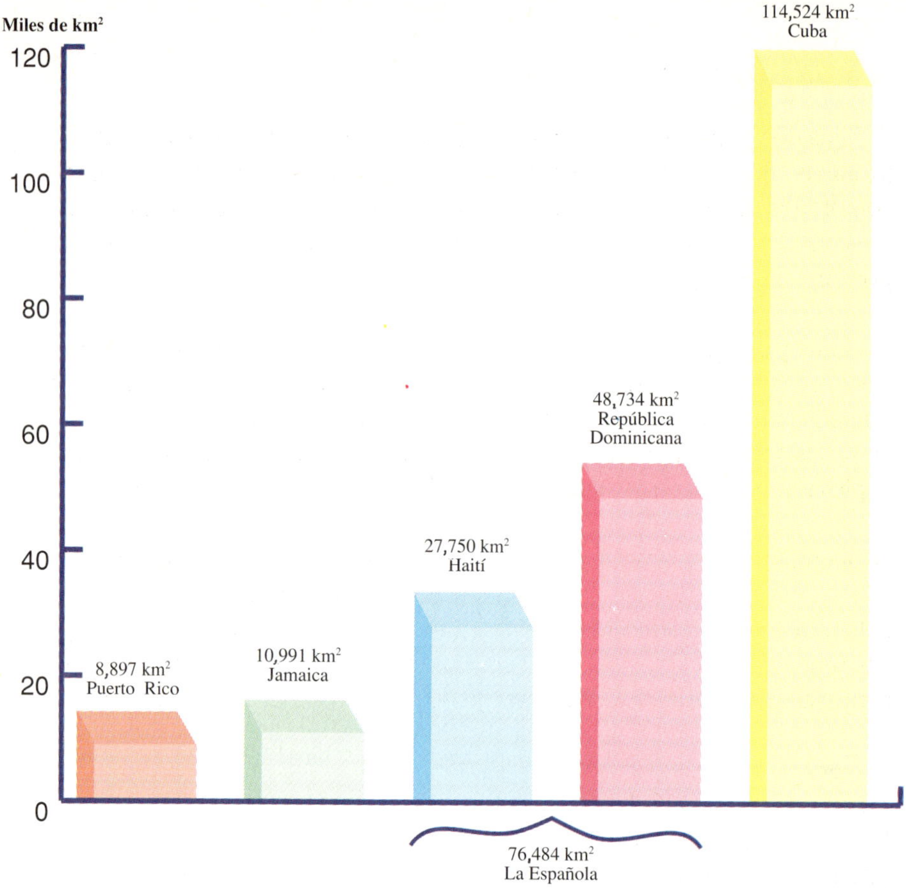

"Puerto Rico es un ejemplo para la rehabilitación natural de un entorno dañado... Con la caída de la industria de la caña de azúcar en 1940, la tierra fue abandonada y con la siguiente recuperación del bosque, hacia 1978, casi la mitad de la isla estaba de nuevo repoblada".

Las últimas selvas tropicales. Barcelona, Círculo de Lectores, 1991, pág. 109.

Grandes Antillas

Las cuatro islas más grandes reciben el nombre de Grandes Antillas o Antillas Mayores. De oeste a este son Cuba (114,524 km²), Jamaica (10.991 km²), La Española, compartida por Haití (27,750 km²) y República Dominicana (48,734 km²) y Puerto Rico (8,897 km²).

Pequeñas Antillas

Las Pequeñas Antillas se dividen en dos grupos, las de Barlovento y las de Sotavento. Las islas de Barlovento, llamadas así por estar expuestas a los vientos alisios del noreste, son Martinica, Granada y San Vicente y las Granadinas. Las de Sotavento, incluyen a las islas Vírgenes, Antigua, Barbuda, San Cristóbal, Nevis y Guadalupe.

Inestabilidad geológica

Las islas del Caribe se encuentran dispuestas en forma de arco y están separadas por fosas profundas. Las islas son picos sobresalientes de una antigua cadena de volcanes que aún se encuentran en actividad.

Las fuerzas internas de la Tierra, han producido dos grandes rupturas en las rocas que conforman la base de las islas. Tales rupturas se llaman fallas; una de estas fallas atraviesa la plataforma cubana y la Sierra Maestra y forma la fosa de Bartlett; la otra, es la más profunda del Caribe (—9,219 m) y va desde Haití hasta Puerto Rico, del que deriva su nombre.

Clima tropical

El clima dominante en las Antillas es tropical y se caracteriza por temperatura promedio de 26 °C y dos períodos anuales bien definidos; uno seco, que comprende de diciembre a mayo y el de precipitaciones abundantes que se presenta de mayo a noviembre; época de amenaza de ciclones, acrecentada por tormentas tropicales.

La altitud y la exposición a los vientos influyen en la climatología de cada isla. Los vientos son constantes y refrescan el ambiente, aunque unos son húmedos y otros secos. En la mayor parte de las islas se presentan contrastes entre las zonas expuestas a los vientos alisios húmedos en donde caen copiosas precipitaciones, y las zonas del lado opuesto, que son áridas.

La diferencia de precipitaciones se explica porque los cordones montañosos hacen que los vientos asciendan y depositen la humedad que traen sobre la ladera de cara al viento (barlovento); cuando pasan la sección elevada y descienden por el lado al abrigo del viento (sotavento), hay un aumento de temperatura y se convierten en vientos secadores que ocasionan la aridez.

Las grandes Antillas y las pequeñas Antillas que corresponden al grupo de Barlovento gozan de abundantes precipitaciones (de 2,000 a 2,500 mm anuales). Las Pequeñas Antillas que corresponden al conjunto de Sotavento reciben pocas lluvias (500 mm anuales).

Diversidad del relieve

El relieve de las Antillas está dispuesto en la misma dirección de los paralelos, es decir, opuesto a la dirección llevada por las montañas continentales que tienen la dirección de los meridianos. Este hecho, como verás más adelante, es de gran influencia en la distribución local de las lluvias. El relieve de las Antillas difiere según sea el origen de las rocas que las conforman.

Las grandes Antillas, posee rocas volcánicas y rocas calcáreas. Las regiones volcánicas presentan un relieve abrupto de altas cumbres y peñascos angostos separados por saltos de agua; las regiones con rocas calcáreas tienen un relieve suavemente ondulado y bajo. Las pequeñas Antillas pueden agruparse en dos conjuntos claramente diferenciados.

Bosque húmedo tropical con sus cinco niveles de vegetación.

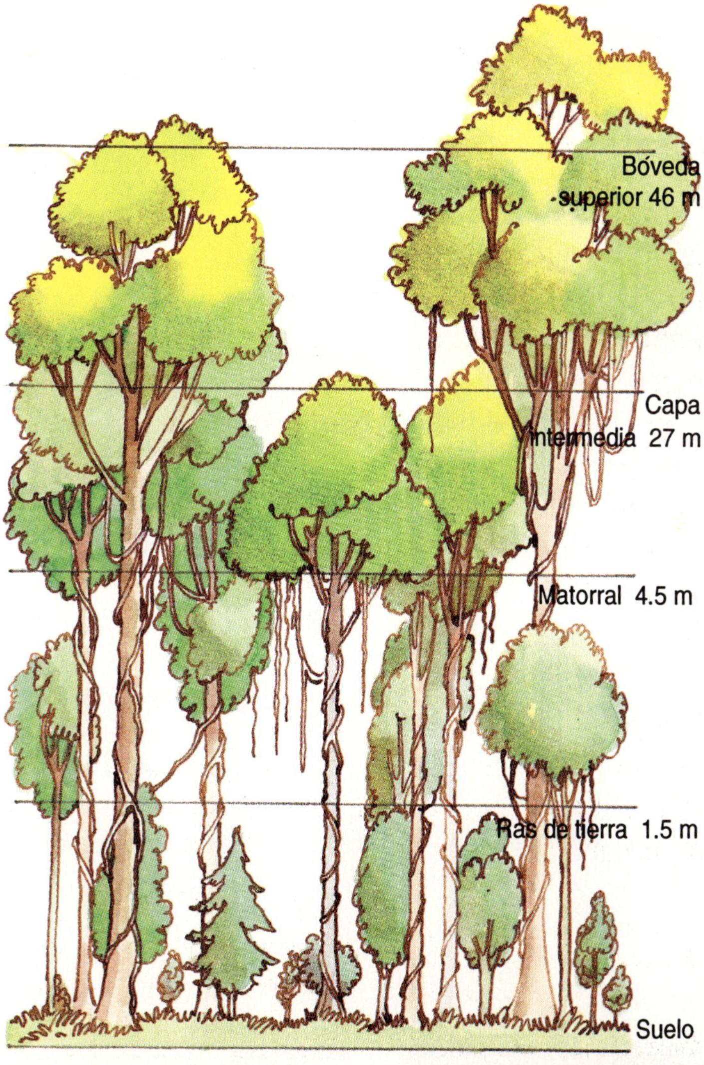

Suelos antillanos con presencia de calizas.

Al primer grupo, pertenecen las islas en donde predominan las rocas volcánicas (San Cristóbal-Nevis, Dominica, Martinica, Santa Lucía, San Vicente y Granada). Al segundo grupo, pertenecen las islas en donde predominan las rocas calcáreas (Anguila, San Martín, Antigua, Grande Terre y María Galante).

La naturaleza de las rocas es de gran importancia para los recursos hídricos de un lugar, porque de ellas depende la cantidad de agua lluvia que se filtra. Si la roca es dura, como sucede la mayoría de las de origen volcánico, retiene el agua muy cerca de la superficie; en cambio, la roca calcárea es porosa y el agua la disuelve, formándose los *paisajes kársticos.*

Los paisajes "kársticos" se caracterizan por tener cavernas en donde brotan manantiales de aguas termales y medicinales. La belleza de estas formaciones es uno de los mayores atractivos turísticos de Cuba, Jamaica y Puerto Rico.

"Los huracanes son la causa más importante de la destrucción en el Caribe, dejando a su paso bosques gravemente dañados. Durante una tormenta, las tierras cubiertas de bosques corren menos riesgos de sufrir inundaciones y desprendimientos de tierras, ya que los árboles protegen el suelo del fuerte impacto de la lluvia".

Las últimas selvas tropicales. Barcelona, Círculo de Lectores, 1991. pág. 109.

Hidrografía

En las Grandes Antillas las corrientes de agua dulce, son caudalosas y aunque su curso es relativamente corto, permiten la navegación en embarcaciones de tamaño mediano. Además, se utilizan para el consumo humano, la producción de energía y el riego de cultivos. En las Pequeñas Antillas de Sotavento, hay escasez de agua dulce como consecuencia de la deficiencia de lluvias o de la porosidad del suelo que permite la infiltración.

Suelos antillanos

Los terrenos antillanos tienen dos tipos de suelos: los primeros, se han formado por la mezcla de minerales lanzados por las erupciones volcánicas y los sedimentos arrastrados por las corrientes de agua. Estos suelos se localizan en el piedemonte y en los valles; por su fertilidad, son aptos para las labores agrícolas.

Los otros suelos, se han formado por la acumulación de sedimentos sobre los cuales descansan varias capas de calizas. Las calizas se forman con el calcio procedente de los restos de caparazones y conchas de animales marinos o por la acción de los corales que al entrar en contacto con las aguas subterráneas alteran sus propiedades y forman cavidades donde se acumulan diversos materiales. Estos suelos se encuentran en los terrenos suavemente ondulados y en las llanuras.

Vegetación natural

Las Antillas poseen unas condiciones climáticas que favorecen el desarrollo de multitud de especies vegetales y dentro de estas, algunas que únicamente se encuentran allí. Las formaciones vegetales características son los bosques tropicales y las sabanas.

Los bosques tropicales húmedos se encuentran en las laderas montañosas de Barlovento; en tanto que, en las laderas de Sotavento alterna la sabana con el bosque seco. En las islas que tienen deficiencia de humedad, sólo se desarrollan plantas espinosas y matorrales.

En aquellos lugares de la costa en donde se mezclan corrientes de agua dulce con el agua salada del mar, crecen bosques de manglares; en las riberas de los ríos interiores se desarrolla el bosque de galería.

La vegetación natural –como el agabe, los helechos arborescentes, las palmas, las caobas y el ébano– se ha reducido por la tala de los bosques. Otras plantas originarias de las Antillas, además de conservarse, se han difundido en buena parte de las tierras tropicales de América. Ejemplo de ellas son el aguacate, el banano y la papaya.

Antes del siglo XVI, muchas islas estaban casi totalmente cubiertas de bosques, pero ahora, a causa de la limitada cantidad de tierra y el aumento de la población, la mayoría de la vegetación natural ha sido reemplazada por campos de cultivo y pastos para ganadería.

La fauna

Decoran el paisaje gran variedad de animales. Hay especies acuáticas –delfines, manatíes, peces, tiburones y tortugas de mar–; aves de vistoso plumaje como el flamenco y los colibríes; reptiles como el caimán, la iguana, la tortuga de tierra y numerosas serpientes.

Pequeños mamíferos –monos, roedores y murciélagos–, estos últimos son muy importantes para la agricultura porque no sólo se alimentan de insectos dañinos sino que sus excrementos, por ser ricos en fosfatos, se aprovechan como fertilizante.

En las zonas con déficit de agua, como sucede en los desiertos, la vegetación escasea.

Asociación para la Conservación del Medio Ambiente

La Asociación para la Conservación del Caribe es la encargada de la protección de los ecosistemas isleños; para ello, cuenta con el apoyo de todos los gobiernos, que mediante campañas educativas buscan difundir las leyes de protección del medio ambiente. La Asociación ha identificado los recursos naturales en vía de extinción y ha buscado proteger a la flora nativa y a las especies animales en peligro.

GLOSARIO

Fosa oceánica: depresión estrecha y alargada del fondo submarino de profundidad superior a los 2000 metros.

Falla geológica: ruptura de las rocas causada por las presiones que ejercen las fuerzas internas de la tierra.

Sedimento: depósito de partículas de grano fino, formado por restos de rocas y material de origen orgánico (plantas y animales).

Roca calcárea: material sedimentario poroso compuesto básicamente por carbonato de calcio.

Recursos naturales

El recurso natural más importante de las islas del Caribe es su paisaje. De ahí que el turismo constituya una excelente fuente de ingresos para un gran número de sus habitantes. Otras riquezas las constituyen el suelo y la pesca. Los cultivos tropicales más desarrollados son la caña de azúcar, el cacao, los frutales y el tabaco.

Dentro de los recursos no renovables, se explotan: antimonio, azufre, bauxita, carbón, cobalto, cobre, ferroníquel, mármol, manganeso, molibdeno, mineral de hierro y zinc; además de metales preciosos como oro y plata.

¿Para qué la Geografía?

El conocimiento del medio ambiente y de los fenómenos naturales de las Antillas, es fundamental para comprender los procesos humanos que han dado como resultado el paisaje actual. Los suelos, formados a partir de las cenizas volcánicas y de las rocas calcáreas, son fértiles y han favorecido la evolución de muchas especies vegetales y animales propias. También han permitido los cultivos de caña de azúcar, banano y tabaco, entre otros. Las numerosas cavernas, que hoy son un atractivo para el turismo, deben su formación tanto al clima como a la naturaleza de los suelos.

Actividades

Trabajo individual

Busca los nombres de algunas islas de las Antillas. Elabora con ellos una sopa de letras y preséntala a tus compañeros para que la desarrollen y con cada término elaboren una frase.

Trabajo individual

Elabora por escrito, en tu libreta, un ensayo de dos cuartillas sobre las características físicas de la geografía de las Grandes Antillas y sus influencias en el desarrollo económico de la región.

Trabajo individual

En tu libreta, explica la relación que existe entre el tipo de roca y los recursos hídricos.

Trabajo individual

Con dibujos y recortes de revistas representa los recursos naturales más importantes de las Antillas.

Trabajo grupal

Reúnete con tres compañeros para debatir si es conveniente construir una represa en terrenos calcáreos. Las conclusiones deben fijarse en el tablón de edictos.

Trabajo grupal

Organiza pequeños grupos de trabajo. Cada uno calca un mapa de las Antillas, destaca sus características físicas y lo ilustra con recortes o dibujos. Deben destacar los lugares, con presencia de paisajes kársticos.

Documentos

Puerto Rico

La isla de Puerto Rico tiene de este a oeste una longitud de 180 km y su anchura de norte a sur es de 56 km; posee una superficie de 8,897 km², incluidas las islas adyacentes de Vieques, Culebra, La Mona y varios islotes y cayos...

Las llanuras costeras y las áreas elevadas son regiones fértiles, aptas para la agricultura. La zona montañosa del interior, cuya cadena principal es la Cordillera Central, tiene alturas que llegan hasta los 1,200 m. Al lado noreste en la Sierra de Luquillo, se presentan las mayores precipitaciones de la isla. Este hecho propicia una vegetación exuberante, con bosques frondosos y bellos paisajes que hacen de esta región uno de los principales centros turísticos.

El sistema hidrográfico se distingue no por la existencia de ríos de largo curso, sino por el gran número de corrientes de agua que se calculan en unas 1,300, aunque sólo un 5% puedan ser consideradas verdaderos ríos. Existen importantes manantiales y fuentes termales de propiedades curativas. El sistema montañoso de la isla suele originar bruscos desniveles en el cauce de algunos ríos, que dan lugar a la formación de cascadas y saltos. Hay pocas lagunas que, generalmente, están cercanas a la costa.

La importancia económica de la red fluvial puertorriqueña es considerable, tanto para la agricultura como para la industria. Para aprovechar tan abundantes recursos hidráulicos, se ha construido un vasto sistema de presas y embalses no sólo con propósitos de riego, sino además, con miras al desarrollo de la electrificación. Mediante el sistema de riego se compensa el agua en los sectores que reciben pocas lluvias, como ciertas áreas de costaneras del sur y del noroeste.

Adaptación a partir del texto *Panorama de Puerto Rico en: El Nuevo Tesoro de la Juventud, México, Cumbre, 1977. Vol. 19 págs. 51 a 53.*

Paisaje puertorriqueño.

© Orlando Rincón

El incansable océano: la eterna fuerza de las mareas

"Las mareas son el resultado de grandes fuerzas que actúan sobre las aguas de los océanos. Cada una de las gotas que forman el mar, incluso las de los abismos más profundos, son solicitadas por la atracción gravitatoria del sol y de la luna...

Tanto el sol como la luna producen deformaciones en la masa de agua de los océanos; pero nuestro satélite, al hallarse mucho más cerca de nosotros, representa el factor más importante en el flujo y reflujo de las aguas. Quien haya vivido cerca al mar habrá observado que el sentido de la marea cambia cada seis horas, y que la pleamar (marea alta) se retrasa diariamente unos 50 minutos. Estos hechos corresponden a las diferencias que se advierten a diario en la salida de la luna...

Las mareas tienen importancia decisiva en la navegación. Naturalmente, en alta mar no se aprecian los flujos y reflujos, pero es distinto lo que ocurre cuando el barco se aproxima a tierra firme.

El enorme volumen de agua que las mareas ponen en movimiento origina poderosas corrientes en muchos puertos. En determinadas zonas, hasta los barcos más grandes deben esperar el momento adecuado para zarpar o atracar. Por ejemplo a la ciudad de Nueva York llegan algunos de los mayores buques del mundo. Aunque la boca del puerto... se halla protegida por estrechos y la mayoría de los fondeaderos han sido construidos aguas arriba del río Hudson, los transatlánticos de mayor tonelaje esperan el debilitamiento de las mareas para que las corrientes no los empujen contra los muelles..."

FREUCHEN, Peter. El incansable océano. *En: Maravillas y Misterios del mundo que nos rodea. México, Selecciones del Reader's Digest, 1973. pág. 184.*

Las mareas marcan una gran influencia en la navegación.

Para trabajar

Después de leer con atención cada uno de los documentos anteriores, responde lo siguiente:

- ¿Por qué el noreste de Puerto Rico es más húmedo que el noroeste?
- ¿Cómo explicas la presencia de numerosos ríos en la isla, qué sectores económicos beneficia y de qué manera?
- Explica por qué se forma una marea y cuál es su importancia en la navegación.

"La última escala del Tramp Steamer"

"Había estado, diez o más años atrás, en las bocas del río Orinoco. En un remolcador de la empresa, fuimos, durante un fin de semana inolvidable, a conocer el intrincado delta por donde el Orinoco desparrama sus aguas en un Atlántico traicionero, mansurrón y cargado de siniestras sorpresas. Recuerdo aún el canto ininterrumpido de las aves cuya variedad de color y tamaño nos mantenía el día entero de asombro en asombro. En la noche no cesaba el vocerío ensordecedor y el continuo desplazarse de las bandadas…

...Meses después de mi visita a las bocas del Orinoco... Decidí viajar al puerto y fui a las oficinas de nuestra naviera para reservar sitio en el próximo remolcador... –El capitán viajará con usted–, me dijo el encargado a manera de presentación. Tres días más tarde llegó el remolcador. Subí a bordo en la noche. La caravana de lanchones que tenían que bajar hasta el puerto ya estaba lista... La destreza y coordinación que se necesitan para empujar una ristra de lanchones cargados de combustible (petróleo) a través de las curvas, recovecos y meandros del gran río me ha parecido siempre una proeza difícilmente superable...

Pocos días después entramos en el trayecto final del río. Allí sus aguas se extienden por vastos pantanos, manglares y tierras que permanecen inundadas casi todo el año. Es difícil establecer cuál es el cauce original de la corriente y los pilotos de las embarcaciones que descienden hasta el mar, a pesar de los largos años de práctica, suelen navegar con mucha prudencia y prefieren en ocasiones detenerse por la noche… El sol implacable relumbra sobre la superficie sin límites del agua, enceguese a los prácticos y muchos han sido los casos de embarcaciones cuyos ocupantes han muerto de hambre y sed, tostados por el sol y devorados por los insectos... El calor iba en aumento a medida en que nos acercábamos al puerto".

Fragmento de la novela *La última escala del Tramp Steamer* del colombiano Alvaro Mutis . *Arango editores, 1989. págs. 34 y 57.*

Para trabajar

A través de sus obras literarias muchos autores describen sus impresiones sobre el medio ambiente natural, como es el caso del texto anterior. Para comprender mejor el contenido, trabaja el texto de la siguiente manera:

- Ubica sobre un mapa de América del Sur, el río Orinoco desde su nacimiento hasta su desembocadura. Luego, escribe en tu libreta por qué países atraviesa.
- Escribe cuál es el país de Suramérica más rico en el recurso no renovable que cita el texto y su importancia actual.
- Investiga y escribe en tu libreta el nombre de diez productos derivados del recurso en referencia.

Evaluación

1. En tu libreta dibuja un mapa de América. El mapa debe incluir los océanos, el relieve y los ríos. Coloca a cada uno su nombre respectivo.

2. En tu libreta, establece un paralelo entre las características físicas de América del Norte, América del Centro, América del Sur y el archipiélago de las Antillas. Concluye en cuál región se presentan condiciones más favorables para el desarrollo económico y por qué. ¿Qué ventajas deduces de la extensión latitudinal del continente americano?

3. Copia los siguientes conceptos. Frente a cada uno, escribe en tres renglones, aquello que consideres más importante:
   - Cinturón de Fuego
   - Paisajes kársticos
   - Bosque húmedo tropical
   - Clima tropical
   - Huracanes

4. Contesta en tu libreta las siguientes preguntas:
   - ¿Qué relación existe entre el clima, el suelo y la vegetación?
   - ¿Qué importancia tienen los ríos de la vertiente del Atlántico en América?
   - ¿Qué características tiene el relieve situado al lado oeste del continente americano?
   - ¿Por qué ha tomado tanto interés la investigación de la corriente cálida del Niño y por dónde discurre?

5. Si tuvieses la oportunidad de realizar un viaje, desde la Patagonia hasta el extremo norte del continente qué vía tomarías, qué lugares te gustaría conocer y por qué, a cuáles recursos naturales les tomarías fotos.

6. Sobre un mapa de Puerto Rico localiza sus principales formas de relieve y escribe qué ventajas ofrece y cuáles son sus mayores obstáculos o desventajas. De igual manera escribe tu apreciación sobre el clima de la isla.

UNIDAD 2

Época indígena y época colonial

Objetivos

1. Repensar críticamente los conocimientos adquiridos sobre la América precolombina y la colonial.
2. Comprender y valorar a los distintos grupos étnicos y culturales que han participado en la formación de las actuales sociedades del continente.
3. Apreciar la creatividad de las altas culturas precolombinas.

Capítulos

5. América precolombina.
6. Exploraciones y llegada de los europeos.
7. Conquista española y resistencia indígena.
8. El sistema colonial español.
9. Las colonias portuguesas, inglesas, francesas y holandesas.
10. Vida religiosa, expresiones culturales y aportes de América a Europa.

Presentación

La unidad abarca dos épocas decisivas en la formación de nuestra América: los milenios del poblamiento y desarrollo cultural indígena, y los trescientos años de dominio colonial europeo

Son temas ya estudiados en tu escuela elemental. Pero como tus capacidades de crítica y reflexión se han desarrollado, podrás profundizar y valorar mejor los procesos históricos del continente.

Mural del maestro Luis Alberto Acuña.

América precolombina

CAPÍTULO

5

SÍNTESIS

Recordarás por tu aprendizaje en la escuela elemental que al primer período de la historia continental lo llamamos América indígena, y también América precolombina o América prehispánica, porque abarca desde la llegada de los primeros pobladores hasta la de los europeos en el siglo XV; de ahí los nombres del período. Diversas teorías explican la procedencia y las rutas de los primeros pobladores y los arqueólogos han establecido cinco etapas de desarrollo cultural indígena. Tres pueblos sobresalieron por su creatividad y esplendor: los mayas en Centroamérica, los aztecas en México y los incas en el Perú y partes de Ecuador y Bolivia.

El primitivo poblamiento

Las investigaciones científicas fundamentan distintas teorías sobre el origen de nuestros indígenas. Entre ellas se destacan:

La teoría de la unidad racial y el origen exclusivamente mongol. El checo-norteamericano *Ales Hrdlicka* encontró numerosas características físicas comunes entre los indios y afirmó que todos pertenecen a un solo tipo racial, porque descienden exclusivamente de los mongoles que pasaron del Asia a América por el estrecho de Bering durante las glaciaciones.

La teoría de los cuatro orígenes, del antropólogo francés *Paul Rivet.* Unos grupos procedían de *Melanesia* y *Polinesia* (debieron recorrer el Pacífico pasando de isla en isla), otros de *Australia* (atravesando la Antártida, según el portugués Mendes Correa cuando no estaba cubierta de hielos), y un cuarto grupo, procedente de *Mongolia,* cruzó el estrecho de Bering. La teoría de Rivet se apoya en las semejanzas físicas, lingüísticas y culturales de estos cuatro grupos con diversos indios americanos actuales.

Poporo precolombino de la cultura Quimbaya.

"La cultura, repetimos, es el modo de vida que tiene una sociedad o grupo humano y comprende numerosos elementos: vivienda, vestidos, alimentación, técnicas e instrumentos de trabajo, costumbres, normas de conducta, organización social, organización política, creencias religiosas, conocimientos científicos y expresiones artísticas".

Augusto Montenegro, Historia de América, *1990, pág. 27.*

Hoy los científicos aceptan un origen múltiple y con predominio mongol de los primeros pobladores. Éstos llegaron hace más de 40,000 años, cuando ya estaban habitados los otros continentes, y la ruta de entrada más segura fue el estrecho de Bering, convertido en puente terrestre, seco y accesible, durante las glaciaciones.

Las etapas culturales

Con los hallazgos de restos materiales de culturas indígenas, los antropólogos han establecido cinco períodos de desarrollo:

- *Paleoindio* Abarcó miles de años durante los cuales los pueblos fueron nómadas y fabricaron puntas de proyectil para cazar mamuts, búfalos y otros grandes mamíferos existentes durante las glaciaciones. Las culturas de cazadores abundaron en Norteamérica. También hubo grupos de recolectores de moluscos y frutos silvestres.

- *Arcaico* (7000 a 1500 a. de C.). El clima se suavizó por la retirada de los hielos y desaparecieron la flora y los grandes mamíferos del período anterior. Los grupos tuvieron que dedicarse a la pesca y la recolección de moluscos, y se hicieron *sedentarios estacionales* (una residencia fija durante las lluvias y otra en la estación seca).

- *Formativo* (1500 a. de C. a 300 d. de C.). Se inició la formación de las culturas clásicas de *Mesoamérica* y Suramérica; de ahí el nombre. Estas sociedades pasaron de la búsqueda de alimentos a la producción de ellos mediante la *agricultura.* Desarrollaron también la cestería, la cerámica y la textilería; en algunas regiones la metalurgia. El sedentarismo se generalizó, igual que los ritos mágico-religiosos.

La horticultura permitió el sedentarismo estacional.

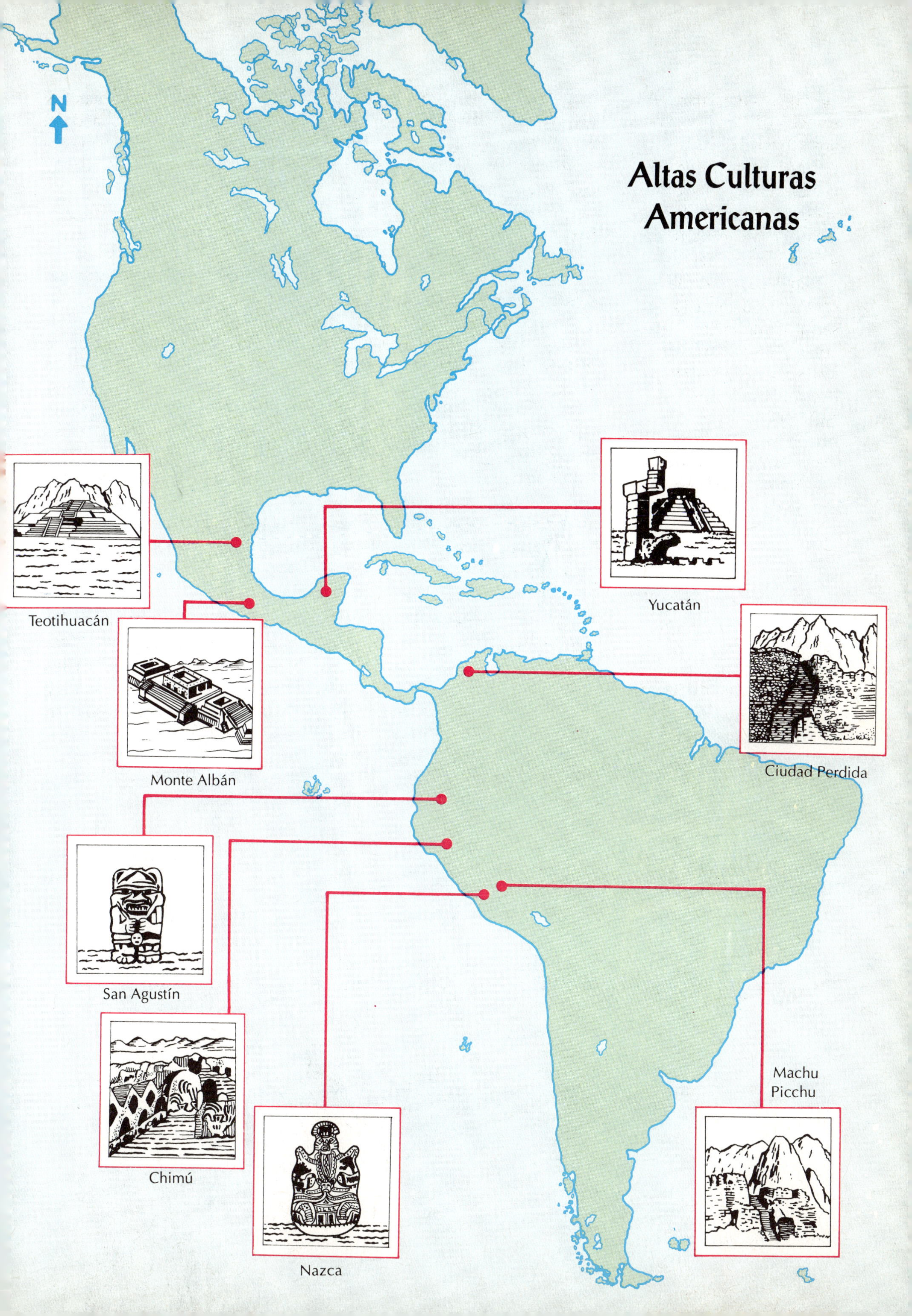
N
Altas Culturas Americanas
Teotihuacán
Yucatán
Monte Albán
Ciudad Perdida
San Agustín
Chimú
Nazca
Machu Picchu

"La gente [aztecas] de esta tierra es de mediana estatura, de cuerpos y gestos bien proporcionados, excepto que en cada provincia se diferencian los gestos, unos horadándose las orejas y poniéndose en ellas unas muy grandes y feas cosas y otros horadándose las ternillas de las narices hasta la boca y poniéndose en ellas unas ruedas de piedras muy grandes que parecen espejos, y otros horadándose los labios de la parte de abajo hasta los dientes y es que todas las veces que quieren pedir a sus ídolos toman muchas niñas y niños y aun hombres y mujeres de mayor edad, y en presencia de aquellos ídolos los abren vivos por los pechos y les sacan el corazón y las entrañas y los queman ofreciéndoles aquel humo".

Hernán Cortés, *Primera Carta de Relación de la Conquista.*

- *Clásico* (300-1300). Unos pocos pueblos de Mesoamérica, Perú y Bolivia progresaron hasta este alto nivel de cultura, que se caracterizó por ciudades en piedra, agricultura intensiva del maíz mediante el riego, desarrollo de tejidos, cerámica y metalurgia, organización en *cacicazgos*, y cultos y centros religiosos más elaborados. En Mesoamérica inventaron calendarios y escrituras.

- *Posclásico* (siglos XIV y XV). Sólo tres culturas alcanzaron esta etapa: los *mayas*, *aztecas* e *incas*. Formaron confederaciones y hasta imperios que sometieron a los pueblos vecinos. Por ello se les llama también *culturas expansionistas*. Su evolución quedó frenada por la conquista española.

Los mayas

Los mayas desarrollaron dos culturas sucesivas y en distintos lugares de Centroamérica: la *clásica* y la *posclásica*. Los mayas *clásicos* ocuparon regiones selváticas de Honduras, Belice, Guatemala y sur de México, donde edificaron ciudades y centros religiosos. Hacia el siglo X, emigraron a Yucatán y con los *toltecas*, procedentes de México, desarrollaron una cultura *posclásica* cuyas grandes ciudades Chichén Itzá, Uxmal y Mayapán se unieron en una confederación que duró 200 años hasta que lucharon entre sí. Cada ciudad era independiente y la gobernaba un príncipe asesorado por un *sumo sacerdote* y un *consejo de jefes de tribus*. La gran mayoría de la población trabajaba las tierras que les distribuía el gobierno. La producción de maíz era rica.

Los mayas eran *politeístas*, creían que existían divinidades del bien y divinidades del mal, como el dios de la muerte. En el período posclásico, los mayas sacrificaban hermosas jóvenes y prisioneros de guerra para obtener favores de los dioses. Los sacerdotes mayas desarrollaron las ciencias y técnicas: el calendario más exacto de cuantos existieron antes del siglo XVI, un sistema vigesimal de numeración; la cifra cero y una escritura jeroglífica que no se ha podido descifrar totalmente. Las construcciones son obras monumentales de ingeniería y arquitectura, decoradas con grandes relieves y pinturas murales.

Mayapán impuso su hegemonía en el siglo XIII y después la cultura

Códices mayas. Aún no han sido descifrados en su totalidad.

Tenochtitlán, capital azteca, construida sobre el lago Texcoco.

maya entró en una profunda crisis (mediados del siglo XIV) por luchas internas, agotamiento del sistema social y económico y numerosas catástrofes (huracanes, epidemias y plagas). Cuando llegaron los españoles, las ciudades estaban en ruinas o abandonadas.

Los aztecas

Vivieron en México y pertenecían a la *familia lingüística nahua*, igual que los *toltecas y chichimecas* que antes habían invadido la meseta de *Anahuac*. Los aztecas llegaron en el siglo XII, asimilaron la cultura de los vencidos y se expandieron hasta formar una poderosa confederación de sus tres grandes ciudades: *Tenochtitlán*, *Tlatelolco* y *Tlacopán*, a mediados del siglo XV.

La base de su organización económico-social era el *calpulli* o comunidad agraria de varias familias que trabajaban una tierra comunal. Los campesinos daban una parte de su cosecha como tributo al gobierno, otra a los templos y la tercera la administraba el jefe del calpulli. La gran producción de maíz fue un poderoso elemento del poderío azteca. La sociedad estaba fuertemente estratificada de abajo hacia arriba así: siervos y esclavos por guerra y deudas, campesinos agrupados en calpullis, mercaderes, funcionarios, sacerdotes y nobles del palacio.

La religión de los aztecas exaltaba algunos dioses sanguinarios, recuerdo de su época de cazadores errantes. Según creían, aquellas divinidades tenían el mundo a su merced y si no las alimentaban con sangre humana derramada sobre las pirámides escalonadas, corrían el riesgo de que el Sol no renaciera cada mañana. El sacerdote arrancaba con un cuchillo de piedra el corazón palpitante de la víctima y lo ofrecía a los dioses, mientras la multitud cantaba y danzaba.

"Las niñas incas entraban también en la pubertad aproximadamente al mismo tiempo que los niños, en una encantadora ceremonia de peinado del cabello, y también a ellas se les daban entonces nombres permanentes. La mujer tenía la oportunidad de abandonar el ayllú... si mostraba especial talento en el arte de tejer, era graciosa y muy bella, podía ser elegida como 'mujer escogida' (nusta) "

Víctor Von Hagen, *Los reinos americanos del Sol,* pág. 247.

Presidía la confederación un monarca (*Gran Tlatoani*) supremo jefe militar, religioso y judicial, asistido por un Gran Consejo de príncipes y jefes de calpullis, que elegía y podía destituir al monarca. La guerra era la actividad principal de los aztecas. Mediante ella conquistaban tierras a pueblos más débiles y aseguraban tributos y prosperidad a la confederación. Creían que la guerra les aseguraba cumplir la obligación de alimentar a sus dioses sacrificando seres humanos escogidos entre los vencidos. Adoraban muchas divinidades entre ellas *Quetzalcoalt* (la serpiente emplumada) y dios de la agricultura.

Los incas

Se desconoce los orígenes de este pueblo de *lengua quechua*, que desarrolló su gran cultura posclásica en el altiplano andino de Perú y Bolivia. Entre los siglos XII y XIII llegaron al valle del Cuzco, que fue el foco de su expansión, perfeccionaron las culturas de pueblos anteriores a los cuales sometieron y formaron un poderoso imperio desde Ecuador hasta el norte de Chile.

La unidad social y de producción era el *ayllú,* donde las familias trabajaban una propiedad comunal repartida por el Estado. Entre los incas no existió propiedad privada de la tierra, ni de las cosechas y los animales. El Estado regulaba el trabajo y controlaba rigurosamente la vida de los súbditos del Imperio; todos los varones estaban obligados a la *mita* o jornada de tres meses de trabajo al año en las minas y en la construcción de puentes, edificios y caminos. La producción de maíz era riquísima con avanzadas técnicas de regadío y de cultivo en terrazas. Los incas fueron los únicos precolombinos que practicaron la ganadería (llamas y alpacas).

Puentes y terrazas Incas.

Indígena algonquino o piel roja. Así fueron llamados, en Norteamérica, por el color rojizo de la piel.

La sociedad estaba organizada rígidamente: en la base los siervos, luego la mayoría campesina agrupada en ayllús, los artesanos, los funcionarios y sacerdotes, y en la cúspide la alta nobleza formada por el emperador, su familia y la corte. El poder del Inca o monarca era absoluto. Por su organización e instituciones, el Imperio incaico fue realmente el único Estado que existió en las culturas indígenas. Los incas adoraban a una divinidad creadora (*Huiracocha*) y al Sol (*Inti*) que era el dios supremo del Imperio, entre otros dioses. En conocimientos científicos los incas no alcanzaron a los mayas y aztecas, pero fueron grandes constructores de fortalezas, caminos que recorrían el Imperio y puentes colgantes sobre ríos y precipicios.

Se ignora cómo hacían los incas para el traslado de las piedras, que eran su material de construcción. Posiblemente, usaban rodillos de madera y piedra, y las rocas eran llevadas por los indios mediante cuerdas tiradas, utilizando palancas para elevarlas y deslizadores para arrastrarlas.

Otros pueblos y culturas

Además de los mayas, aztecas e incas, existían numerosos pueblos que en su mayoría no habían pasado del período formativo. Entre ellos:

- En Norteamérica: los *algonquinos*, los más numerosos y que serían llamados pieles rojas; los *navajos* y *apaches*, que ofrecerían belicosa resistencia al avance de los blancos hacia el Oeste; los *iroqueses* en la región del San Lorenzo, vivían de la caza y la agricultura; y los denominados *cazadores de bisontes*: sioux, caddos, kiowas, que habitaban en las llanuras y las montañas del Oeste. En Florida, los *seminolas*, cultivadores de maíz que rechazarían a los conquistadores.

GLOSARIO

Códices: manuscritos antiguos y especialmente los libros de las culturas mesoamericanas, dibujados en largas hojas de maguey con signos y barras de colores por ambos lados.

Horadar: abrir agujeros de parte a parte en una cosa o en partes del cuerpo.

Mesoamérica: del griego "meso", que significa intermedio, es el nombre de la región arqueológica que se extiende desde México hasta el sur de Nicaragua, por la gran homogeneidad de razas, lenguas y culturas precolombinas que presentan estos países.

Paleoindio: del griego "palaios" que significa antiguo y por ello se llama así el período más remoto de la evolución cultural indígena de América.

- En Suramérica: los belicosos caribes, que trabajaron el oro, practicaron el canibalismo y se expandieron por el Caribe, los *tupís* y *guaraníes* en Brasil, igualmente numerosos y con cultura arcaica, y los *araucanos* en Chile, buenos cazadores y agricultores que resistirían bravíamente la conquista española. En la actual Colombia, sobresalieron los *muiscas* y los *taironas*, ambos de la familia *lingüística chibcha*. Los muiscas en el altiplano de Cundinamarca y Boyacá, avanzados por sus confederaciones, la explotación de sal y esmeraldas y un intenso comercio. Los *taironas* en la Sierra Nevada de Santa Marta, frente a la costa del Caribe, construyeron centros ceremoniales y caminos en piedra. Ciudad Perdida, recientemente descubierta, habla de un rico pasado.

- En las Antillas Mayores, sobre la cultura de primitivos pobladores se asentaron y difundieron los *tainos*, pertenecientes al grupo lingüístico *arawak* de Suramérica. Pacíficos y sencillos cultivadores, a la llegada de los españoles, se defendían de los caribes que atacaban sus islas.

¿Para qué la Historia?

En este capítulo has recordado que por su aislamiento geográfico, América se pobló miles de años después que los otros continentes y las sociedades precolombinas no tuvieron intercambios con el Viejo Mundo. Sin embargo, también desarrollaron gran creatividad, como el descubrimiento de la agricultura y las técnicas en los tejidos, la orfebrería, la cerámica, construcciones en piedra, calendarios, códices, conocimientos de astronomía y matemáticas y su organización social.

Todo diferente a los valores y el desarrollo alcanzado por Europa hasta el siglo XV. De modo que este repaso te ayuda a comprender por qué las sociedades indígenas no estaban en condiciones de enfrentarse con éxito a la conquista y colonización europea. Pues fueron dos culturas que aunque ubicadas en un mismo tiempo histórico, cada una tenía niveles muy diversos de desarrollo y de concepción del hombre y del mundo.

Actividades

Trabajo individual

En tu libreta, dibuja un planisferio y señala lo siguiente: con rojo las diversas rutas seguidas en el poblamiento del continente americano; con verde las regiones de las culturas indígenas posclásicas y con amarillo los lugares habitados por culturas indígenas secundarias.

Trabajo grupal

Intégrate a uno de los cuatro grupos de trabajo en que se dividirá la clase. Cada uno se asigna una etapa cultural precolombina. Recuerden sus características y elaboren un pequeño libreto que deben dramatizar ante sus compañeros. Al final de las representaciones realicen una puesta en común, saquen conclusiones y las consignan en la libreta.

Trabajo grupal

Organízate con tres compañeros para realizar un concurso de murales sobre las culturas precolombinas: mayas, aztecas, incas, norteamericanas y antillanas.

Cada grupo profundiza la información sobre la cultura escogida, elabora su mural, lo acompaña de un informe explicativo y lo expone en un lugar visible indicado por tu maestro(a).

Trabajo individual

En la biblioteca de tu colegio, investiga sobre el poblamiento y la cultura de los tainos en las Antillas mayores. Redacta la información recogida e ilústrala con dibujos o fotografías.

Trabajo individual

Reflexiona y responde, brevemente, en tu libreta:

- ¿Qué fueron las glaciaciones y qué importancia tuvieron en el poblamiento de América?
- ¿Cuáles fueron las etapas de evolución cultural de los primeros habitantes de América y cuál fue el principal cambio en cada una de ellas?
- ¿En qué consistió el calpulli y el ayllu y qué significaron para los aztecas e incas, respectivamente?
- Compara las tres altas culturas americanas y establece dos semejanzas y dos diferencias en su creatividad y jerarquía de valores.
- ¿Qué actitudes de respeto fomentarías hacia los grupos humanos que hoy pueblan Puerto Rico?

Trabajo individual

Escribe un ensayo de dos cuartillas sobre la creatividad y desarrollo económico de los pueblos precolombinos.

TALLER

3

Lectura diaria de periódicos

Es fundamental estar informados de los hechos que a diario se presentan. Uno de los medios a través de los cuales podemos obtener esa información es el *periódico.* En él la palabra escrita se convierte en la memoria de los sucesos diarios que protagoniza el hombre.

Es por eso que el periódico debe ser incorporado al trabajo del aula como un instrumento de información que nos ayude a superar la actitud *pasivo-receptora,* y nos familiarice con la realidad cotidiana.

Pautas para una lectura efectiva:

- Pedir al maestro de Español presente una información general en torno a las partes y secciones de un periódico y su finalidad.
- Proveerse de algunos materiales auxiliares para la realización de la lectura, tales como mapas, diccionario, papel y lápiz.
- Realizar una ojeada general a los antetítulos, titulares y entradas de las noticias; para suscitar algunas inquietudes.
- Seleccionar las noticias principales, localizando en el mapa la región donde se presentaron y escribiendo los términos desconocidos y los nombres que merezcan ser recordados, realizar una síntesis de la noticia.
- Finalmente se escribe un comentario personal respecto a la noticia más importante.

Elige uno de los periódicos que circulan en tu localidad y realiza su lectura diaria. Comenta tus experiencias en el curso.

La lectura del periódico con este sistema proporciona importantes ventajas:

- Se conocen las secciones básicas del periódico.
- Después de la primera ojeada, se tiene una idea general de los sucesos importantes del día.
- Luego de analizar la noticia fundamental se puede localizar fácilmente el escenario donde se presenta, y se maneja la terminología usada en el tema.
- Pasados algunos días de lectura del periódico, se tiene una idea clara de la evolución de un suceso.
- El vocabulario se ha enriquecido con la lectura diaria.
- Se ha adquirido cierta capacidad de análisis de las noticias, se reflexiona y se hacen correlaciones con otros sucesos.

Con asesoría de tu maestro de Sociales elige un suceso importante del momento y realiza un seguimiento de las noticias que en torno a él, circulen en los periódicos.

El periódico registra los sucesos diarios que hacen historia.

Exploraciones y llegada de los europeos

CAPÍTULO

6

SÍNTESIS

Europa a fines del siglo XV

Los países de Europa Occidental se recuperaban de las crisis padecidas en el siglo anterior por las epidemias, guerras y agitaciones de campesinos y artesanos. Finalizaba la Edad Media y se desarrollaban condiciones favorables a una próxima expansión:

- Los reyes habían recuperado el poder frente a los señores feudales. Ten presente que el feudalismo consistía en que los nobles guerreros y terratenientes gobernaban en cada región y se relacionaban entre sí por juramentos de fidelidad y servicio militar, que convertían a unos en *vasallos* de los más poderosos. Estos les pagaban dándole un feudo que generalmente eran tierras trabajadas por *siervos.* Los monarcas de Inglaterra, Francia, Portugal y Castilla se impusieron a los nobles, unificaron sus reinos y *crearon los primeros Estados.*

- El comercio y la vida urbana se recuperaban también de las crisis y entre los burgueses –de quienes seguramente te acuerdas– surgieron nuevos comerciantes-banqueros que dieron origen al *capitalismo comercial.* El capitalismo se fundamenta en el derecho a la propiedad privada, el afán de ganancias y la libertad de competir económicamente. Consiste en concentrar capitales o riquezas que no se consumen sino que se invierten

El Renacimiento con su mentalidad crítica y creativa generó inventos y nuevas técnicas de navegación para satisfacer la necesidad europea de encontrar una ruta marítima a las Indias. El naciente capitalismo comercial impulsó las expediciones oceánicas. Los portugueses encontraron la ruta navegando por las costas de África y pasando por el sur de este continente. Colón propuso el viaje por el occidente y, tras largas negociaciones, los Reyes Católicos apoyaron el viaje que culminó en el hallazgo de 1492. Vespucio y otros exploradores demostraron que Colón no había llegado a Asia sino a un Nuevo Mundo. El encuentro de América y el Viejo Continente transformó la vida de los indios, de los europeos y de los pueblos de África negra.

Los inventos y técnicas de navegación renacentistas, facilitaron el hallazgo hecho por Cristóbal Colón, en 1492.

El astrolabio hizo posible la navegación sin depender de las estrellas.

para obtener más ganancias y se trabaja con personas libres que reciben salario, comisiones u honorarios. En el siglo XV, el oro, la plata, los barcos y otros bienes se *invertían en el comercio y se obtenían del comercio*; de ahí el capitalismo comercial. Los capitalistas intensificaron la navegación marítima y las exploraciones en busca de productos y capitales fuera de Europa. Al mismo tiempo, los reyes se asociaron a los capitalistas para consolidar su autoridad y enriquecer la hacienda pública.

- Estos procesos estaban muy relacionados con el *Renacimiento*, un movimiento de ideas con nuevos valores e imágenes sobre el ser humano y el mundo, que impulsó las ciencias, los inventos y las técnicas de navegar y se expresó en magníficas obras artísticas. Con los avances de la geografía se aceptó la redondez de la Tierra; la imprenta divulgó los conocimientos, las armas de fuego dieron seguridad a las expediciones y la navegación progresó con el *astrolabio*, los *almanaques* o calendarios con la declinación diaria del Sol y el *cuadrante* para calcular la altura de los astros sobre el horizonte. Sobre todo, la *brújula* hizo posible la navegación sin depender de las estrellas y la *carabela*, embarcación de borda alta, ligera e impulsada por velas, facilitó la travesía por el océano.

- Por último, no olvides que la causa inmediata de la expansión europea fue *la necesidad de encontrar una ruta marítima hacia las Indias*, como llamaban al Lejano Oriente, de donde procedían la seda, las piedras preciosas y, sobre todo, las *especias* para mantener la carne fresca y condimentar los alimentos. Estos productos eran llevados por caravanas hasta los puertos asiáticos del Mediterráneo, donde genoveses y venecianos los compraban para revender a Europa. Pero los *turcos otomanos*, de religión y cultura musulmana, tomaron la importante ciudad de *Constantinopla* (1453) y bloquearon el comercio dificultando las importaciones de las especias.

"Se puede hablar de descubrimiento o de encuentro, según la percepción que se tenga del acontecimiento, pero se trata siempre de un verdadero movimiento de exploración, de búsqueda del conocimiento o del reconocimiento del otro. Un movimiento doble, en sus efectos antropológicos y culturales..."

José Augusto Seabra, *El Correo de la UNESCO, «Redescubrir 1492»*, mayo de 1992, página 23.

España y Portugal: iniciadoras de la expansión

Según aprendiste en cursos anteriores, estos países vivieron durante 700 años la *Reconquista*, proceso de guerras y hasta de convivencia de los cristianos con los musulmanes que ocupaban la península ibérica desde el siglo VIII. Durante aquella época se formaron los reinos cristianos de Portugal, Castilla, los Estados de la Corona de Aragón y Navarra.

- *Portugal* desalojó de su territorio a los *moros* (como llamaban a los musulmanes) antes del siglo XV y la Corona, junto con los burgueses, aprovecharon la situación geográfica del reino para desarrollar el comercio marítimo. El príncipe *Enrique el Navegante* (1394-1460) fomentó los estudios cartográficos y la navegación en busca de oro y del reino de Etiopía. Los portugueses conquistaron las islas Madeira, Azores y Cabo Verde, y a partir del bloqueo turco intensificaron sus exploraciones para pasar por el sur de África al océano Índico y llegar a las Indias.

- En España, *Castilla* y *Aragón* (que comprendía Aragón, Cataluña, Valencia y las Baleares) quedaron unidos monárquicamente por el matrimonio de *Isabel de Castilla* y *Fernando de Aragón* (1469). Aunque cada reino conservó su lengua, leyes e instituciones, los Reyes Católicos completaron la unidad territorial y religiosa de España al conquistar Granada, último reino de los moros en la península (1492), expulsar a los judíos e imponer el catolicismo como única religión.

Los normandos fueron los primeros europeos que llegaron a América en el siglo XI. En el año 1007, una expedición dirigida por Leif Ericson descubrió la isla de Terranova, la península del Labrador y las costas noroccidentales de los Estados Unidos. Las colonias que fundaron desaparecieron poco después a manos de los indios. Las expediciones no continuaron ni fueron dadas a conocer, de manera que el "descubrimiento" de América por los vikingos o normandos no tuvo repercusiones para ellos ni para el resto de la humanidad. América permaneció desconocida y aislada hasta el primer viaje de Colón en 1492.

Los Reyes Católicos entrando en Granada. Relieve de la Capilla Real de la Catedral.

"La mayor cosa después de la creación del mundo, (...) es el descubrimiento de Indias; y así las llaman Nuevo Mundo (...). También se puede llamar nuevo por ser todas sus cosas diferentísimas de las del nuestro".

Francisco López de Gómara, *Historia general de Indias,* 1516.

- Desde la segunda mitad del siglo XV, las islas Canarias pasaron a Castilla, pero Portugal detuvo esta expansión y por el *Tratado de Alcacovas* (1479) se limitó la navegación castellana hasta las Canarias. Los portugueses continuaron sus exploraciones, llegaron al extremo sur de África (1486) y, finalmente, la expedición de Vasco de Gama arribó a la costa de la India actual (1498).

Las expediciones de Colón

Años antes que los portugueses llegaran a Asia, los Reyes Católicos habían celebrado un contrato (Capitulaciones de Santa Fé) con Cristóbal Colón para viajar a las Indias por el occidente. Como se ignoraba la existencia de América, Colón calculaba que la Tierra era mucho menor y que en poco tiempo llegaría por el Atlántico a las costas de Asia. El proyecto era atrevido pues no se sabía que alguien hubiera cruzado el Atlántico, pero ¿qué otra posibilidad de ruta tenían después del tratado con Portugal? Ya conoces las dificultades que pasó Colón antes de que su proyecto fuera aceptado por los cartógrafos y los consejeros reales. Como ya sabes, la expedición partió en agosto de 1492 y llegó el 12 de octubre a la isla de *Guanahaní* (a la que dio el nombre de San Salvador) en el archipiélago de las Bahamas. Prosiguió hacia el sur tocando la costa nororiental de *Cuba* y, finalmente *Haití*, a la que llamó *Española*. Colón regresó a España y fue recibido triunfalmente por los Reyes Católicos que apoyaron su segundo viaje (1493-1496) con el objetivo de colonizar la Española. Observando los mapas puedes repasar que en el segundo viaje, además de *Puerto Rico*, Colón descubrió otras islas, y que en el tercer y cuarto viajes recorrió las costas centroamericanas y las de Venezuela y Colombia.

Viajes de Colón.

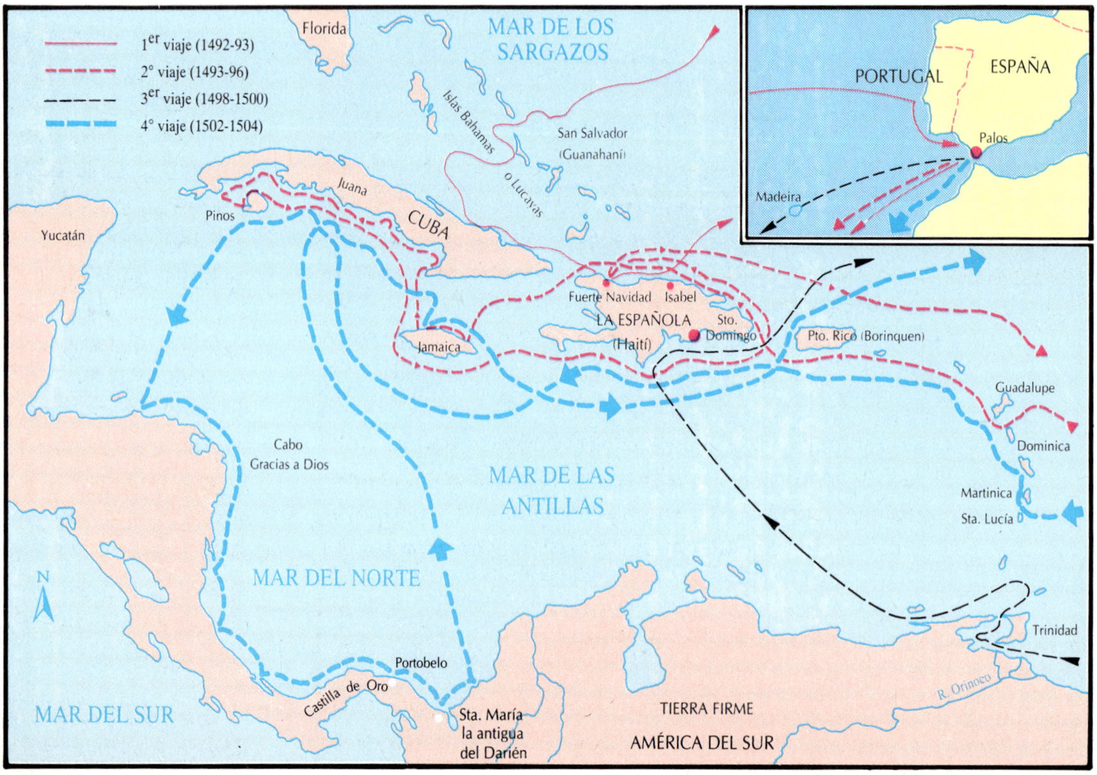

Fray Bartolomé de las Casas, protector de los nativos americanos. Dibujo de José López Enguidanos. (Siglo XVIII).

"Los miembros de una expedición descubridora constituyen un cuerpo social reducido pero completo donde la autoridad está bien establecida y cada individuo tiene misión específica. El mando corresponde al *capitán*, el *maestre* y el *piloto*. El capitán, autoridad suprema a bordo, responsable de una disciplina militar no ha de ser necesariamente un técnico en navegación (...) aunque vive en la cámara de popa, su personalidad, su energía y su presencia material se reflejan en todo el buque y sobre todo en la moral de la tripulación (...). El maestre, segundo jefe de a bordo, ha de ser buen navegante siempre, por ostentar el mando directo de todos los marineros y dirigir la maniobra del buque en la mar y en puerto.(...) El piloto, responsable directo de la navegación y de los instrumentos utilizados para ella..."

Jaime Vicens Vives, Historia social y económica de España y América, vol. 2, págs. 449-451.

La repartición de las tierras descubiertas

Portugal había obtenido del Papa, como autoridad supranacional, la soberanía sobre las islas y tierras descubiertas y que se descubrieren, navegando por las costas de África y el Índico. Después del primer viaje de Colón, los Reyes Católicos pidieron al Papa iguales derechos sobre islas y tierras descubiertas y que se descubrieren navegando hacia el occidente. Mediante las llamadas *Bulas alejandrinas* o *Bulas de demarcación* (1493), Alejandro VI dividió las áreas de exploración por un meridiano que pasaría a cien leguas al oeste de las islas Azores: la occidental para España y la oriental para Portugal.

Insatisfecho el monarca portugués, llegó a un acuerdo con los Reyes Católicos mediante el *Tratado de Tordesillas* (1494) que corrió el meridiano divisorio más al oeste, a 370 leguas de Cabo Verde. La nueva línea favoreció a Portugal porque atravesaba el territorio oriental de Brasil, del cual se posesionaron sus navegantes.

Otras exploraciones y descubrimientos

- *Viajes menores* se llaman las expediciones llevadas a cabo por otros marinos (1499-1500) con permiso de los Reyes Católicos, que desconocieron los derechos exclusivos concedidos a Colón.

De los viajes de Colón poco se supo. Algunos de los relatos de Vespucio, con mapas de las costas brasileras, llegaron casualmente a manos de unos científicos que preparaban una obra de geografía.
La obra se divulgó... con la noticia del hallazgo de un nuevo continente y el error de que su descubridor era Américo Vespucio.

Alonso de Ojeda, Juan de la Cosa y Américo Vespucio recorrieron las costas de Venezuela y las de la península de la Guajira en Colombia. *Alonso Niño y Cristóbal Guerra* navegaron por las costas venezolanas y la isla Margarita. *Vicente Yáñez Pinzón* descubrió y exploró las costas brasileñas y la boca del Amazonas. *Rodrigo de Bastidas* bordeó las costas venezolana y colombiana y descubrió la desembocadura del río Magdalena. *Américo Vespucio* recorrió las costas del Brasil.

Años más tarde (1513), en el istmo de Panamá, *Vasco Núñez de Balboa* llegó a la costa del océano Pacífico. Al descubrir que América está rodeada por dos océanos, se confirmó la idea de Vespucio y otros pilotos al servicio de España, que América era un nuevo continente y no Asia como había sostenido Colón.

- Nuevas exploraciones buscaron un estrecho entre los dos océanos para llegar a las islas de las especias por occidente. La más importante fue la de *Hernando de Magallanes*, portugués al servicio de España, quien al frente de una gran expedición, descubrió y recorrió el estrecho que lleva su nombre y continuó por el Pacífico hasta las islas Filipinas, donde fue muerto por los nativos. Un solo barco y 18 tripulantes al mando de Juan Sebastián Elcano regresaron a España por la ruta de los portugueses (1522). La hazaña de darle la vuelta al mundo (en tres años) comprobó la esfericidad de la Tierra.

La brújula. Invención que contribuyó a la exploración occidental del planeta.

- Las costas atlánticas de Norteamérica fueron exploradas por los venecianos *Sebastián Caboto y su hijo Juan*, al servicio de Inglaterra (1497 y 1498), y por el italiano *Juan Verrazano* (1524) y *Jacobo Cartier* patrocinados por la Corona francesa. Cartier descubrió el río San Lorenzo (1534) y tomó posesión del Canadá en nombre de su rey. Pero Francia e Inglaterra no pudieron patrocinar más expediciones.

El impacto del encuentro de América y Europa

- Al ensancharse el escenario del mundo conocido, la *civilización europea se expandió y se transformó*. Los científicos rectificaron errores, estudiaron los astros y confirmaron que la Tierra gira sobre sí misma y alrededor del Sol. El descubrimiento de nuevos tipos humanos, culturas, lenguas, animales y plantas, cambió las nociones tradicionales. La geografía y la cartografía progresaron al conocerse océanos, mares y tierras que no figuraban en ningún mapa. El Atlántico desplazó al Mediterráneo como eje del comercio y la navegación. El capitalismo se desarrolló con el oro y la plata de América. El cristianismo, hasta entonces religión europea, se propagó por el nuevo continente. España y Portugal se convirtieron en potencias y comenzó el *colonialismo*.

- *La llegada de los europeos trajo enormes consecuencias al Nuevo Mundo.* El continente dejó de pertenecer a los indios y sus procesos de desarrollo cultural independiente quedaron inconclusos. La población recibió la cultura europea del brazo armado del conquistador y del misionero desarmado; quedó sometida económica, social y mentalmente a los blancos europeos. Debido al poblamiento de ellos y los negros africanos, América se caracteriza por ser el único continente habitado por las tres etnias y sus cruces. ◆

GLOSARIO

Musulmanes: pueblos del Medio Oriente portadores de la cultura del Islam cuyo centro es la religión monoteísta que predicó el caudillo árabe Mahoma en el siglo VI.

Siervo: persona subordinada al amo en cuyas tierras trabajaba. A diferencia del esclavo que era un objeto, según las leyes, el siervo era tratado como persona pero sin responsabilidad ni libertad.

Bulas pontificias: documentos solemnes en los que el papa hace una declaración sobre la fe o una concesión de gran importancia; el nombre proviene del sello de plomo redondo (*bulla*) de estos documentos.

¿Para qué la Historia?

Aunque la historia de América comenzó con los primeros pobladores, el "Descubrimiento" o "Encuentro" marca el inicio de la formación de las poblaciones de las cuales somos descendientes. Un proceso que aún se discute con apasionamiento, a pesar de los 500 años transcurridos. ¿No crees que debemos mirar hacia el futuro y afrontar el estudio de la llegada de los europeos sin ocultar los hechos, pero sin estancarnos en discusiones estériles ni fomentar resentimientos y discriminaciones raciales?

Actividades

Trabajo grupal

En grupos de cinco alumnos, elabora un esquema sobre los aportes científicos, técnicos y artísticos del Renacimiento y sus principales consecuencias. Lo puedes ilustrar con recortes de periódicos y revistas, o con dibujos y anexarle pequeños informes explicativos que el grupo debe ampliar en el momento de la exposición.

Trabajo individual

En tu libreta, define las siguientes expresiones: Renacimiento, capitalismo comercial, turcos otomanos, Reconquista, y Tratado de Tordesillas.

Trabajo individual

Imagina que eres un navegante o un cronista de los que iban en los barcos del siglo XVI y con las grandes habilidades periodísticas actuales. Debes relatar al mundo el hallazgo de nuevas tierras. Dispones de 10 minutos para anunciar tan grandioso hecho. ¿Cómo lo harías? Escoge el medio de comunicación que prefieras y presenta tu noticia de manera ágil y agradable para que atraigas la atención del público. ¡Adelante!

Trabajo grupal

Debate con tus compañeros las consecuencias del descubrimiento europeo de América. Un grupo sustentará los aspectos negativos y otro los aspectos positivos. Cada grupo debe prepararse previamente con la lectura del tema y consultando bibliografía. Al final se sacarán por escrito, o en cassette, las conclusiones del debate.

Trabajo individual

En tu libreta, dibuja un planisferio y sobre él, traza las rutas de las exploraciones realizadas por los europeos a finales del siglo XV y comienzos del XVI: con color azul, las rutas y sitios fundados por Portugal; con color rojo, lo correspondiente a España; con color verde lo de Francia y con amarillo lo de Inglaterra. Después, utilizando los mismos colores y ayudado por tu creatividad, haz un listado de los personajes que capitanearon cada una de las expediciones.

Trabajo grupal

Con tres compañeros más, realiza un trabajo comparativo del tipo de persona del siglo XVI con la actual. Describe las características de cada uno y del mundo en el cual se mueven. Ilustra cada situación con una caricatura.

Conquista española y resistencia indígena

CAPÍTULO

7

SÍNTESIS

Características

Según recordarás, llamamos Conquista a las expediciones militares de ocupación y dominación de territorios americanos llevada a cabo por España y en tres etapas: las Antillas (1493-1520), los *grandes Estados indígenas* (1520-1534) y el resto de *Suramérica* (1534-1555).

El *fundamento jurídico de la conquista* estaba en las Bulas alejandrinas, por las que el Papa repartió las áreas de exploración y descubrimiento entre España y Portugal. A su vez, el compromiso de evangelizar sustentaba aquel reparto, de acuerdo con el derecho medieval de la Reconquista y de las Cruzadas que consideraba justo título de los reyes cristianos la conquista de los territorios pertenecientes a infieles. La Corona sostuvo este fundamento a pesar de que fue discutido y rechazado por importantes teólogos y juristas.

Las expediciones conquistadoras fueron *empresas privadas de aventureros* con los que la Corona pactaba *Capitulaciones.* Los gastos de la expedición eran asumidos por el conquistador, no por la Corona, lo cual explica pero no justifica, la *codicia de oro* para pagar las deudas contraídas en la adquisición de barcos, armas y caballos, y para obtener grandes ganancias en la inversión hecha. Otras características fueron la *violencia, crueldad y ambición de los aventureros,* sin negar su *valentía, audacia y tenacidad* para enfrentarse a medios geográficos desconocidos y a hombres muy superiores en número. La crueldad no se dio solamente con el indio, sino entre los propios conquistadores.

Más de la mitad del continente americano en medio siglo fue conquistada por aventureros del reino de Castilla que pactaban con la Corona. La empresa se caracterizó por la codicia de oro, la audacia y valentía de los conquistadores y la heroica resistencia indígena en condiciones desfavorables. La ocupación de las Antillas diezmó la población india y no satisfizo a nadie. La sangrienta y enriquecedora conquista de México por Hernán Cortés desató la fiebre de aventuras y fue el modelo de nuevas conquistas, como la del rico Imperio incaico por Pizarro y sus hombres. Otras fueron menos productivas: Centromérica y los territorios actuales de Colombia y Venezuela; la más empobrecedora fue la del Río de la Plata y la más brutal por parte de conquistadores y conquistados, la de Chile. Frente a la crueldad hubo apasionadas defensas de los indios por los misioneros, que eran también españoles.

Las mujeres indígenas constituyeron un aporte básico en las labores artesanales y agrícolas.

"No había entonces enfermedad; no había dolor de huesos; no había fiebre para ellos; no había viruelas; ni había dolor de vientre; ...No fue así lo que hicieron los extranjeros cuando llegaron aquí".

Libro de Chilam Balam de Chumayel

Simultáneamente *con cada campaña se iniciaba la colonización:* fundación de villas, reparto de indios y tierras, aclimatación de plantas y animales traídos de Europa y organización del trabajo. La *autoridad de la Corona se imponía* al terminar cada conquista, mediante el nombramiento de gobernadores, la instalación de organismos controladores y la aplicación de leyes. La Corona solía reemplazar al conquistador en la gobernación del territorio para evitar que se convirtiera en poderoso señor autónomo.

La *reacción de los indígenas* al principio fue de sorpresa y miedo; el enfrentamiento vino después. Perdieron por la inferioridad de sus fuerzas: lanzas, flechas y piedras contra hombres protegidos por armaduras y que peleaban con espadas y armas de fuego. Estas y los caballos no abundaron pero fueron suficientes para causar pavor entre los indios. A la derrota contribuyeron decisivamente las *rivalidades indígenas y la complicidad* de muchos de ellos con los conquistadores.

Una característica singular de la Conquista fue la *presencia evangelizadora y protectora de la Iglesia.* Misioneros dominicos, franciscanos y jerónimos se esforzaron por bautizar y predicar la fe cristiana, a partir de elementos accesibles a los indios e intentando aprender sus lenguas. Chocaron con los conquistadores al oponerse al exterminio y la explotación de los nativos, sobresaliendo el dominico *Fray Bartolomé de las Casas,* por su apasionada defensa del indio. La enérgica campaña de las Casas llegó a la Corte, inquietando a la sociedad y al monarca e influyó en la legislación indiana.

Primeras exploraciones en las costas e islas americanas.

El proceso en las Antillas

La isla de La Española (*Haití en lengua india*), cuya conquista comenzó desde el segundo viaje de Colón, se convirtió en una próspera colonia y la ciudad de Santo Domingo en *centro de la administración colonial.* De la isla partieron expediciones a Jamaica, dirigida por *Juan Esquivel*, a Puerto Rico por *Ponce de León*, a Cuba por *Diego Velásquez* y a Tierra Firme o Darién por *Diego de Nicuesa y Alonso de Ojeda.* La resistencia fue vencida con matanzas masivas y actos de crueldad que estremecieron hasta los partidarios de la conquista armada.

Algunos valientes caciques resistieron al conquistador. En Cuba, *Hatuey* y *Guamá.* El primero fue quemado en la hoguera; el segundo mantuvo los ataques en forma de guerrilla. El cacique *Urraca* combatió durante años en el istmo. En la Española el cacique *Enriquillo*, después de bautizado aceptó a las autoridades coloniales y reclamó ante ellas por los abusos. Fracasado

Entrada de Hernán Cortés en Tenochtitlán, 1521.

en sus pacíficas gestiones, agrupó a los indios y mantuvo la lucha durante años. Un enviado de la Corona pactó con ellos que, a cambio de oro, residieran libremente en una región.

Conoces bien los resultados de la conquista de las Antillas: extinguió la población indígena y agotó los yacimientos de oro, desilusionando a los conquistadores. La Corona tampoco se interesó en proseguir la Conquista por algo sobre lo que no se insiste con frecuencia y que seguramente recuerdas: la Corona no quería reconocer al virrey Diego Colón, hijo del Gran Almirante, la gobernación de todas las tierras que se descubrieren, de acuerdo con las Capitulaciones de 1492. Por último, los problemas entre misioneros y conquistadores eran más que las riquezas obtenidas.

México y Centroamérica

- La conquista de México, *el país de los aztecas* (1519-1522). La dirigió Hernán Cortés, quien se ganó la alianza de los tlaxcaltecas y otros grupos indígenas que se resistían al dominio de los aztecas. Cortés llegó a la capital de la confederación azteca, donde apresó al monarca *Moctezuma,* hecho que le permitió controlar el país. Meses más tarde el Gran Consejo nombró a otro emperador y encabezó la resistencia. Moctezuma murió y los españoles lograron escapar de la ciudad con grandes pérdidas de hombres y botín. Cortés recibió refuerzos y tomó a *Tenochtitlán* después de un largo asedio. Tras la matanza, el resto de la población se sometió.

- La conquista de Centroamérica la propició Cortés. Fue más larga y difícil que la de México, pues la resistencia indígena, la selva y las enfermedades tropicales diezmaron a los españoles. Francisco Montejo inició la conquista de *Yucatán,* pero los mayas se sublevaron con frecuencia y un grupo se refugió en el Petén, conservando su independencia hasta fines del siglo XVI. *Guatemala* fue sometida por Pedro de Alvarado. En *Honduras* lucharon entre sí los conquistadores enviados por Cortés. *Nicaragua* y *Costa Rica* fueron ocupadas por conquistadores procedentes de Panamá.

"Abordamos aquí el tema de una famosa controversia, entre una leyenda negra de las tiranías y crueldades realizadas por los españoles en las Indias Occidentales (...) y por otra parte una contraleyenda, que quiere trazar un cuadro idílico de la colonización cristiana de los españoles. Lo esencial, de hecho, es distinguir entre una práctica brutal y una doctrina, e incluso una legislación de intenciones sumamente elevadas (que ha faltado frecuentemente a colonizaciones más modernas)".

Pierre Vilar, Historia de España, *página 51.*

"Por servir a Dios, a Su Majestad y dar luz a los que estaban en tinieblas, y también por haber riquezas, que todos los hombres comúnmente buscamos..."

Bernal Díaz del Castillo,
Historia verdadera de la conquista de Nueva España,
1568.

Suramérica

Quizás recuerdes poco la conquista de Suramérica porque estuvo menos relacionada con Puerto Rico, pero estas empresas conquistadoras despoblaron las Antillas, de modo que es importante repasarlas.

- *Francisco Pizarro* y Diego Almagro obtuvieron Capitulaciones de Carlos V para conquistar el rico Imperio incaico. La expedición partió de Panamá (1531) y tuvo a su favor la lucha por el poder entre el emperador *Atahualpa* y su hermano *Huáscar.* En la ciudad de Cajamarca Pizarro capturó a Atahualpa y pudo controlar a los súbditos. El Inca pagó un cuantioso rescate, pero Pizarro no lo liberó sino que lo hizo ejecutar y Perú quedó sometido. Hubo dos grandes sublevaciones: la de Quito, aplastada por *Sebastián de Belalcázar*, y la de *Manco Inca* que sitió a los conquistadores en Cuzco, que fracasó también.

- *La conquista de la actual Colombia* no había pasado de la fundación de las ciudades de la costa (Santa Marta, por Rodrigo de Bastidas y Cartagena, por Pedro de Heredia). En 1536 se encomendó a *Gonzalo Jiménez de Quesada* la jefatura de una expedición que ascendió a la meseta de Cundinamarca, donde la rivalidad entre los cacicazgos facilitó la conquista del país de los muiscas y se fundó *Santafé de Bogotá.* ¿Sabías que este antiguo nombre ha vuelto a ser el oficial de la ciudad desde 1991?

Atahualpa cae prisionero por hombres de Pizarro.

Conquistas del interior del territorio americano.

- La conquista de *Venezuela* fue distinta, pues Carlos V la confió a los banqueros alemanes *Welser,* en pago de deudas con ellos. Los alemanes hicieron varias exploraciones pero no fundaron ni cumplieron otros compromisos por lo que perdieron la concesión (1540). Los españoles reiniciaron la conquista contra la tenaz resistencia de los caribes y fundaron *Caracas* (1567).

- La conquista de *Chile,* comenzada por *Pedro de Valdivia* (1540) resultó la más feroz, porque los araucanos defendieron violentamente su territorio y los españoles perdieron muchas vidas, no encontraron riquezas y pasaron hambre. Valdivia fue descuartizado. Los caciques *Lautaro* y *Caupolicán* dirigieron sucesivamente la resistencia hasta que cayeron. Otra expedición enviada de Perú terminó la conquista (1556) y dio muerte atroz a Caupolicán. Los araucanos quedaron reducidos al sur de Chile pero sin someterse.

- En el *Río de la Plata* (Argentina, Uruguay y Paraguay) no hubo propiamente una conquista, sino una colonización. ¿Recuerdas por qué los españoles dieron este nombre a la región? La ausencia de riquezas y la hostilidad de las tribus, hicieron fracasar la gran expedición que fundó Buenos Aires (1536). Los sobrevivientes dirigidos por *Martínez de Irala* se retiraron hasta el actual Paraguay donde convivieron con los guaraníes y se dedicaron a la ganadería. Años después, colonos procedentes de España, Chile y Perú fundaron ciudades en el interior y repoblaron Buenos Aires (1580).

"...La conquista de América por los españoles no fue sólo una extraordinaria hazaña militar en la que un puñado de conquistadores sometió todo un continente en un plazo sorprendentemente corto de tiempo, sino, a la vez, uno de los mayores intentos que el mundo haya visto de hacer prevalecer la justicia y las normas cristianas en una época brutal y sanguinaria".

Lewis Hanke, *La lucha por la justicia en la conquista de América, 1949, pág. 13.*

GLOSARIO

Capitulaciones: contratos entre la Corona y el conquistador, por el cual aquélla nombraba "adelantado" al conquistador, con poderes militares, civiles y de repartir tierras entre los miembros de la expedición. Por su parte, el conquistador reconocía la soberanía del rey sobre el territorio que conquistara, se obligaba a fundar villas y a cristianizar a los indios.

Leyenda negra: nombre dado por los españoles a los escritos de ingleses, franceses y de otros países enemigos, que basados en las denuncias de Bartolomé de Las Casas, destacaron y exageraron los aspectos negativos de la obra de España en América.

Los vencidos

Varios factores explican el rápido derrumbe de los indios. Desde un comienzo debieron su fracaso, más que a sus armas primitivas, a su estado sicológico fatalista y derrotista al creer que los conquistadores eran dioses o enviados por sus propios dioses para castigarlos. Otros factores no menos importantes fueron las *desuniones y rivalidades entre tribus,* como sucedió en México y en el país de los muiscas; las *guerras civiles,* como en el Imperio incaico, y las traiciones y complicidades con el enemigo, como el caso de *Malinche,* la india amante de Cortés que le sirvió de intérprete y guía.

La *población indígena decreció* en forma alarmante. Las Casas y otros misioneros atribuyeron la mortandad a la matanza de indios y a los agotadores trabajos en las minas, pero más daño hicieron las *epidemias* (viruela, sarampión, gripe, peste bubónica, tifoidea), traídas por los españoles y africanos, contra las que no estaban inmunizados los indios. Ellos tuvieron la protección de los misioneros y la Corona, y muchos aceptaron la religión cristiana. Pero quedaron incorporados brusca y artificialmente a una cultura muy distinta y, por tanto, en la que no podían sentirse a gusto. Algunos grupos mantuvieron la resistencia armada, como los caribes de Suramérica y los araucanos.

¿Para qué la Historia?

Sin duda fue una época sanguinaria y brutal por la mentalidad reconquistadora de los españoles que creían justificadas sus acciones porque los indios adoraban ídolos, ofrecían sacrificios humanos o comían carne humana. Pero la historia nos da a conocer también que la conquista desató en su tiempo la primera y apasionada defensa de derechos humanos y una fuerte polémica en la cual sacerdotes y laicos, teólogos y juristas, plantearon con entera libertad que España no tenía derecho a someter a las poblaciones indias y ni siquiera imponerles su religión. Estas enseñanzas tienen vigencia ante los problemas entre los países avanzados y los que no han alcanzado su nivel de desarrollo industrial y económico.

Actividades

Trabajo individual

La poesía es una de las más bellas formas de interpretación de la realidad. Intenta escribir un texto poético inspirado en las condiciones de vida de los nativos americanos durante la conquista. Si escribir no es tu fuerte, expresa esta situación en otra forma artística: música, escultura, o pintura.

Trabajo individual

Realiza un escrito de una página, donde des a conocer tus impresiones acerca del proceso de conquista. ¿Qué consecuencias percibes? ¿Qué sugerencias harías a los españoles si tuviesen la oportunidad de repetir estos hechos? ¿Qué valores y antivalores destacas en estos acontecimientos? ¿Cuál es tu posición frente a Juan Ponce de León?

Trabajo individual

Consulta, en la biblioteca, sobre la vida y escritos de fray Bartolomé de las Casas. Personifícalo, y como tal, escríbele una carta al rey de España contándole del trato dado al indígena, de las formas de explotar la riqueza por parte de los conquistadores, de lo que tú opinas al respecto y tus deseos para los nativos.

Trabajo grupal

Organiza un debate sobre las causas de extinción de la población indígena en las Antillas y otras regiones americanas. Un grupo defiende el hecho de ser una raza muy débil e ignorante; mientras que el otro grupo sustenta las causas de la extinción en el trato inhumano y en las epidemias y enfermedades recibidas de los europeos. Las conclusiones escritas o grabadas deben ser conocidas en la clase.

Trabajo grupal

Organiza cinco grupos de trabajo para comparar los procesos de sometimiento de las diversas regiones de América, al dominio español: Las Antillas, México, Centroamérica, Perú y en el resto de Suramérica. Cada grupo elabora un esquema y realiza su exposición. Al final redactan las conclusiones concretando semejanzas, diferencias y los personajes importantes en cada situación.

Trabajo grupal

El curso se divide en pequeños grupos de trabajo para elaborar murales y afiches que ilustren el encuentro de las dos culturas: la indígena y la europea.

TALLER

4

Elaboración de ficheros

En el estudio de las ciencias sociales se hace indispensable el conocimiento de ciertos conceptos, sucesos y personajes básicos, que marcan la dirección de un proceso histórico o que permiten el mejor conocimiento de una región geográfica.

Por la amplitud de estos conceptos, conviene organizar la información. Esto permite tener siempre a mano los aspectos fundamentales de los temas de estudio y utilizarlos continuamente a través del curso.

En este taller vas a manejar un sistema sencillo que permite organizar la información y mantenerla a disposición: el fichero-diccionario de ciencias sociales. Consiste en una colección de fichas clasificadas por materias y por temas, en las cuales se definen, con la mayor precisión posible, términos básicos y/o se amplía información sobre personajes, sucesos o regiones geográficas.

Para elaborar un fichero deben tenerse en cuenta ciertos criterios:

- Organizar las fichas por materia y tema .
- Seleccionar el tipo de ficha, su tamaño y distribución.
- Marcar y numerar la ficha.
- Consultar distintas fuentes sobre el suceso a ampliar o término a definir, recurriendo a diccionarios, enciclopedias u obras temáticas.
- Escribir la síntesis del término o suceso investigado.
- Si la ficha se refiere a un personaje, contestarse la pregunta ¿quién fue? Si es de un suceso, ¿qué fue? Si es de una expresión o término, ¿en qué consiste? Contestando estas preguntas, obtienes los elementos esenciales de tu investigación.

Nombre ________________ Fecha _______

Materia __________ Tema _______ N° ____

¿Quién fue?

1.
2.
3.

Modelo 1

Nombre ________________ Fecha _______

Materia __________ Tema _______ N° ____

¿Qué es?

1.
2.
3.

Modelo 2

Modelos de guías para elaboración de fichas.

Ahora, elabora unas fichas históricas sobre:

- ¿Quién fue? Hernán Cortés, Franklin D. Roosevelt.
- ¿Qué fue? La Colonia, La primera guerra mundial.

Un fichero presta utilidad para la realización de tareas y trabajos cuando:

- Está ordenado de manera precisa según los temas desarrollados.
- Reúne los aspectos fundamentales del tema analizado.
- Tiene cierta generalidad que permite usarlo y consultarlo en diferentes momentos.
- Es preciso en sus datos.
- Resulta de la consulta ordenada de diferentes fuentes.

Escoge uno de los temas trabajados que más te haya gustado y elabora dos fichas que respondan a ¿Quién fue? y ¿Qué fue?

El sistema colonial

CAPÍTULO

8

SÍNTESIS

Gobierno y administración

Recuerda que la Corona dio a sus territorios americanos *la condición jurídica de reinos*, no de colonias, considerados propiedad del monarca español. Este las gobernó mediante instituciones similares a las de Castilla. Los dos altos organismos en la metrópoli eran:

- *El Consejo de Indias* que tenía funciones ejecutivas, legislativas y judiciales: proponer al rey todos los nombramientos para las colonias, elaborar y someter al monarca todas las leyes, y resolver, como tribunal supremo, las apelaciones contra los fallos de las autoridades coloniales.

- *La Casa de Contratación*, tenía su sede en Sevilla y controlaba la navegación, el comercio y los pasajeros entre España y América, así como la entrada de los metales preciosos. También era centro de cartografía y estudios náuticos y geográficos.

Las Indias quedaron integradas a la Corona de Castilla como reinos pertenecientes al soberano de la metrópoli. Las instituciones castellanas sirvieron de modelo para la organización colonial y solamente gente de Castilla recibía autorización para venir a América. La administración colonial se ejercía a través de una jerarquía de autoridades personales y cuerpos colegiados, sometidos a la Casa de Contratación y al Consejo de Indias, suprema autoridad colonial a las órdenes del rey. La explotación de metales preciosos fue la actividad prioritaria complementada por un rígido monopolio comercial. La distribución de tierras por la Corona y las usurpaciones condujeron a la formación de grandes propiedades. Los trabajadores eran los indios bajo distintas instituciones (encomienda, mita, resguardo). Los negros esclavos fueron traídos para reemplazar al indio. El mestizaje y la sociedad estamental se configuraron en los siglos XVI y XVII.

hacienda → hacendado

encomienda → encomendado

Sala de la Casa de Contratación de Indias, donde se conserva el valioso archivo. Sevilla, España.

Organigrama del sistema político-administrativo en las colonias españolas.

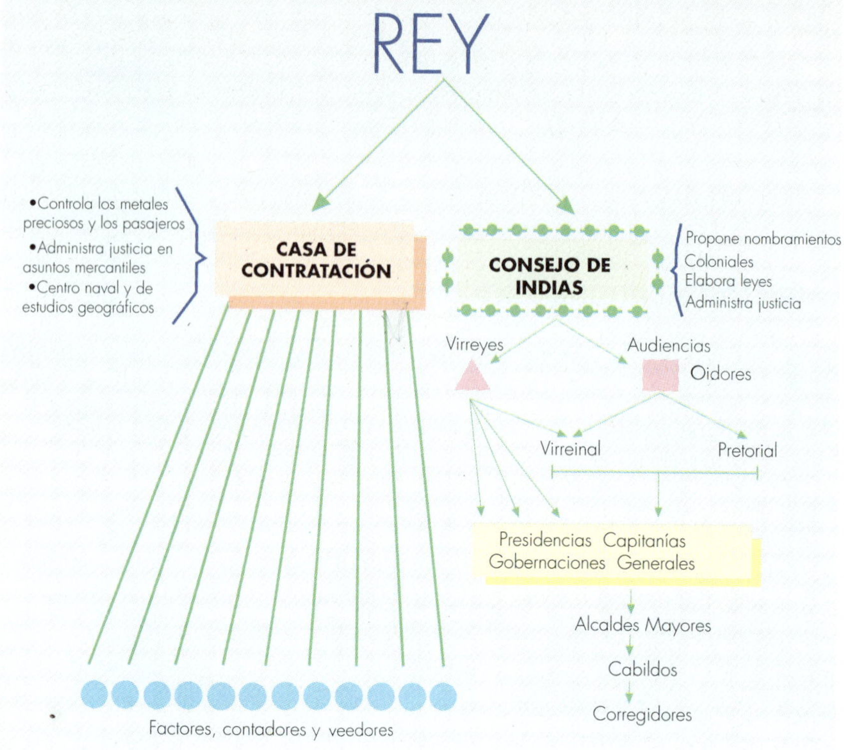

En las colonias residían las autoridades siguientes:

- *Los virreyes*, representantes personales del rey; tenían el máximo poder militar y civil en su respectivo virreinato. Estos eran México y Perú, los dos grandes territorios que abarcaban todas las colonias. Los virreyes eran escogidos en la alta nobleza española, vivían con gran lujo y duraban de tres a cinco años en el cargo.

- *Gobernadores, alcaldes mayores y corregidores,* dependían de los virreyes. Los gobernadores tenían mando civil y militar en provincias y en grandes ciudades; los alcaldes mayores ejercían la justicia en las ciudades y los corregidores estaban al frente de poblados indígenas. Los gobernadores de regiones donde había rebeliones indígenas o costas atacadas por piratas, tuvieron amplios poderes militares y el título de *capitanes generales*, como en Chile, Cuba y Venezuela.

- Las *Audiencias* eran tribunales de justicia que ejercían su jurisdicción sobre territorios determinados. Estaban compuestas de un presidente y varios *oidores* o jueces. Además, la Corona les confió otras funciones, como asesorar a virreyes. En la práctica variaron según el lugar, pero las Audiencias siempre representaron la legalidad y garantía del orden colonial y frenaron el poder de virreyes y gobernadores.

- Los *Cabildos o ayuntamientos,* según ya conoces muy bien por tu aprendizaje anterior de historia, eran corporaciones u organismos colegiados que administraban las villas y ciudades, de acuerdo con modelo medieval de las ciudades de Castilla. Estaban compuestos por alcaldes

"La especificidad americana es el resultado de la confluencia de todos los pueblos –indígenas, ibéricos, africanos, europeos, árabes y asiáticos– que integran la población americana de hoy. Es el resultado de los que estaban, de los que arribaron sin saberlo y de los que vinieron con ambiciones o esperanzas, de los que fueron traídos a la fuerza y de quienes nacieron en el Nuevo Mundo".

Federico Mayor, Director General de la UNESCO, «Redescubrir 1492», El Correo de la Unesco, mayo de 1992, pág. 5.

cabildear - lobbying

ordinarios y *regidores* que escogían los vecinos importantes y su número variaba según la categoría de la villa o ciudad. Los cabildos tenían a su cargo la justicia, la moralidad, la higiene y el ornato de las ciudades. En situaciones graves, el cabildo convocaba a los vecinos de la ciudad y la reunión se llamaba *cabildo abierto.*

El cabildo era la única institución en que los criollos podían participar. La importancia de los cabildos fue notable durante la conquista y primeros años coloniales, pero perdieron su autonomía política ante los gobernadores, virreyes y audiencias. La compra de los cargos (excepto el de alcalde) debilitó su prestigio.

- Todos los funcionarios coloniales, al terminar su mandato eran sometidos a *juicio de residencia* por el Consejo de Indias, para responder de las denuncias hechas contra ellos en el ejercicio de su cargo. Por la historia de Puerto Rico puedes opinar sobre la efectividad de estos juicios.

"Yo descargo mi conciencia con informar a Vuestra Majestad con esta claridad: no es plata lo que se lleva a España, sino sudor y sangre de indios".

Carta del Conde de Lemos, virrey del Perú, al monarca, 6 de diciembre de 1669.

La legislación indiana

El conjunto de normas legales que dictó la Corona desde el descubrimiento hasta 1680, cuando terminó su codificación, se publicó con el nombre de "*Recopilación de leyes de los Reynos de Indias*". Comprende provisiones (equivalente a leyes), reales cédulas, ordenanzas y cartas hasta un total de 6337 disposiciones legales, debidamente clasificadas. La legislación demuestra una constante preocupación de la Corona por poblar, evangelizar, proteger al indio de los peninsulares y criollos, y hacer que prevaleciera la justicia.

Pero, como bien sabes, tanto el procedimiento jurídico de "*la ley se acata pero no se cumple*", que permitía a las autoridades devolver las leyes al Consejo de Indias para su modificación, como las distancias y lentitud de las comunicaciones, impidieron frecuentemente la aplicación de medidas tan humanitarias y justicieras.

Nuevo poblamiento, mestizaje y estamentos

España tenía solamente ocho millones de habitantes, por lo cual restringió la emigración, especialmente de mujeres al Nuevo Mundo. Así la población americana no podía incrementarse con el grupo étnico blanco. La solución para el poblamiento

División de las colonias españolas en los siglos XVI y XVII.

Estratificación social y mestizaje en América española.

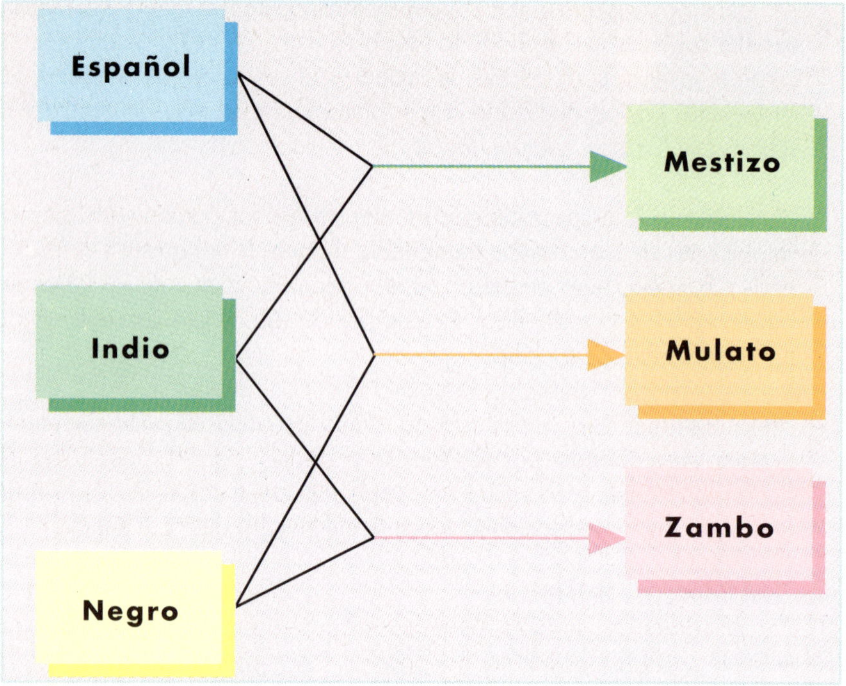

fue el *mestizaje* de españoles e indias, cuyas causas te son bien conocidas por tus estudios de historia: costumbre indígena de obsequiar mujeres de la tribu, matrimonios de princesas aztecas e incas con españoles y, sobre todo, la violencia del conquistador y el criollo sobre la mujer indígena.

La introducción de esclavos africanos de ambos sexos aumentó la población y diversificó el mestizaje. El poder del blanco dio lugar a uniones de españoles y criollos con esclavas negras resultando el *mulato*. El mestizaje entre negros e indios fue menos frecuente; la Corona trató de impedirlo por temor a que las creencias africanas entorpecieran la cristianización del indio. De estas uniones resultaron los *zambos* y otros grupos socialmente jerarquizados.

Así, el nacimiento, el color de la piel y la riqueza condicionaron la formación de una sociedad de *estamentos*, esto es, una sociedad clasificada en categorías que establecen la ley y la costumbre. La ilustración de la pirámide social te ayudará a repasar los estamentos.

La metrópoli excluyó siempre a los criollos de cargos oficiales y eclesiásticos por desconfianza hacia ellos y considerar que el español sería más objetivo e imparcial al no tener familia ni compromisos en América. Esto era lógico pero también negativo porque marginó al criollo de las responsabilidades comunitarias de administrar y cooperar, facilitando que actuaran sin respetar las leyes.

"España no podía exportar sus propias manufacturas a las colonias, cuando sus debilitadas industrias apenas alcanzaban a cubrir sus propias necesidades. Para eliminar estas deficiencias de mercaderías y capital, sus comerciantes recurrieron a fuentes extranjeras y, como la ley prohibía el intercambio entre las colonias y los comerciantes de otras naciones, los mercaderes españoles a menudo se convirtieron en simples intermediarios de casas extranjeras, a las que frecuentemente prestaban sus nombres españoles para burlar la ley (...)".

Clarence H. Haring, *El imperio hispánico en América*, págs. 320 y 321.

Tierra, trabajo indígena y esclavitud negra

El rey, dueño de las tierras, las adjudicaba a los conquistadores, cabildos, comunidades religiosas y obispados; posteriormente confirmaba la adjudicación mediante *mercedes reales*. Muchos colonos se apropiaron de las tierras de los indios y de las no repartidas, pero la Corona necesitaba dinero y legalizó las usurpaciones mediante pagos que exigió. Este procedimiento y las compras a la Corona facilitaron la formación de grandes propiedades o haciendas. La importancia de ellas aumentó en el siglo XVII, cuando la caída demográfica y de la producción minera obligó a intensificar la agricultura y la ganadería.

La *encomienda* fue la primera forma institucional de sometimiento del indígena, e implicaba doble *subordinación*, una de trabajo y otra de pago. El indio encomendado trabajaba obligado y pagaba al encomendero el tributo que antes de la conquista pagaba a su cacique. Si ganaba un salario se le descontaba de éste el tributo.

La *mita* fue una adaptación de la mita de los incas y se impuso solamente en la región andina, especialmente en las minas. Los indios varones no encomendados eran sometidos por el corregidor de su pueblo para turnos de trabajo a cambio de un salario. Del salario tenía que pagar el tributo, y las mercancías que le obligaban a comprar.

Los *resguardos* se crearon entre fines del siglo XVI y comienzos del XVII, para evitar la extinción de los indios. Los que no estaban en encomiendas fueron agrupados en pueblos, donde conservaron sus caciques y costumbres, y trabajaron comunalmente la tierra. Un cura doctrinero los evangelizaba y un corregidor debía velar por la autoridad de las comunidades, aunque muchos abusaron de su poder. Los resguardos proporcionaron asalariados a las haciendas.

"No sabemos qué causa haya para que los negros sean cautivos más que los indios, pues ellos, según dicen, reciben de buena voluntad el santo evangelio y no hacen guerra a los cristianos".

Carta del arzobispo de México fray Alonso de Montúfar, O.P., 30 de junio de 1560.

criollos - a Spaniard born in America
but virreyes, sacerdotes + obispados were Spanish from Spain

Esclavos y transporte en los champanes.

mestizos - criollo / con indio

La *esclavitud negra* se empleó desde los días de la conquista ante la extinción del indio en las Antillas y otras regiones, particularmente para la explotación minera. Este inhumano comercio estuvo a cargo de marinos portugueses, franceses, holandeses e ingleses pero nunca de los propios españoles. La trata de negros se intensificaría en el siglo XVIII. Los esclavos procedían principalmente de Guinea, Sudán, Angola. Los traficantes los capturaban directamente o los compraban a los propios africanos y jefes de tribus negras.

Puerto de Sevilla.

El monopolio comercial

España impuso un régimen de control y restricciones comerciales: ningún barco extranjero podía intercambiar mercancías en las ciudades coloniales y todo el comercio con América tenía que realizarse únicamente entre el puerto español de *Sevilla* y los puertos coloniales autorizados: *Veracruz, Cartagena y Portobelo.* Las colonias tampoco podían comerciar entre sí. De esta manera la Corona creía asegurar sus reservas de metales preciosos, de acuerdo con la doctrina económica del *mercantilismo.* Las reacciones contra el monopolio fueron el contrabando, al que se dedicaron incluso funcionarios coloniales, y los ataques de corsarios y piratas.

Sin duda, conoces la diferencia entre los piratas que actuaban por su cuenta y los que servían a su país con una *"patente de corso"*. Así para España, los *corsarios* eran delincuentes del mar, en tanto que para Inglaterra, Francia y

Holanda eran audaces y valientes marinos de sus compañías mercantes. ¿Recuerdas el temor que desató Francis Drake entre los habitantes de San Juan y otros puertos del Caribe?

Para defenderse del corso y la piratería, España estableció el sistema de flotas. Dos salían anualmente de Sevilla, protegidas por barcos armados: *en primavera la Flota de México*, que también descargaba y recogía mercancías en las Antillas y Centroamérica, y la de *Tierra Firme* que venía en agosto a diversos puertos, los principales *Cartagena* y *Maracaibo.* La llegada de la flota rompía la monótona vida colonial y en los puertos se celebraban ferias que duraban semanas.

Al regreso todos los barcos se reunían en *La Habana* y viajaban juntos hacia España cargando los tesoros de América. Para proteger también el comercio colonial, España creó un verdadero arco antillano de fortalezas que se construyeron en los puertos del Caribe. El sistema de flotas duró hasta principios del siglo XVIII. ◆

GLOSARIO

Codificación: ordenamiento completo y sistemático, recogido en un texto escrito, de todas las normas referentes a una rama del derecho.

Reales cédulas: disposiciones legales que con más frecuencia dictaban los reyes para cualquier asunto de la América española; eran semejantes a los decretos actuales del poder ejecutivo.

Mercantilismo: teorías y prácticas para desarrollar el capitalismo, que sustentaban que la riqueza de un país depende de su reserva en metales preciosos y, por tanto, debe producir y vender mucho para aumentar el ingreso de oro y plata, y comprar poco par evitar su salida.

¿Para qué la Historia?

El tema tratado en este capítulo te ha llevado a repasar y repensar el origen de muchas de nuestras instituciones políticas y administrativas que están vigentes, como el municipio y el tribunal supremo de justicia, entre otras. También que varias de las naciones hispanoamericanas se formaron dentro de los límites jurisdiccionales de las audiencias coloniales. Salvo unas pocas excepciones, las capitales de los estados, como San Juan, son las ciudades que fundaron los españoles para sede de gobernaciones, audiencias y virreinatos. Los puertos de Veracruz, La Habana y Cartagena, relacionados con las flotas coloniales, continúan siendo importantes ciudades.

Actividades

Trabajo individual

En tu libreta, responde brevemente:

- ¿Qué aspectos aceleraron o estimularon el proceso de mestizaje en América española?
- Mediante un esquema, explica la organización de la sociedad colonial.
- Nombra las instituciones de gobierno colonial y al frente de cada una su función principal.
- De la Casa de Contratación y del Consejo de Indias, ¿cuál consideras que desempeñó una función más importante? ¿Por qué?

Trabajo grupal

En pequeños grupos, prepara un sociodrama mediante el cual expliques las características de la trata negrera y las condiciones de vida de un esclavo. Con una visión de justicia y de respeto a la dignidad humana, asume una actitud crítica y redacta un informe para la puesta en común.

Trabajo grupal

En grupos de cinco estudiantes, redacta una historieta sobre el reparto de las tierras americanas en el siglo XVI y el funcionamiento de la encomienda, mita y resguardo. Tanto el título como los diálogos que le incluyan deben dejar muy en claro la posición del grupo frente a la temática ilustrada. Después de exponer la historieta a tus compañeros de curso debes pegarla en el tablón de edictos.

Trabajo individual

En la biblioteca de tu colegio, amplía la información sobre la práctica del monopolio comercial en la colonia y con qué situación actual la puedes comparar. Elabora un pequeño artículo en el cual expongas la vigencia de prácticas comerciales de monopolio y tu posición acerca de si ellas benefician o perjudican la economía nacional, ¿por qué y en qué casos?

Trabajo individual

Sobre un planisferio traza las principales rutas de comercio marítimo entre España y sus colonias. Ilustra con recortes de revistas o dibujos, los productos que se exportaban a España y los productos que se importaban para América.

Trabajo grupal

En pequeños grupos, realiza un trabajo comparativo entre Reales cédulas coloniales y un decreto actual de tu gobierno. ¿Qué semejanzas y diferencias puedes establecer?

Las colonias portuguesas, inglesas, francesas y holandesas

CAPÍTULO

9

SÍNTESIS

Colonización portuguesa de Brasil

En Brasil, a diferencia de la América española, hubo *primero colonización y después conquista.* Desde 1530, los portugueses fundaron puertos en la región costera que les pertenecía por el Tratado de Tordesillas, que ya bien conoces, para tener bases estratégicas en la ruta comercial hacia las Indias. Explotaron también el llamado *palo de Brasil*, que dio nombre a su colonia.

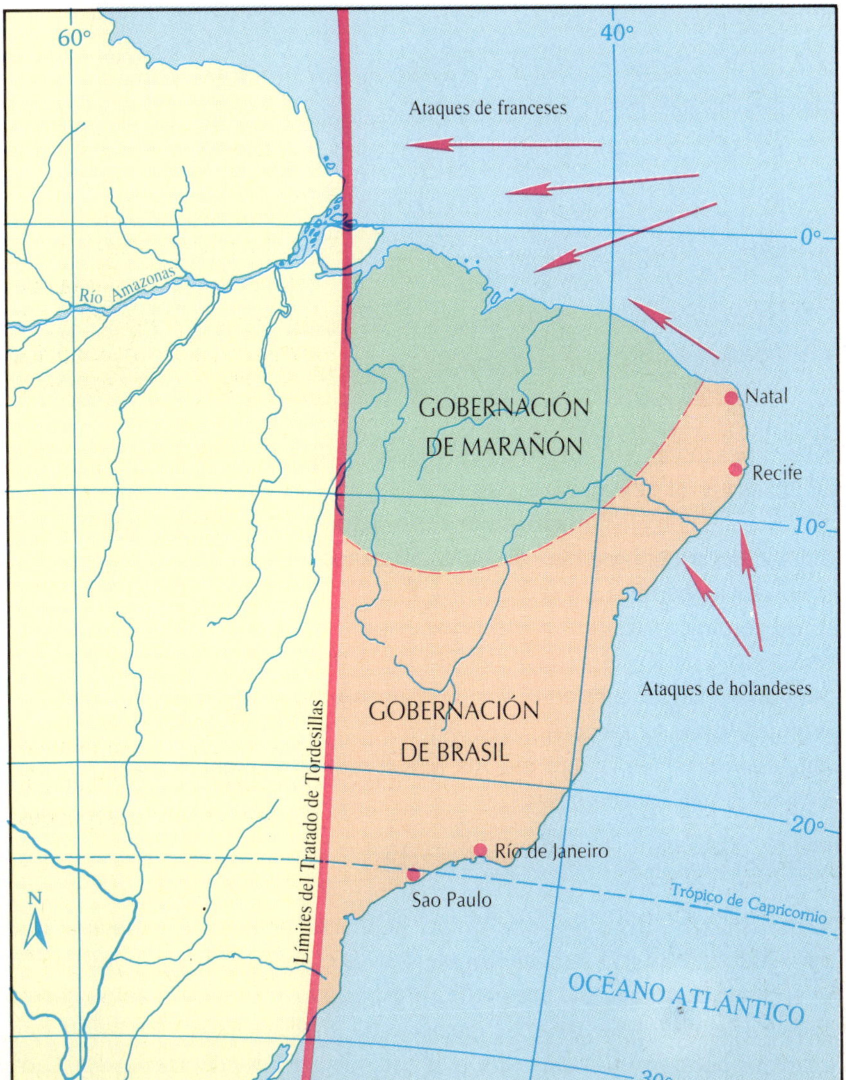

Colonias portuguesas en Brasil; siglo XVII.

En Brasil los portugueses se limitaron al territorio costero hasta el siglo XVII en que comenzó la conquista del interior que pertenecía a España por el Tratado de Tordesillas. Brasil portugués se caracterizó por el cultivo de caña de azúcar con esclavos, poderosos hacendados y una administración sin monopolios ni legislación protectora del indio. En la costa oriental de los Estados Unidos las trece colonias fundadas disfrutaron de gran autonomía política, religiosa, libertades comerciales y desarrollo agrícola e industrial, pero sin indios ni mestizaje. En Canadá, las compañías francesas buscaron animales de pieles preciosas; cazadores, comerciantes y misioneros jesuitas protagonizaron las expediciones que llegaron hasta Luisiana. La administración colonial fue centralizada y monopolista. En las Antillas menores, Jamaica y algunas costas del continente, se formaron tres áreas culturales: inglesa, francesa y holandesa.

El comercio de esclavos se incrementó al disminuirse la raza nativa.

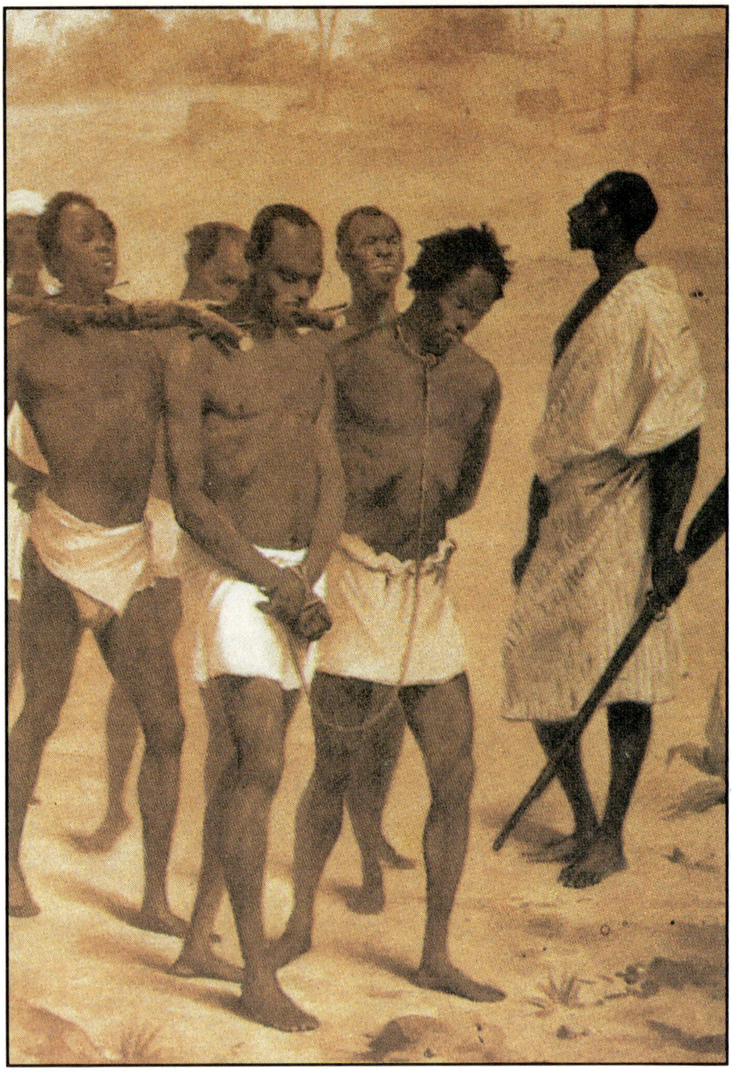

"Pennsilvania, que apenas contaba con 1500 habitantes en 1681, compite ahora en población con varios reinos de Europa. Ha recibido huestes de gente que otros países han desatendido, menospreciado o expulsado. Filadelfia refleja esta prosperidad. Todas las calles(...) corren en línea recta y forman ángulos rectos en las intersecciones. La mayor parte(...) está pavimentada con lajas de una braza o más, colocadas delante de las casas. (...) Las casas tienen buena apariencia; frecuentemente son de varios pisos, ya sea de ladrillos o de piedra. El primero se hace cerca de la ciudad y es de buena calidad. La piedra es una mezcla de caliza disgregada y de grano muy pequeño (...)".

"Descripción de Filadelfia", reproducida en E.U.A.: Documentos de su historia socioeconómica, págs. 116 y 117.

Entre fines del siglo XVII y durante todo el XVIII se produjo la conquista de la meseta y la selva, de manera similar a la empresa realizada por los españoles. El objetivo era capturar indios para esclavizarlos porque se había dificultado la importación de negros africanos. Pero el hallazgo de piedras preciosas atrajo miles de aventureros, llamados *bandeirantes*, que extendieron el dominio portugués al territorio que pertenecía España. Los portugueses deseaban también el control del Río de la Plata y fundaron la *colonia de Sacramento* frente a Buenos Aires. España tuvo que aceptar la expansión de Portugal sobre su territorio, aunque recuperó Sacramento por el *Tratado de San Ildefonso* (1777) que fijó los límites definitivos entre las posesiones españolas y las portuguesas.

Gobierno, economía y sociedad

Al principio la Corona organizó quince capitanías generales hereditarias que dificultaron el control de la metrópoli y desde el siglo XVII, la administración se asemejó a la española porque Portugal estuvo anexado durante ochenta años a España (1580-1640). Se crearon dos gobernaciones: *Marañón*, que abarcaba las capitanías del norte, y *Brasil* que comprendía las del sur. Cada gobernador contaba con las cámaras municipales. Todos subordinados al *Consejo Ultramarino* y *el rey*. Las cámaras municipales compuestas por criollos eran muy autónomas y esto se debió también a las necesidades regionales de hacer frente a los ataques de franceses y holandeses que ocuparon un tiempo parte de las costas brasileñas.

La facilidad de traer esclavos de África condicionó que los negros fueran la mano de obra preferida y abundante. Los indios eran muy primitivos, hostiles y se fugaban al interior. Así los dos estratos importantes de la sociedad fueron los blancos propietarios de haciendas y los esclavos. Sin embargo, desde la penetración al interior del Brasil se formaron estratos sociales de comerciantes, mineros, ganaderos especialmente al sur, en Sao Paulo y las regiones vecinas, donde también se generalizó el mestizaje.

La economía atravesó dos etapas: una de producción agraria, especialmente de azúcar, en los siglos XVI y XVII, y una segunda de explotación de metales preciosos desde mediados del XVII y todo el XVIII. Por tanto, podrás apreciar que el desarrollo económico de la colonia portuguesa fue al revés que el de América española, donde la explotación minera precedió a las actividades agropecuarias. Otra diferencia económica consistió en que la colonia de Brasil producía para exportar principalmente a Inglaterra.

En resumen, el sistema colonial portugués en Brasil fue menos rígido y centralizado, careció de la legislación protectora del indio y los fundamentos teológicos y jurídicos que la inspiraron y la economía se apoyó en la esclavitud.

La colonización inglesa de Norteamérica

Ya tienes conocimiento sobre que en el siglo XVI y comienzos del XVII la presencia de Inglaterra en América se limitó a expediciones exploratorias por mares y estrechos del norte que llevan el nombre de aquellos marinos: *Frobissher*, *Davis*, *Hudson* y *Baffin*. La fundación de la colonia de Virginia en la costa este de los actuales Estados Unidos, por Walter Raleigh (1585) no tuvo importancia hasta que la Compañía de Londres inició la colonización

"Nunca el cielo y la tierra estuvieron más de acuerdo en enmarcar un lugar para que el hombre lo habite".

John Smith, fundador de la colonia de Virginia, 1607.

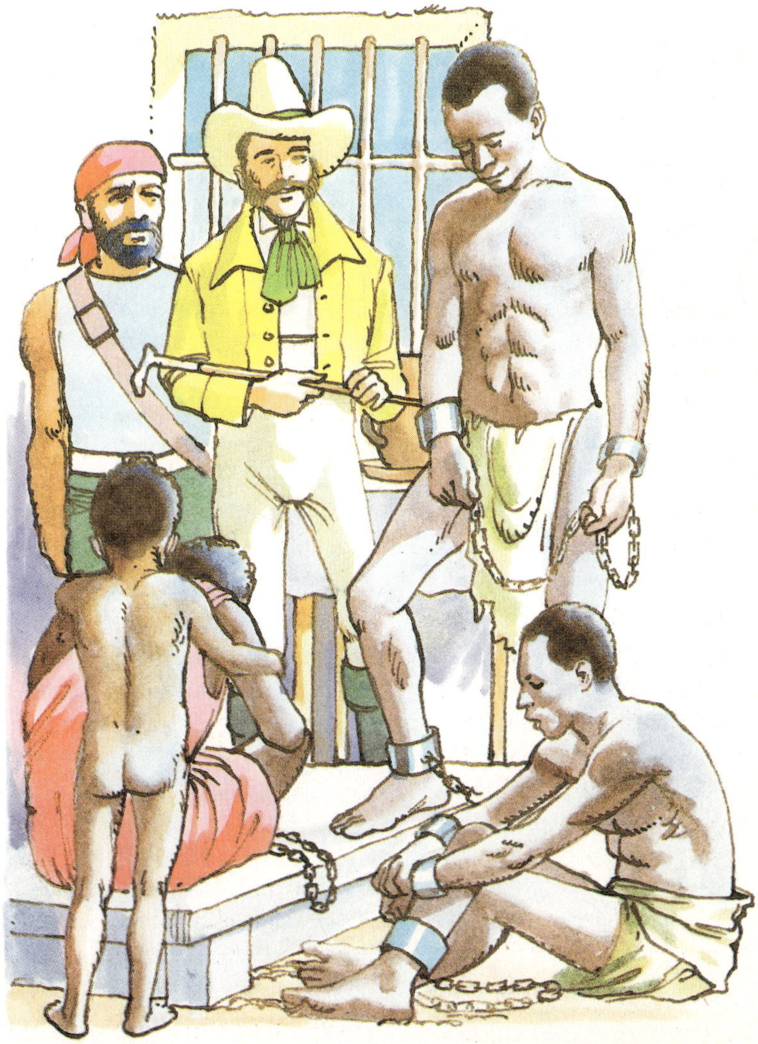

Trata negrera en el Brasil portugués.

LAS TRECE COLONIAS

1. New Hampshire
2. Massachusetts
3. Rhode Islands
4. Connecticut
5. New York
6. Pennsylvania
7. New Jersey
8. Delaware
9. Maryland
10. Virginia
11. Carolina del Norte
12. Carolina del Sur
13. Georgia

Colonias francesas
Colonias españolas
Colonias inglesas
– De la corona
– De propietarios
– Autónomas

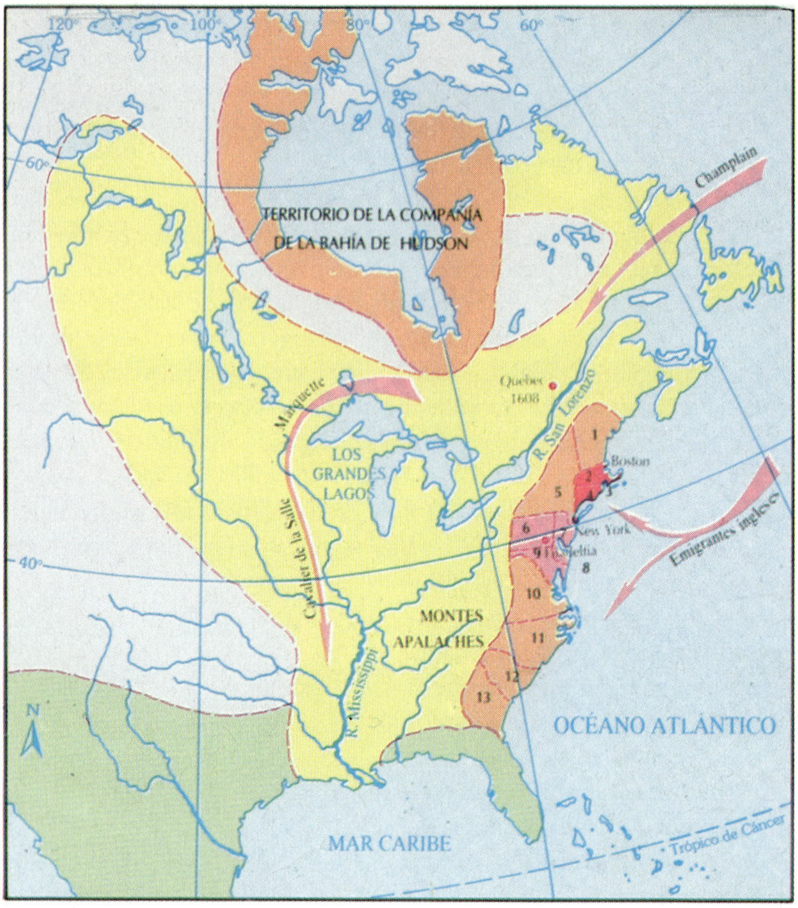

Colonias inglesasa y francesas.

Los holandeses buscaron sitios estratégicos para su comercio. Desde principios del siglo XVII... se apoderaron de *Recife* (1632), iniciando la expansión a lo largo de la costa. Portugueses y criollos brasileños los combatieron... hasta arrojarlos del Brasil (1654). Años antes, la Compañía Holandesa de las Indias había fundado *Nueva Amsterdam*, y a ella siguió la fundación de otros puertos hasta formar la colonia llamada igualmente Nueva Holanda.

Según Samuel E. Morison en su Historia de los Estados Unidos.

(1607) con la fundación de *Jamestown* y el cultivo de tabaco que atrajo muchos inmigrantes. De la expansión de Virginia nacieron otras colonias.

Al norte, la inhóspita Nueva Inglaterra fue colonizada por emigrantes que buscaban libertad para profesar su religión. Esto debido a la *Reforma*, movimiento de ruptura de numerosos cristianos con la Iglesia Católica y que formaron sus propias iglesias también cristianas y llamadas *protestantes*. Los reyes ingleses eran protestantes anglicanos y hostigaron a los seguidores de otras iglesias, especialmente a los *puritanos*. Un grupo de éstos, los *Padres Peregrinos,* llegaron en el *Mayflower* a las costas del cabo Cod y con gran fe en Dios comenzaron a cultivar el maíz relacionándose con los indios. ¿Recuerdas el origen del Día de Acción de Gracias ? (Thanksgiving Day). Otros grupos de puritanos fundaron cinco colonias, los católicos la de Maryland por Baltimore (1634) y los *cuáqueros* la de Pennsilvania, dirigidos por William Penn (1682).

Gobierno, economía y sociedad de las trece colonias

A fines del siglo XVII en la llanura costera de los actuales Estados Unidos había trece colonias que disfrutaban de gran autonomía política, pues en cada una existía un *gobernador* (designado en unas colonias por el rey y en otras por los propietarios o sus descendientes), un *consejo*, una *asamblea* o *congreso colonial y jurados.* Los miembros de la asamblea y los jurados eran elegidos por los colonos. Estos organismos reflejaban la institución del Parlamento inglés. Así, entre los colonos se desarrolló la responsabilidad política y administrativa para la solución de los problemas de la comunidad.

La economía y la sociedad fueron también muy distintas a las de las colonias de España y Brasil. Se desarrollaron la agricultura, las manufacturas y el comercio. Las tierras que eran propiedad de la Corona o de las compañías fundadoras, fueron vendidas a los colonos predominando los pequeños y medianos propietarios. Aunque en las colonias del sur los cultivos de plantaciones originaron grandes propiedades. La ausencia de controles rígidos por la Corona estimuló las industrias de tejidos, hierro y construcción de barcos, tanto para el mercado interno como para exportaciones a Inglaterra y entre las colonias.

William Penn celebrando un tratado con los indios en 1683.

Según recuerdas, los colonos no eran conquistadores como los españoles, de modo que emigraban con su esposa e hijos y todos ellos trabajaban la tierra. En las industrias empleaban asalariados, aunque fue muy frecuente contratar en Inglaterra gente sin empleo ni recurso para que pagaran su pasaje con trabajo durante cinco o más años en condiciones de *siervos.* En las colonias del sur, como bien sabes, las plantaciones favorecieron la compra de miles de esclavos negros. Pero los colonos blancos no se mezclaron con los indios ni con los negros por prejuicios raciales y religiosos, de modo que no hubo mestizaje.

En las colonias del norte, la sociedad se estratificó de acuerdo con la riqueza y la función: grandes terratenientes y comerciantes, y altos funcionarios, pequeños propietarios agrícolas y artesanos, y trabajadores a sueldo. En las colonias del sur, la base social la formaba una amplia capa de esclavos. Los indios no eran parte de las colonias.

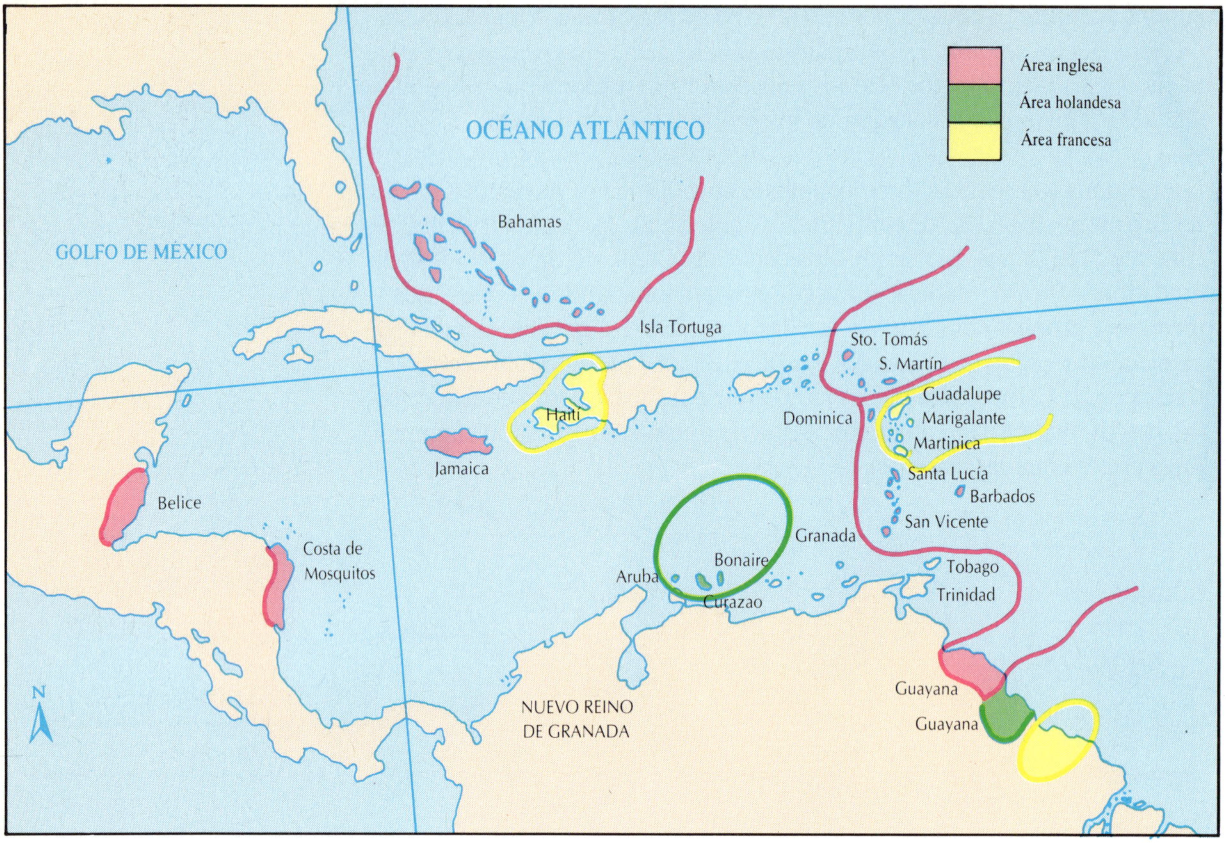

Posesiones inglesas, francesas y holandesas en el caribe.

La costa prestó a los inmigrantes un gran servicio. A lo largo del litoral había un gran número de bahías y ensenadas. Ríos majestuosos: Kennebec, Hudson, Delaware, Potomac, y otros muchos, conectaban la planicie costera con los puertos europeos. Sin embargo, solamente el río San Lorenzo que estaba bajo dominio francés, ofrecía una comunicación fluvial hasta el corazón del continente.

Colonización francesa de Canadá y Luisiana

La instalación francesa en Norteamérica comenzó también en el siglo XVII, con una compañía mercantil autorizada por el rey. La expedición encabezada por *Samuel Champlain* remontó el San Lorenzo, fundó *Quebec* (1608) y llegó hasta los Grandes Lagos, siempre en lucha contra los iroqueses. En la conquista se destacaron los *corredores de bosques*, aventureros que no buscaban oro sino pieles de castores, bisontes y otros animales nórdicos. También fue activa la presencia de los misioneros jesuitas que fundaron *Montreal* (1624) y recorrieron el Mississippi junto con un comerciante. La expedición del noble Roberto de La Salle (1682) llegó a la desembocadura y la región fue llamada *Luisiana* en honor del monarca reinante Luis XIV.

Luisiana y Canadá, llamado Nueva Francia, fueron organizados como provincias francesas bajo la centralización de sus gobernadores y la vigilancia de los *intendentes* o funcionarios con amplios poderes y subordinados únicamente al rey. El régimen económico fue similar al español: monopolio comercial, reparto de tierras por la Corona y trabajo de los indios. La sociedad, también similar a la colonia española, aunque la población blanca francesa fue más reducida, hubo algunos cruces con indias y la esclavitud no fue importante.

Las colonias de las Antillas

Este aparte es más conocido para ti, pero al tratarlo en el conjunto de las colonizaciones te ayuda a establecer comparaciones y comprender mejor la situación colonial de Puerto Rico. Como sabes, las guerras de España contra Francia e Inglaterra durante dos siglos y contra Holanda en el XVII, y de estas potencias entre sí, tuvieron por escenario el mar, las islas y costas continentales del Caribe.

España perdió las Antillas Menores, que estaban prácticamente despobladas, a manos de los corsarios y filibusteros al servicio de sus enemigos. (Las lenguas que se hablan en ellas te sirven de guía para ubicar a qué país pasó cada una). En las Antillas Mayores, los franceses se apoderaron del occidente de La Española, hoy Haití (1697), los ingleses de Bahamas y Jamaica; también puntos de la costa de los actuales Belice y Guyana. Los holandeses se posesionaron de las islas Aruba y Curazao (1634).

GLOSARIO

Bandeirantes: aventureros del sur de Brasil que comenzaron la conquista del interior del país; la palabra viene del portugués "bandeira", que era grupo o compañía militar en los tiempos medievales.

Cuáqueros: secta religiosa derivada del puritanismo que creía que la autoridad religiosa no se basaba en la Biblia sino en la Luz interna de Cristo en cada alma.

Reforma: movimiento religioso que comenzó con intención de reformar la Iglesia Católica y originó nuevas iglesias cristianas denominadas protestantes desde el siglo XVI.

¿Para qué la Historia?

En el capítulo anterior recordamos los orígenes de *Hispanoamérica;* la gran parte de América que habla español, practica la religión católica y conserva características culturales de la colonización española. En este capítulo has afianzado tus conocimientos sobre la colonización de Brasil y de las Antillas. Por consiguiente ya tienes información clara de cuándo y cómo empezó la formación del conjunto que, desde el siglo XIX, se llama *América Latina.* El capítulo te ayuda también a entender la formación de *la otra América, anglosajona* por su lengua y cultura basada en religiones cristianas evangélicas, más conocidas por el incorrecto nombre de protestantes. Sin duda, la historia del período colonial proporciona valiosos elementos para comparar, comprender y reflexionar sobre las grandes diferencias de la América Latina y la América anglosajona de hoy.

Actividades

Trabajo individual

Traza un mapa del continente americano. Utilizando diferentes colores, sombrea el territorio correspondiente a cada una de las siguientes colonias: portuguesa, inglesa, francesa y holandesa. Luego escribe los nombres de los países actuales que correspondieron a cada una de las posiciones coloniales.

Trabajo individual

En tu libreta, redacta la respuesta correcta a los siguientes enunciados:

- ¿Cuáles fueron las principales semejanzas del sistema económico y social portugués con el español?
- ¿Cuáles fueron las principales diferencias entre el sistema inglés y el hispanoamericano?
- ¿Cómo explicas las semejanzas entre los sistemas francés, holandés, inglés en las Antillas si cada metrópoli era diferente?
- Define los siguientes nombres: filibusteros, puritanos, mercantilismo.

Trabajo grupal

En equipos de cinco alumnos, organiza un concurso de elaboración de trajes y atuendos típicos de los sectores sociales de las colonias españolas e inglesas. Cada grupo escoge el tema de trabajo, se documenta en la biblioteca y procede a elaborarlo por escrito y con ilustraciones para ser exhibidos.

Trabajo grupal

Organiza un debate sobre la influencia de las creencias religiosas de los puritanos en la formación de la sociedad norteamericana. Un grupo sustenta dicha influencia en el progreso económico; el otro plantea la influencia negativa en los conflictos raciales que aún se viven en los Estados Unidos.

Trabajo individual

En la biblioteca, realiza una investigación sobre las condiciones de vida de los indígenas y esclavos en cada una de las colonias establecidas en América. Redacta tus propias conclusiones y de manera comparativa escribe un ensayo de tres cuartillas para leer ante tus compañeros de curso.

Vida religiosa, expresiones culturales y aportes de América a Europa

CAPÍTULO

10

SÍNTESIS

América inspiró desde la conquista española una literatura épica e histórica, además de la exigencia oficial de las crónicas. La obra de la Iglesia se caracterizó por la defensa de los derechos humanos de los indios, la cristianización por medio de los celosos misioneros y el desarrollo de la educación. Las universidades, fundadas por comunidades religiosas, fueron centros de prestigio. Ellas y los colegios para indios y criollos tuvieron el mismo nivel que los de España. Un arte colonial surgió del mestizaje del barroco europeo con los estilos indígenas. La literatura fue brillantemente cultivada por peninsulares y criollos. En Brasil, las construcciones, pinturas e imágenes de madera reprodujeron el barroco portugués. Los colegios de los jesuitas fueron centros intelectuales al igual que en Canadá. En las trece colonias inglesas, la austeridad puritana y la falta de metales preciosos impidieron obras de arte y arquitectura monumentales y duraderas. En cambio, hubo muchos colegios financiados por los colonos.

La Iglesia y el Patronato indiano

El *Regio Patronato* indiano era un privilegio especial del Papa a los Reyes Católicos y sus sucesores para que organizaran la Iglesia católica en América. La Corona proponía los obispos, párrocos y superiores de comunidades religiosas, creaba y organizaba las diócesis y recibía el diezmo que la población pagaba a la Iglesia. A cambio de esto, la Corona se obligó a construir templos y conventos, sostener al clero y costear los gastos del culto.

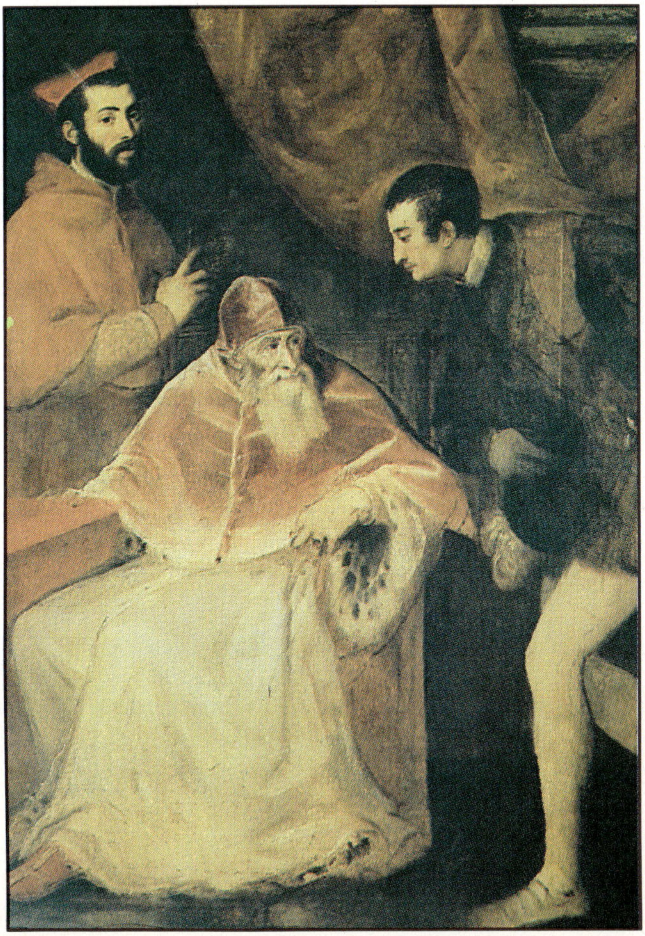

El papa Paulo III. Pintura de Tiziano. Museo de Nápoles.

Vista del colegio de Harvard en 1726.

...Decid, ¿con qué derecho y con qué justicia teneis en tan cruel y horrible servidumbre a estos indios? ¿Con qué autoridad habéis hecho tan detestables guerras a estas gentes que estaban en sus tierras mansas y pacíficas, donde tan infinitas de ellas, con muertes y estragos nunca oído, habéis consumido?...

Sermón del fraile dominico Antonio de Montesinos en 1511.

El Patronato facilitó la rápida y constante evangelización que la Iglesia sola no podía llevar a cabo e hizo posible que el clero pudiera denunciar públicamente el maltrato a los indios y hasta controvertir el derecho a la conquista. Pero la acción pastoral quedó muy comprometida con el Estado y bajo su control. Además, el clero disfrutó de encomiendas y ricas propiedades que alejó a muchos de su misión espiritual. Las Leyes de Indias se oponían a las grandes propiedades del clero, por razones religiosas y porque no se parcelaban ni cambiaban de dueño, con perjuicio para la circulación de bienes; por esta razón se les llamó propiedades de *"manos muertas"*.

La Iglesia celebró numerosos *sínodos o concilios provinciales* (1552-1622) donde se tomaron decisiones sobre la enseñanza cristiana en lenguas indígenas, sobre la moral entre los españoles y criollos y sobre la debida protección a los indios. El más importante de estos concilios tuvo lugar en Lima (1582) y hubo otras reuniones en la propia Lima, México y otra ciudades como San Juan de Puerto Rico.

Educación y creatividad intelectual en Hispanoamérica

El propósito de cristianizar e hispanizar llevó de inmediato a fundar escuelas para caciques e indios importantes con sus hijos. En Ciudad de México y Lima se crearon los *colegios imperiales* para los nobles aztecas e incas respectivamente. La obligación de aprender el idioma castellano creó discrepancias entre el Consejo de Indias y parte del clero que insistía en evangelizar en lenguas nativas. El Concilio de Trento decretó que fuera así y el rey Felipe II lo ordenó en 1580. Toda la educación estaba a cargo de las comunidades religiosas y en sus conventos había escuelas para españoles y criollos. Desde luego, el nivel de esta enseñanza primaria era tan deficiente como el de España.

Mayor calidad tuvieron las universidades. La primera fue la de *Santo Domingo* (1538) y siguieron las más famosas de las colonias: *México* y *San Marcos de Lima.* A fines del siglo XVI y durante el XVII se fundaron en Santafé de Bogotá, Córdoba, Cuzco, Quito y otras ciudades. Seguramente recuerdas nombres de criollos puertorriqueños que estudiaron en las universidades de Santo Domingo y México. Las primeras universidades estuvieron a cargo de los dominicos y los agustinos, y después la mayoría dirigida por los jesuitas.

Además de las facultades tradicionales de Artes (filosofía y letras), Teología, Derecho y Medicina, en las universidades mexicana y peruana existían *Cátedras de Lenguas generales* donde se aprendían lenguas indígenas: nahua y otomí en México y quechua en San Marcos.

La literatura colonial reflejó la de la metrópoli y desde los comienzos de la época colonial se escribieron tres grandes poemas épicos: "*La Araucana*", de Alonso de Ercilla, sobre la violenta conquista de Chile, "*La Cristiada*", sobre la pasión de Cristo, por el dominico Diego de Hojeda, y "*Bernardo*", del obispo de Puerto Rico Bernardo Balbuena, quien también escribió sobre México donde vivió varios años. El genio literario del siglo XVI fue el inca *Garcilaso de la Vega*, hijo de español y princesa incaica, autor de la historia de su pueblo «*Comentarios Reales*» en cuya obra busca conciliar la cultura indígena con la europea.

"No parece conveniente apremiarlos a que dejen su lengua natural, mas se podrán poner maestros para los que voluntariamente quisieren aprender la castellana, y se dé orden como se haga guardar lo que está mandado en no proveer los curatos, sino con quien sepa la lengua de los indios".

Real Cédula de Felipe II, 1580.

Sor Juana Inés de la Cruz, de Miguel Cabrera (México).

El inca *Huamán Poma de Ayala* escribió *Nueva Crónica y Buen Gobierno,* ilustrada con dibujos, sobre la vida y los sufrimientos de su pueblo bajo conquistadores y encomenderos. Pero fue desconocido en su tiempo porque la obra estuvo perdida durante tres siglos. *Sor Juana Inés de la Cruz*, criolla mexicana del siglo XVII sobresalió por su poesía, calificada como la más brillante de los siglos coloniales, y los escritos sobre temas profundos.

El arte colonial

En arquitectura las viviendas y edificios públicos se levantaron siguiendo los estilos andaluz y castellano y el siglo XVII se trasplantó al estilo *barroco* de España, en el cual los indios pudieron expresar su espíritu artístico, aportando su trabajo y su creatividad con elementos decorativos y monumentales. Los mejores exponentes del arte colonial son los palacios virreinales y las catedrales de Lima y México, y los templos y conventos de Quito, Potosí y otras.

Fachada de la catedral de Santafé de Bogotá.

Cronistas y misioneros de Hispanoamérica dejaron valiosísimos testimonios históricos y trabajos sobre la geografía, la flora, la fauna y las lenguas del Nuevo Mundo. El franciscano *Bernardino de Sahagún* hizo traducciones de las lenguas de Mesoamérica, el obispo *Diego de Landa* descifró algunos jeroglíficos mayas y escribió sobre ellos, *Domingo de Santo Tomás* compuso una gramática y un léxico del quechua. A ellos se añade el príncipe indio que se hizo fraile y escribió el *Popol Vuh* en lengua maya quiché.

La *escultura*, igualmente barroca e indígena, se expresó con maestría en las figuras talladas en madera de los altares, púlpitos y sillas. En *pintura* hubo numerosos artistas españoles, criollos y mestizos. Sobresalieron *Gregorio Vázquez de Arce y Ceballos*, bogotano, *Miguel de Santiago* quiteño y *Fernando de Rivera* panameño. En México brilló toda una escuela de pintura. Las pinturas son temas religiosos y con los estilos de Europa.

Vida religiosa y cultural en Brasil

La Iglesia ejerció importante papel culturizador por medio de las misiones y los colegios de los jesuitas, que eran los centros intelectuales más avanzados porque la Corona portuguesa nunca permitió fundar universidades. En cambio, practicó la tolerancia religiosa pues autorizó la inmigración de personas de otras creencias, incluso de judíos. Los jesuitas fueron los defensores de los indígenas y el Papa condenó la esclavitud a que se les sometía.

En literatura se destacó el escritor satírico *Gregorio de Mattos*. La arquitectura, pintura y escultura reflejaron la influencia de la metrópoli. Se conservan numerosos templos, catedrales, altares, púlpitos y tallas en madera de arte barroco.

Religión y vida cultural en Norteamérica

- *En las trece colonias inglesas* la labor de los pastores evangélicos no tuvo carácter ni apoyo oficial alguno; tampoco la de la Iglesia en la única colonia fundada por católicos. Predominó la libertad religiosa y el respeto a todas las creencias, excepto en las colonias de los cuáqueros y los anglicanos del sur. No hubo cristianización entre los indios ni los negros. En la educación y la vida cotidiana de los colonos *se impuso la moral puritana* con sus prohibiciones a las bebidas, diversiones ruidosas y representaciones teatrales, entre otras.

  Desde las primeras fundaciones en Nueva Inglaterra, hubo colegios de primaria costeados con los impuestos. En las grandes ciudades los colonos financiaron colegios de secundaria con estudios clásicos y en Boston fundaron el *Colegio de Harvard* (1636), centro universitario para la formación del clero puritano. Este clero y el católico carecieron de privilegios pero sí influyeron en la sociedad por su vigilancia de la moral y su preparación intelectual. No se construyeron templos suntuosos ni se estimuló la pintura religiosa; el puritanismo prohibía la representación de Dios y el lujo en los templos.

- A diferencia de las colonias inglesas, en el *Canadá francés*, las misiones de la Iglesia católica evangelizaron a los indios. Los colegios de los jesuitas fueron centros de formación religiosa e intelectual de gran prestigio y ascendencia entre los colonos.

Escena cotidiana en la vida de los colonos ingleses.

En América se consolidó la unidad española ya que al llegar aquí los hombres procedentes de distintas regiones de Castilla, olvidaban sus diferencias locales y sentíanse ante todo españoles.

Reflejo de la vida europea y originalidad americana

- Las *colonias españolas*, según ya has estudiado, se urbanizaron con rapidez por la exigencia de fundar ciudades que imponía la Corona a los conquistadores. Se construyeron, siguiendo el modelo de las urbes españolas y el plan urbanístico era el mismo que puedes apreciar en tu capital o en cualquier otra ciudad de América Latina que conserva su zona colonial. Peninsulares y criollos trasplantaron las modas y costumbres de la metrópoli. La moral pública era celosamente controlada por la Iglesia y las fiestas religiosas, igual que en la metrópoli, eran grandes celebraciones en las urbes.

Pero no todo fue trasplante. Las castas o sectores resultantes de los cruces raciales desarrollaron sus propias costumbres y vestían ropas elaboradas en los obrajes. En las áreas rurales y mineras, la vida conservó diversiones indígenas con asimilaciones del cristianismo. Lo común en la vida urbana y rural, y de todos los estamentos fueron los actos del culto y las festividades religiosas.

Primera misa en Brasil.

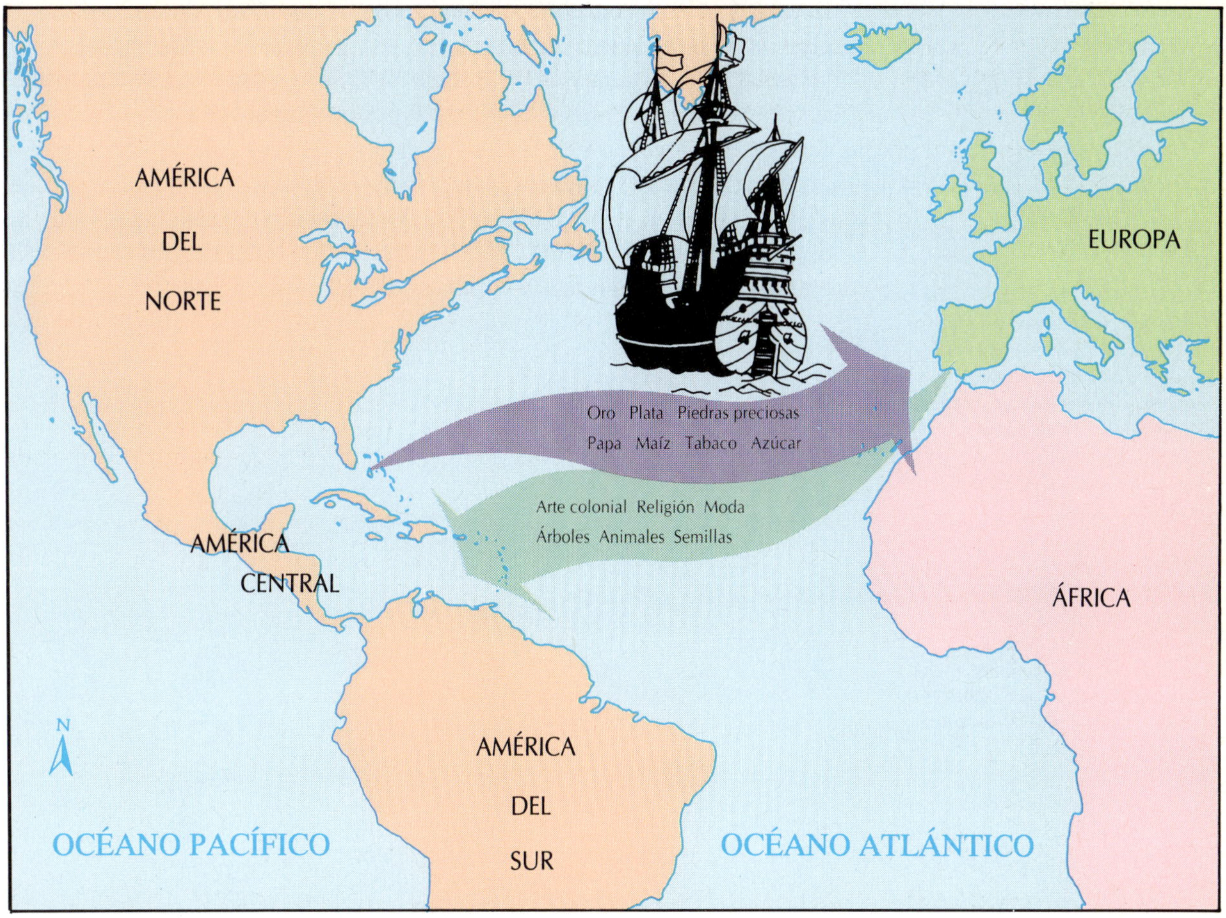

Intercambio cultural entre América y Europa.

- Las ciudades de *Brasil* eran más lujosas que las españolas e igual las residencias de los ricos plantadores de azúcar, por la riqueza de las regiones. La moral no estuvo tan vigilada como en América española. Las grandes distancias y el aislamiento entre las colonias, así como la presencia de extranjeros y viajeros, facilitaron un modo de vida menos ajustado a las normas y tradiciones de Portugal.

- En las *trece colonias inglesas* las ciudades eran extremadamente sencillas y el modo de vida fue mucho más austero que el de Inglaterra. Los domingos eran días de asistencia al culto y de recogimiento, no de diversiones. La austeridad se dio en las colonias del norte, donde predominaban los puritanos; los colonos del sur llevaron una vida más alegre y lujosa en sus plantaciones. Los esclavos trasplantaron y conservaron más sus culturas que los esclavos de las colonias españolas, porque no fueron convertidos al cristianismo.

Lo que América aportó a Europa

La enriqueció con el oro, la plata y demás metales preciosos. La gran circulación monetaria ocasionó alzas de precios en los artículos europeos de consumo y desarrolló el capitalismo. Además, ya sabes que si bien España impuso su hegemonía en el continente europeo, las riquezas americanas se les escaparon y fueron a dar al resto de Europa. *América alimentó a los europeos.*

GLOSARIO

Barroco: arte europeo del siglo XVII caracterizado por templos y palacios monumentales con excesiva decoración en el interior a base de pinturas en cuadros, columnas retorcidas, altares y salas del trono en oro o en madera tallada.

Púlpito: plataforma alta con tornavoz en el interior de las iglesias católicas, donde el sacerdote predica, dirige las oraciones y canta el evangelio; por el cambio pastoral de la Iglesia desde los años sesenta, ya no se construyen púlpitos.

La papa y la batata aliviaron las hambrunas de los pobres durante épocas de guerras y depresión económica. Las capas sociales altas gustaron del chocolate y el tabaco, y desde el siglo XVIII, el azúcar y el café americanos proporcionaron calorías a la creciente población europea.

América se convirtió en la *tierra de promisión de los europeos.* Para españoles y portugueses fue la parte del mundo donde pudieron satisfacer sus anhelos de riqueza, poder y prestigio. Para los ingleses fue la nueva patria donde vivir en paz, practicar su religión y trabajar sin opresiones.

¿Para qué la Historia?

Habrás observado que templos, edificios y plazas coloniales continúan siendo el centro de la vida cotidiana para muchas de nuestras gentes. Está vigente la ciudad hispana y en ella los barrios coloniales habitados, ya no por las ricas familias sino por las clases populares y la presencia de oficinas y museos. De esta manera el texto del capítulo te invita a observar con atención tu ciudad o pueblo y descifrar modos de vida y valores artísticos nacidos del mestizaje colonial y que aún persisten.

Actividades

Trabajo individual

En tu libreta, explica brevemente qué significan las expresiones siguientes:

- Regio Patronato Indiano
- Sínodos
- Cátedra de Lenguas generales
- Propiedad de manos muertas

Elabora un listado de los principales servicios prestados por la Iglesia a la América colonial.

Trabajo grupal

Organiza cuatro equipos para trabajar las características de la vida religiosa en Hispanoamérica, Brasil, Canadá y Estados Unidos. Cada grupo escoge la región colonial que va a trabajar y amplía la información. Luego, con la participación de todo el curso, elabora un resumen comparativo con aportaciones críticas.

Trabajo individual

En la biblioteca del colegio, consulta sobre los siguientes aspectos:

- Palabras indígenas incorporadas al idioma castellano.
- ¿En cuál colonia predominó más el influjo de su metrópoli sobre las costumbres, modas, vida intelectual y artística?

Trabajo grupal

Prepárate para que participes en el debate sobre la vida familiar y los valores éticos en las colonias españolas. Un grupo defiende el fomento de valores válidos hoy en día; mientras el otro acusa la herencia de antivalores como causa de la descomposición social actual.

Trabajo individual

En tu libreta, elabora un cuadro comparativo entre la labor de la Iglesia colonial y la actual. Precisa semejanzas y diferencias en cuanto a:

— Situación respecto al Estado
— Servicios prestados
— Prácticas religiosas

Redacta tu conclusión

Trabajo grupal

Investiga en la biblioteca del colegio u otra que te sugiera tu maestro(a) sobre la música, los bailes y canciones de la época colonial en Puerto Rico. Cada grupo abordará un campo musical y buscará el respectivo aporte español, indígena o africano o la mezcla que encuentre. Del trabajo se harán grabaciones para explicarlas en clase.

El cacique de Guatavita y la leyenda de El Dorado

Era costumbre entre estos naturales, que el que había de ser sucesor y heredero del señorío o cacicazgo de su tío, a quien heredaba, había de ayunar seis años; (...) y cumplido este ayuno la primera jornada que había de hacer era ir a la gran laguna de Guatavita a ofrecer y sacrificar al demonio, que tenían por su dios y señor.

La ceremonia, que en esto había, era que en aquella laguna se hacía una gran balsa de juncos, aderezábanla y adornábanla todo lo más vistoso que podían; metían en ella cuatro braseros encendidos en que desde luego quemaban moque, que es el sahumerio de estos naturales, y trementina con otros muchos y diversos perfumes. (...)

A este tiempo desnudaban al heredero en carnes vivas y lo untaban con una tierra pegajosa y lo espolvoreaban con oro en polvo y molido, de tal manera que iba cubierto todo de este metal. Metíanle en la balsa, en la cual iba parado, y a los pies le ponían un gran montón de oro y esmeraldas para que ofreciese a su dios. Entraban con él a la balsa cuatro caciques, lo más principales, sus sujetos muy aderezados de plumería, corona de oro, brazales y chagualas y orejas de oro, también desnudos, y cada cual llevaba su ofrecimiento. (...)

Hacía el indio dorado su ofrecimiento echando todo el oro que llevaba a los pies en el medio de la laguna, y los demás caciques que iban con él y le acompañaban, hacían lo propio; lo cual acabado, batían la bandera, que en todo el tiempo que gastaban en el ofrecimiento la tenían levantada, y partiendo la balsa a tierra comenzaba la grita, gaitas y fotutos con muy largos coros, bailes y danzas a su modo; con la cual ceremonia recibían el nuevo electo y quedaba reconocido por señor y príncipe. (...) De aquí vino a decir el Don Sebastián "vamos a buscar este indio dorado".

Fragmentos de El Carnero, *de Juan Rodríguez Freyle. En:* Reportaje de la Historia de Colombia. *Bogotá, Planeta, 1989, págs. 110-111.*

Balsa de oro en la cual se representa la leyenda de El Dorado.

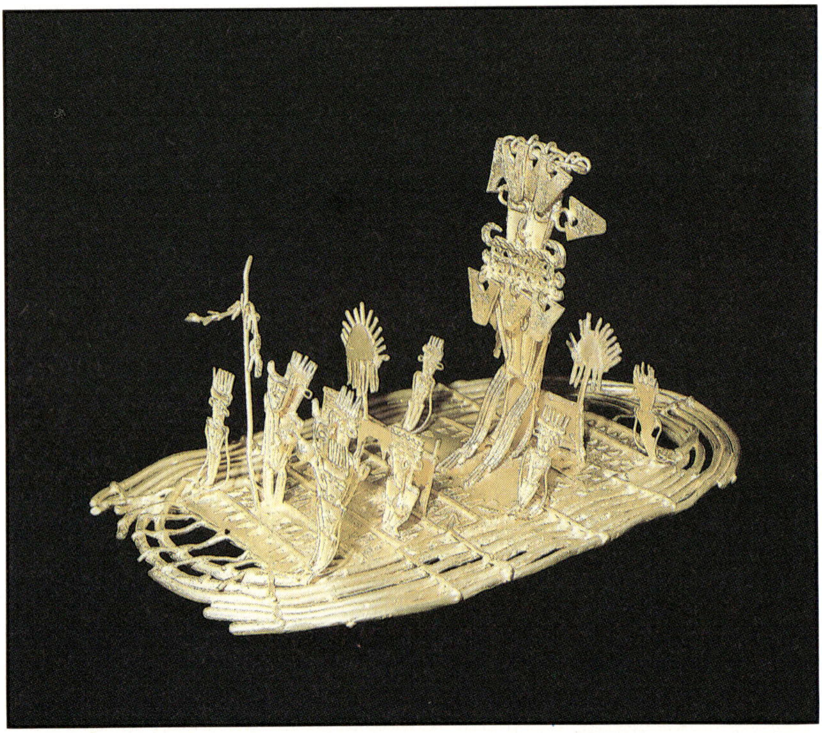

Trabajadores en las colonias inglesas

"Los sirvientes que se utilizan en las colonias americanas inglesas son o bien hombres libres o bien esclavos; y los primeros son, a su vez, de dos tipos diferentes.

1. Aquellos que son del todo libres trabajan por un año. No se les permite dejar su trabajo al término del año, pero pueden irse en cualquier momento si no están de acuerdo con sus amos. En ese caso, sin embargo, corren el peligro de perder sus salarios, que son considerables. (...)

2. La segunda clase de sirvientes libres está compuesta por personas tales como las que vienen cada año de Alemania, Inglaterra y otros países, con el fin de asentarse aquí. Cada año, estos recién llegados son muy numerosos; hay viejos y jóvenes, y de ambos sexos; algunos han huido de la tiranía bajo la cual, supuestamente sufrían. Otros fueron arrojados de su país por una persecución de tipo religioso; pero la mayoría son pobres, y no tienen bastante dinero para pagar su pasaje, que cuesta entre 6 y 8 esterlinas por persona; por lo tanto, acuerdan con el capitán que a la llegada permitirán que se les venda por unos cuantos años. En este caso, la persona que los compra paga su flete. Pero a menudo viene gente muy vieja que no puede pagar su pasaje; venden, por consiguiente, a sus hijos de tal forma que estos trabajan tanto por ellos mismos como por los padres. Hay, además, algunos que pagan una parte de su pasaje, y son vendidos sólo por un corto tiempo. (...)
   Dichos sirvientes son preferidos a todos los demás, porque no salen tan caros pues el comprar a un negro o a un esclavo negro requiere demasiado dinero todo de golpe, y los hombres o las doncellas que reciban salarios anuales son también demasiado costosos; pero este tipo de sirvientes puede conseguirse con la mitad del dinero, y hasta por menos ya que normalmente pagan 14 esterlinas, moneda de Pennsilvania, por una persona que habrá de servir durante cuatro años, y así sucesivamente, en proporción a esto (...). A este tipo de sirvientes, los ingleses los llaman servidores. (...).

3. Los negros o las personas de color, forman la tercera clase. En cierta forma, son esclavos; pues, una vez que un negro es comprado, es el sirviente del comprador por vida, a menos que éste se lo dé a otro o lo ponga en libertad. Sin embargo, el amo no tiene poder para matar a su negro por una falta cometida; debe dejar que los magistrados procedan de acuerdo a las leyes. Anteriormente, se traía a los negros de África, y los compraba casi todo aquel que podía darse el lujo. Solamente los cuáqueros sentían escrúpulos por tener esclavos; pero ya no son tan meticulosos, y tienen tantos negros como cualquier otra gente. Sin embargo, muchas personas no pueden hacerse a la idea de que mantener esclavos es contrario a las leyes de la cristiandad. Hay también varios negros libres en la ciudad, quienes han tenido la bastante suerte de tener un cuáquero muy ferviente por amo, quien les dio la libertad, después que lo hubieron servido fielmente durante algún tiempo".

Seleccionado de "El mundo colonial inglés". En EUA: Documentos de su historia socio-económica, *págs. 148 -152.*

Para trabajar

Después de leer atentamente cada uno de los documentos anteriores, identifica los términos desconocidos y contesta en tu libreta:

- En la ceremonia de la laguna de Guatavita, ¿qué relación puedes establecer entre religión, arte y poder político?
- ¿En qué consistía el ofrecimiento que realizaba el indio dorado y qué reconocimiento obtenía?
- ¿Qué significó "El Dorado" para los conquistadores europeos?
- Según el segundo documento, ¿se puede afirmar que los blancos llegados de Europa en calidad de siervos, terminaban reducidos a la condición de esclavos? Sustenta tu respuesta.
- ¿Qué semejanzas y diferencias puedes establecer entre la esclavitud practicada en las colonias inglesas y la esclavitud en las colonias hispanoamericanas?

Letras americanas

"Canto General"

(...)
Era el Sur un asombro dorado.
Las altas soledades
de Macchu Picchu en la puerta del cielo
estaban llenas de aceites y cantos,
el hombre había roto las moradas
de grandes aves en la altura,
y en el nuevo dominio entre las cumbres
el labrador tocaba la semilla
con sus dedos heridos por la nieve.
El Cuzco amanecía como un
trono de torreones y graneros
y era la flor pensativa del mundo
aquella raza de pálida sombra
en cuyas manos abiertas temblaban
diademas de imperiales amatistas.
Germinaba en las terrazas
el maíz de las altas tierras
y en los volcánicos senderos
iban los vaos y los dioses.
(...)
España entró hasta el Sur del Mundo. Agobiados
exploraron la nieve los altos españoles.
El Bío-Bío, grave río,
le dijo a España: "Deténte".
El bosque de maitenes cuyos hilos
verdes cuelgan como temblor de lluvia
dijo a España: "No sigas". El alerce,
titán de las fronteras silenciosas,
dijo en un trueno su palabra.
Pero hasta el fondo de la patria mía,
puño y puñal, el invasor llegaba.
Hacia el río Imperial, en cuya orilla
mi corazón amaneció en el trébol,
entraba el huracán en la mañana.
El ancho cauce de las garzas iba
desde las islas hacia el mar furioso,
lleno como una copa interminable,
entre las márgenes de cristal sombrío.
(...)
La tierra andaba entre los mayorazgos
de doblón en doblón, desconocida,
pasta de apariciones y conventos,
hasta que toda la azul geografía
se dividió en haciendas y encomiendas.
Por el espacio muerto iba la llaga
del mestizo y el látigo
del chapetón y del negrero.
El criollo era un espectro desangrado
que recogía las migajas,
hasta que con ellas reunidas
adquiría un pequeño título
pintado con letras doradas.
Y en el carnaval tenebroso
salía vestido de conde,
orgulloso entre otros mendigos,
con un bastoncito de plata. (...)

Apartes del Canto General, *de Pablo Neruda, 1950, págs. 20, 77 y 90.*

Para trabajar

Responde en tu libreta lo siguiente:

- Datos biográficos del poeta, autor del texto.
- ¿A qué épocas de nuestra historia hace referencia el poema? Utiliza frases textuales para ampliar tus respuestas.
- ¿Qué lugares se destacan y cómo los describe?
- ¿Cómo expresa la posición de los criollos? Compara dicha posición con las características, de este grupo social, expuestas en el libro guía de clase.

Evaluación

1. Contesta en tu libreta:

- Explica brevemente las principales teorías sobre el poblamiento americano.
- ¿Por qué el maíz fue el producto básico en la alimentación de los pueblos precolombinos?
- Haz un listado de las culturas indígenas secundarias y escribe al frente algunos de sus datos sobresalientes.
- Compara en cuatro columnas los sistemas coloniales español, portugués, inglés y francés, en cuanto a sus organizaciones económicas, sociales, políticas y religiosas.

2. En tu libreta, relaciona los nombres de la columna izquierda con las oraciones de la derecha, según correspondan:

(a) Pedro de Valdivia	___Inició las expediciones portuguesas.
(b) Jiménez de Quesada	___Llegó a la India.
(c) Francisco Pizarro	___Descubrió el mar del Sur.
(d) Hernán Cortés	___Exploró costas del Brasil.
(e) Américo Vespucio	___Conquistó el territorio azteca y sometió a Moctezuma.
(f) Vasco Núñez de Balboa	___Conquistó territorio inca y sometió a Atahualpa.
(g) Vasco de Gama	___Conquistó el país de los muiscas.
(h) Enrique el Navegante	___ No pudo someter a los araucanos.

3. Deduce si son falsos o verdaderos cada uno de los siguientes enunciados:

- En los últimos siglos medievales la inversión de capitales se orientó hacia la industrialización.
- Se llamaron viajes menores a las exploraciones autorizadas por los Reyes Católicos, a otros navegantes, violando los derechos exclusivos concedidos a Colón.
- La casa de Contratación tenía la suprema autoridad para proponer leyes sobre asuntos indianos y nombrar a los funcionarios coloniales.
- La encomienda fue la primera forma de trabajo asalariado que se estableció en América.

4. Resume tu opinión sobre lo siguiente:

- ¿Cómo contribuyeron el calpulli y el ayllu al desarrollo de las culturas azteca e incaica?
- ¿En cuál de los sistemas coloniales consideras que hubo mayor desarrollo de valores cívicos, éticos y morales? ¿Por qué?
- ¿Opinas que se hubiera podido evitar la violencia en el encuentro entre indígenas y europeos? ¿De qué manera?
- ¿Cuál es tu apreciación del intercambio cultural entre América y Europa?

UNIDAD 3

La independencia de América

Presentación

La unidad trata procesos decisivos en la historia continental de los cuales surgieron las primeras nacionalidades independientes de América. Las nuevas ideas que se difundieron en Europa, en el siglo XVIII, tuvieron un gran alcance sobre nuestras sociedades americanas por la crítica a los sistemas coloniales vigentes y por los cambios que despertaron.

Batalla de Araure.

Objetivos

1. Analizar la influencia de los cambios políticos en Europa para las trece colonias inglesas e Hispanoamérica.
2. Analizar y comparar los procesos independentistas de América.
3. Contrastar los valores que inspiraron las declaraciones y actuaciones de los patriotas.

Capítulos

11. Independencia de los Estados Unidos.
12. Reformas borbónicas e Ilustración en Hispanoamérica.
13. Las primeras experiencias de emancipación.
14. Las campañas de independencia.
15. El proceso en los demás países americanos.

Independencia de los Estados Unidos

CAPÍTULO

11

SÍNTESIS

Nueva política inglesa perjudica a los colonos

Inglaterra había ganado un imperio colonial en la *Guerra de los Siete Años* (que finalizó en 1763) al arrebatarle a Francia el *Canadá, la región entre el Mississippi y los Apalaches,* además de sus colonias de la India. Podrás observar en un mapa del siglo XVIII que la ampliación del territorio americano de Inglaterra incluía una mayor población indígena y la novedad de tener colonos franceses de religión católica. Todo esto *requería una administración colonial distinta a la de las trece colonias y para ello hacía falta dinero.*

La Corona y el Parlamento dictaron medidas que hicieran posible mantener ejércitos y funcionarios en Norteamérica, sacar a Inglaterra de las deudas de guerra, y convertir las colonias en productoras de materias primas, para la naciente industrialización inglesa, y en mercados de sus productos.

Las nuevas leyes pusieron fin a las libertades que tenían los colonos norteamericanos. La Corona se reservó el territorio adquirido al occidente de los Apalaches y *prohibió a los colonos comprar tierras a los indios en dicho territorio.* Los forzó, además, a *alojar en sus casas soldados ingleses* que venían a Norteamérica (alrededor de 100.000 hombres). *Prohibió las exportaciones de productos que compitieran con los fabricados en Inglaterra.* Pero lo que más alteró a los colonos fueron los impuestos que fijó el Parlamento y el procedimiento autoritario para cobrarlos, prescindiendo de las autoridades coloniales establecidas.

Al extender su dominio en América, la Gran Bretaña hizo sentir a las trece colonias que tenían una metrópoli. Impuestos y rechazos a la representación colonial originaron disturbios, represiones de los ingleses y reuniones de representantes de las colonias. Ellos dieron unidad a la resistencia y firmaron la Declaración de Independencia. Los patriotas comandados por George Washington triunfaron con la gran ayuda de Francia y la intervención de España. El triunfo militar y la Constitución de 1787 formaron oficialmente los Estados Unidos de América.

Rendición del inglés Cornwallis ante Washington después de la derrota de Yorktown.

Triunfo de los norteamericanos en la batalla de Yorktown. Pintura de A. Couder.

La *Ley del timbre* obligó a fijar sellos o estampillas oficiales en el envío de periódicos, papeles mercantiles y documentos, pero en las trece colonias hubo enérgicas protestas y quema de estampillas, y el Parlamento tuvo que suprimir el impuesto. Luego fijó otros más gravosos sobre el té, el vidrio, las frutas y los cueros, procedentes de Inglaterra, que también abolió ante el rechazo de los colonos, aunque mantuvo el *impuesto sobre el té*, que obligaba también a comprarlo a la compañía inglesa que tenía el monopolio de dicho producto.

La fuerza de los disturbios y protestas demostraba que existían fuertes vínculos comunitarios entre los colonos, pese a las diferencias de estratos sociales. Y la política impositiva de Inglaterra estimuló la unidad de las colonias. Los colonos sustentaban sus protestas en el antiguo principio jurídico inglés *«No tributación sin representación»*, o sea, que el Parlamento no podía establecer impuestos a las colonias porque éstas no tenían representantes en dicho organismo. Por su lado, el Parlamento sostenía que él representaba a todos los ingleses, incluyendo los de las colonias, y que con el impuesto defendían y protegían también las trece colonias.

Protestas, represión y unión de los colonos

La llamada *matanza de Boston* (1770) fue el primer incidente de violencia callejera: grupos populares arrojaron bolas de nieve a los soldados y éstos dispararon y dieron muerte a cinco hombres. Pero el mayor desafío a la autoridad inglesa se produjo en la misma ciudad y se conoce como la *Fiesta del Té*, porque colonos disfrazados de indios arrojaron al agua un valioso cargamento de té (1773). La reacción de Londres fue drástica y el rey *Jorge III*, hasta entonces conciliador hacia los colonos, ordenó cerrar el puerto de Boston y privó a los colonos de Massachusetts del derecho a elegir consejeros y jurados. La ciudad quedó prácticamente incomunicada.

Un congreso de representantes de las colonias, convocado por el líder bostoniano *Samuel Adams*, se reunió en Filadelfia (1774) y declaró que las colonias no deseaban separarse de Inglaterra, pero pidieron un cambio de política y la representación de los colonos en el Parlamento. El congreso acordó, también, no comprar ningún producto a Inglaterra. Esta reunión fue el *Primer Congreso Continental.*

Diversos sectores de la población colonial se solidarizaban con el pensamiento y las acciones de los más ricos terratenientes y comerciantes: artesanos y campesinos habían formado la asociación *Hijos de la Libertad*, en tanto que las mujeres fundaron las *Hijas de la Libertad*, para hilar, tejer y elaborar productos que ya no se compraban a Inglaterra. Desde luego, te imaginarás que había colonos que sentían una gran fidelidad al rey y no deseaban una ruptura.

Un choque armado entre tropas inglesas y colonos en el poblado de *Lexington* precipitó los acontecimientos. El *Segundo Congreso Continental* reunido en Filadelfia (1775) redactó la *Declaración de los Derechos coloniales* y acordó organizar un ejército con las milicias coloniales, bajo el mando de *George Washington*, rico hacendado, que había sido comandante en jefe de las fuerzas de Virginia durante la guerra en que Inglaterra conquistó Canadá. La Corona y el Parlamento declararon las colonias en rebeldía y comenzó la guerra.

La Declaración de Independencia, documento trascendental

Hasta ese momento no existía un propósito claro de independencia; las proclamas y declaraciones buscaban que Inglaterra mantuviese las antiguas libertades y renunciara a los impuestos. Pero la represión condujo a madurar la idea separatista. Uno de los escritos que más influyó en los colonos fue el de *Thomas Paine* titulado *Sentido Común*. En lenguaje sencillo combatió la constitución y la monarquía inglesas y planteó los beneficios de independizarse y constituírse en república, para desarrollar la economía y expandirse al oeste.

La rebeldía se extendió a todas las colonias y sus delegados se reunieron nuevamente en Filadelfia. El 4 de julio de 1776 aprobaron la *Declaración de Independencia*. Fue redactada por el abogado, filósofo, maestro y escritor *Thomas Jefferson*, uno de los más destacados intelectuales de Virginia, en quien se advertían influencias del pensador inglés *John Locke*. Las trece

"La Declaración de Independencia no sólo anunció el nacimiento de una nación; la filosofía por ella inaugurada ha sido una gran fuerza dinámica en todo el mundo occidental durante el siglo XIX. «De un conveniente respeto por las opiniones de la humanidad», Jefferson extrajo no sólo las razones que impulsaban a Norteamérica a la independencia, sino también los principios políticos y sociales en que la Revolución misma descansaba.(...) Todo el odio provocado por los errores del Parlamento se hace recaer sobre el infortunado Jorge III. La principal razón de echar toda la culpa al pobre Jorge era el deseo de socavar la tradicional lealtad norteamericana hacia la Corona..."

Samuel Eliot Morison y otros, Breve historia de los Estados Unidos, *págs. 112 y 113.*

George Washington.

Benjamín Franklin.

Thomas Jefferson.

Personajes más representativos de la independencia norteamericana.

Escenario de la guerra de independencia. El apoyo de los ejércitos y la flota francesa fue decisivo para la victoria sobre Inglaterra.

"Aunque todas las constituciones [de los estados] reconocían la soberanía del pueblo, ninguna, excepto la de Vermont, ponía la dirección del gobierno en manos de personas que no poseyeran algunas propiedades. Generalmente se tenía la idea de que el cuerpo político estaba formado por los que tenían una buena posición en la sociedad. Hasta el democrático Franklin declaraba que «con respecto a los que no tienen bienes inmuebles... el concederles derecho de voto para las legislaturas sería una imprudencia». Para votar había ciertos requisitos de propiedad, y proporcionalmente mayores para desempeñar cargos".

Samuel Eliot Morison y otros, Op. cit. págs. 133 y 134.

colonias se convirtieron en estados independientes, asociados en la *Confederación de los Estados Unidos de América* y enviaron al físico e inventor *Benjamín Franklin* a obtener la ayuda de Francia.

La guerra de independencia y el apoyo extranjero

Al principio, el improvisado ejército de George Washington obtuvo éxitos sobre los ingleses, pero éstos recibieron refuerzos (50.000 hombres) de Inglaterra y tomaron las ciudades de Filadelfia y New York. Los patriotas contaron con la ayuda voluntaria de varios oficiales franceses dirigidos por el *marqués de Lafayette.* Quizás has visto alguna película de la independencia de Estados Unidos en las que se muestra la tenacidad y la capacidad estratégica de Washington. Gracias a ellas superó adversidades y derrotas, hasta alcanzar una gran victoria en la *Batalla de Saratoga* (1777).

Este éxito norteamericano decidió que el rey francés interviniera contra Inglaterra enviando un fuerte ejército. Como supondrás, Francia quería recuperar las colonias perdidas y ganar un gran mercado. España, por debilitar a su eterna enemiga, se alió a Francia.

Con estas ayudas, los ejércitos norteamericano y francés combinados con la poderosa flota francesa, vencieron definitivamente a los ingleses en la *Batalla de Yorktown* (1781). Por el *Tratado de París* (1783), Inglaterra reconoció la independencia de los Estados Unidos y le cedió los territorios situados entre los Apalaches y el río Mississippi a la naciente república. Francia recuperó la Luisiana, y España la Florida, que Inglaterra le había ganado anteriormente.

Se redacta la Constitución, pero demora la aprobación

Terminada la guerra, casi todos los estados habían proclamado su constitución y elegido su gobierno y asamblea estatales. Pero lo más difícil fue la unificación jurídica y política de todos los estados, pues había diferentes criterios sobre la forma de gobierno y rivalidades entre algunos de ellos. La *Convención federal* (1787) de 55 representantes de los estados (excepto Rhode Island) elaboró la *Constitución de los Estados Unidos* que dio al país la estructura de república federal con división de poderes. Cada Estado conservó su autonomía interna, equilibrada con las funciones de los tres poderes centrales: ejecutivo (el presidente de la Unión) elegido cada cuatro años, legislativo (Senado y Cámara de representantes) y judicial (presidido por el Tribunal Supremo de Justicia).

Sin embargo, la ratificación o aprobación de la Constitución por cada Estado demoró debido a la pugna entre los *federalistas*, partidarios de un gobierno central fuerte (a pesar del nombre de federalistas) y los *republicanos* que rechazaban cualquier gobierno central porque limitaría la autonomía de los estados. La solución se debió a *James Madison*, llamado el "padre de la Constitución" por sus argumentos tan consistentes a favor de ella, a *Benjamín Franklin*, quien pese a sus 81 años demostró gran actividad, y a *George Washington* por su extraordinario prestigio. Se incluyó una Declaración de Derechos que satisfizo a todos y con estas Enmiendas la Constitución fue ratificada.

Washington fue elegido por unanimidad primer presidente de los Estados Unidos de América (1788) y reelegido cuatro años después. Cuando terminó su segunda administración presidencial, Washington se retiró a su propiedad de Mount Vernon, donde vivió como cualquier ciudadano. Para evitar susceptibilidades entre los estados, se acordó construir una capital federal sobre el río Potomac y que llevara el nombre del gran héroe de la Independencia.

"Todos los hombres son creados iguales; ...dotados por su Creador de ciertos derechos inalienables; ...la vida, la libertad y la búsqueda de la felicidad; (...)"

Constitución de los Estados Unidos de América, *4 de julio de 1776.*

Proclamación de la Constitución norteamericana en 1787

GLOSARIO

Absolutismo: sistema de gobierno en que el rey tiene todos los poderes y responde de sus actos solamente a Dios; fue el sistema imperante en los reinos europeos del siglo XVI a XVIII.

Gran Bretaña: nombre del Reino Unido que formaron Inglaterra y Escocia desde 1707, por el Acta de unión de ambos estados bajo un solo rey y un solo Parlamento; usualmente continúa dándose el nombre de Inglaterra a lo que es realmente Gran Bretaña.

John Locke: filósofo inglés que justificó el derecho a derrocar al rey cuando éste atenta contra la vida, la libertad y la propiedad de los gobernados; sus ideas influyeron en el movimiento que acabó con el absolutismo de los reyes en Inglaterra (1688).

Repercusiones en Hispanoamérica

La guerra, la ideología que la sustentó y la actitud de España, influyeron de muy diversas maneras.

Para cubrir los gastos de la guerra, *España tuvo que aumentar los impuestos en sus colonias.* Esto provocó disgustos y sublevaciones en varias colonias españolas. El movimiento de los comuneros en el virreinato de la Nueva Granada y otras rebeldías ocurrieron justamente durante la independencia norteamericana.

Durante el conflicto, *España autorizó el comercio de sus colonias con los nacientes estados* y estos intercambios continuaron desde entonces, en especial con Puerto Rico y Cuba.

Las ideas de libertad proclamadas por los norteamericanos y la novedad de su sistema republicano, no influyeron de inmediato. Hubo mucha expectativa en Hispanoamérica colonial, sobre la suerte que correría la naciente república y si Inglaterra intentaría recuperar sus antiguas posesiones. Después de 1810, cuando ya se advertían los progresos y la estabilidad de los Estados Unidos, los criollos incorporaron los principios de la independencia norteamericana a las primeras constituciones de las repúblicas. Y varias de ellas acogieron el modelo de organización federal norteamericana.

Las consecuencias inmediatas y más graves no fueron para América, sino para Francia. Allí la Declaración de Independencia norteamericana y la ayuda militar y económica prestada a los colonos contribuyeron a la revolución que sobrevino (1789). ◆

¿Para qué la Historia?

Hoy nos parece lo más natural y común que un país democrático se rija por una Constitución que proclama los derechos y deberes de los ciudadanos y las funciones de los poderes ejecutivo, legislativo y judicial. Sin embargo, esto comenzó en las tres últimas décadas del siglo XVIII con la creación del primer Estado independiente de América, sin reyes, príncipes ni caciques vitalicios, adoptando el sistema de república que perdura. La Constitución de los Estados Unidos fue la primera en América y está vigente, con algunas modificaciones, desde hace dos siglos. Además, modelo para la organización política de las nuevas repúblicas latinoamericanas.

Actividades

Trabajo individual

En tu libreta, define las siguientes expresiones y responde brevemente las preguntas que están a continuación:

- Ley del té, Batalla de Saratoga, Declaración de Derechos Coloniales, Convención Federal, Hijas de la Libertad, Tratado de París.
- ¿Qué argumentaban los colonos respecto a los impuestos?
- ¿Qué apoyo extranjero recibió la guerra independentista y por qué razones?
- ¿Cómo influyó la independencia de los Estados Unidos en las colonias españolas?

Trabajo individual

Consulta en la biblioteca de tu colegio y elabora una ficha biográfica de uno de los siguientes personajes: George Washington, Benjamín Franklin o Thomas Jefferson. Destaca en qué consistió su participación a la independencia de los Estados Unidos y cuáles eran sus objetivos políticos. Personifícalo ante tus compañeros.

Trabajo individual

Redacta un ensayo de dos cuartillas sobre el significado histórico de la independencia de los Estados Unidos.

Trabajo grupal

En equipo de trabajo con dibujos o recortes de revistas que ilustren las diversas etapas de la lucha por la independencia en Estados Unidos, desde las primeras resistencias y congresos hasta el final de la guerra. Acompaña cada ilustración de una breve explicación escrita.

Trabajo grupal

Organiza dos grupos de trabajo para debatir estos puntos:

- Si en el mundo no existía ninguna república con elecciones y Constitución, ¿cuál fue el modelo que inspiró a los patriotas norteamericanos?
- ¿Por qué todos los estados norteamericanos ratificaron la Constitución de 1787?

Trabajo individual

Dibuja un mapa de Norteamérica con las colonias inglesas existentes hacia 1776. Localiza las ciudades y batallas importantes del proceso independentista. Pega, o dibuja, los personajes destacados. Compáralo con un mapa político actual y redacta tus conclusiones.

TALLER

5

Visita a museos

Cuando se estudia determinado tema dentro de las ciencias sociales, reviste gran importancia estar en contacto con los *museos*. Estos son instituciones dedicadas al estudio de las letras, las ciencias y las artes, mediante el proceso de *recolección, análisis* y *exposición* de objetos representativos de cada época, con el fin de presentar a las nuevas generaciones los logros de los períodos anteriores.

Considerados estos aspectos, es fundamental que conozcas los museos de tu población o región. Cuando tengas esa oportunidad, no olvides estas pautas:

- Infórmate sobre la temática del museo a visitar, pues hay museos de información general y otros especializados en determinado campo.
- Elabora una sencilla guía que incluya la localización del museo, los rasgos del área donde se encuentra, la época de construcción, etc., con el fin de facilitar la visita.
- Cuando llegues al sitio, observa con detenimiento el edificio, su arquitectura y su estilo.
- Solicita una información general sobre las secciones del museo y las recomendaciones para recorrerlo, en caso que vayas solo.
- Inspecciónalo con mucho respeto y cuidado, no descuides ningún detalle y toma nota de lo que más te impresione.
- Elabora un informe de tu visita, considerando: la historia del museo, las cualidades de sus colecciones, los artistas o los investigadores importantes para el mismo y tu valoración personal.

Es primordial, en cada paso, recibir la asesoría de tu profesor(a) o de un experto o guía del museo.

Conoce uno de los museos de tu localidad, elabora un informe y coméntalo con tus compañeros.

Una visita a un museo es muy útil cuando cumple estas condiciones:

- Fue planificada con objetivos claros;
- se verificó una correcta observación del área aledaña y del edificio del museo, que complementara la investigación;
- la información obtenida por la observación y la consulta se organizó de manera correcta;
- el informe escrito es claro y atiende, tanto a los rasgos y a las secciones principales del museo como a los objetivos tra zados con anterioridad;
- la inspección contribuyó a refor zar los conocimientos del área.

En coordinación con tu profesor(a) organiza una visita a un museo importante de tu región. Luego, en clase, analicen cómo transcurrió esta actividad.

Ruinas de Caparra.

Reformas Borbónicas e Ilustración en Hispanoamérica

CAPÍTULO

12

SÍNTESIS

El cambio de dinastía modifica la administración colonial

Los Borbones franceses comenzaron a reinar en España a principios del siglo XVIII. El último rey español de la dinastía *Habsburgo* (conocida también como Casa de Austria) no tuvo hijos y en su testamento (1700) dejó el trono al príncipe francés *Felipe* de Anjou, por ser nieto de su hermana y del rey de Francia. Los monarcas franceses eran de la dinastía Borbón. Después de la *Guerra de Sucesión al trono español* (1700-1714) en que casi toda Europa trató de impedir que la familia real de Francia gobernara también en España, las potencias aceptaron al príncipe francés como rey de España con el nombre de *Felipe V.*

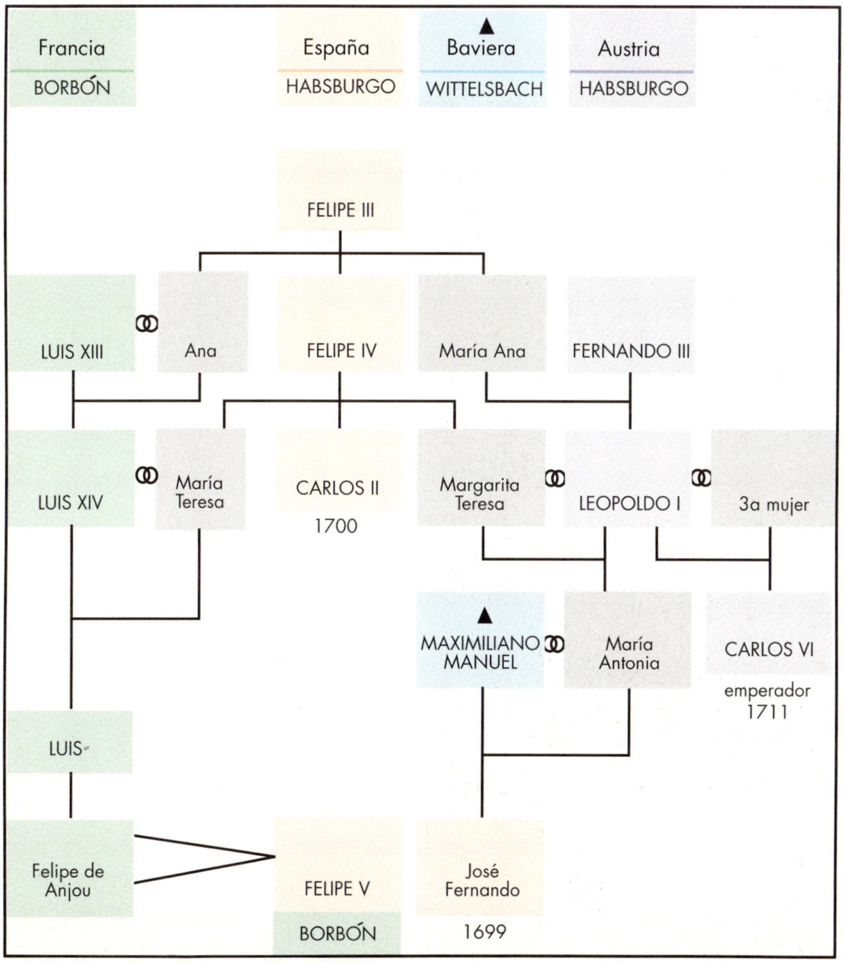

Esquema de la sucesión de los reyes franceses al trono de España.

El cambio de dinastía en España trajo un reordenamiento de la administración colonial: nuevos virreinatos, mayor centralización y liberalización comercial. La ilustración se propagó entre los criollos americanos, contribuyendo al desarrollo cultural y la formación de élites. Una nueva ideología surgió en los círculos intelectuales burgueses de Francia. Basada fanáticamente en la razón, la Ilustración sustentó nuevas concepciones sobre el universo, el hombre, la sociedad, la religión y la economía. Los reyes Borbones aplicaron muchas ideas ilustradas en las colonias, contribuyendo al desarrollo cultural y la formación de élites criollas, y a un centralismo autoritario. Este y los impuestos originaron de contento de las élites y rebeldías de los sectores populares.

Carlos III. Practicó el despotismo ilustrado, apoyado por sus consejeros el conde de Aranda, Pedro Campomanes y José Galvez.

La nueva dinastía introdujo organizaciones y procedimientos políticos, administrativos y económicos de Francia. Hasta las construcciones, el mobiliario y las modas se afrancesaron. España dejó de ser un conjunto de reinos y formó un Estado unificado con unas solas Cortes y las posesiones americanas fueron consideradas provincias ultramarinas, verdaderas colonias cuya administración se centralizó más, pero no en cuerpos colegiados como hasta entonces, sino en los virreyes y altos funcionarios. Por tanto, el Consejo de Indias quedó reducido a organismo de consulta y la Casa de Contratación fue perdiendo importancia y trasladada a Cádiz.

Estos cambios correspondieron a *reformas de la economía colonial* : fin del monopolio comercial de Sevilla y de los cuatro puertos de América, abolición de las flotas, creación de sociedades mercantes, como la Compañía de Guipúzcoa que controló el comercio con Venezuela (1728), abolición de las encomiendas y estudio de los recursos naturales de América para impulsar la agricultura. El objetivo era *explotar más racionalmente las riquezas y sacar a España del estancamiento económico.*

Ahora puedes comprender mejor varios estímulos de la Corona al desarrollo de Puerto Rico y las Antillas. Formaban parte de una política de impulso económico y demográfico; por ello se fundaron tantos pueblos puertorriqueños en el siglo XVIII.

Felipe V y su sucesor Fernando VI no lograron muchos resultados. *Las reformas más drásticas las impuso Carlos III* (1759-1788) bajo la influencia del movimiento ideológico de la *Ilustración.*

La Ilustración

Este movimiento tuvo su centro en Francia, donde los filósofos, hombres de ciencia y literatos insistían en que la única forma de alcanzar el progreso y la felicidad era ilustrándose, es decir, *educándose racionalmente en el conocimiento de las ciencias*. Para ellos, solamente la *razón ilustra e ilumina*; de ahí el nombre de Ilustración o Iluminismo que recibió el conjunto de las nuevas ideas.

Los ilustrados *criticaron la influencia de todas las Iglesias cristianas en la educación, la moral y la vida social,* porque no se fundamentan en la razón sino en la fe. Como Francia era país católico, los ilustrados combatieron a la Iglesia y especialmente a los jesuitas. Muchos ilustrados eran ateos y otros consideraban a Dios como el Ser supremo que mantiene el orden del universo sin exigir un culto ni una moral.

"En América la piel más o menos blanca decide la posición que ocupa el hombre en la sociedad".

Alexander Von Humboldt, Ensayo político sobre el reino de la Nueva España, *1822.*

En el *aspecto social,* los ilustrados propusieron también reducir las diferencias entre los nobles y los burgueses, y abolir la servidumbre (y la esclavitud, según algunos), porque racionalmente hombres y mujeres libres dan mayores rendimientos en el trabajo. En *política,* admiraban el sistema parlamentario inglés porque los nobles compartían el poder legislativo con los burgueses; y plantearon que los monarcas debían gobernar más racionalmente sus estados, humanizar la justicia y conceder algunas libertades a los súbditos.

En el *aspecto económico,* los ilustrados combatieron las teorías mercantilistas y sus monopolios, y afirmaron que la riqueza de los países depende de la agricultura; por ello recibieron el nombre de *fisiócratas* (*fisio* = tierra, y *cracia* = gobierno). La expresión «*dejad hacer, dejad pasar*» (laissez faire, laissez passer) resumía sus teorías de que los gobiernos no deben intervenir en las actividades económicas.

Un pensador inglés (no estrictamente de la Ilustración), *Adam Smith,* sustentó también la necesidad de libertad de la economía porque ésta debe regirse por la ley de la oferta y la demanda. Afirmó que la riqueza de las naciones depende del trabajo, no de la agricultura. Se le considera padre del *liberalismo económico,* que fundamenta el capitalismo contemporáneo.

Las ideas de la Ilustración se publicaron durante veinte años en la *Enciclopedia* o *Diccionario razonado de las ciencias, artes y oficios,* difundiéndose entre los intelectuales de toda Europa y América.

"Manténgase una absoluta libertad de comercio, pues la más segura policía del comercio interior y exterior, la más exacta y la más provechosa para la nación y el Estado, consiste en la plena libertad de competencia".

François Quesnay, Máximas generales, 1767.

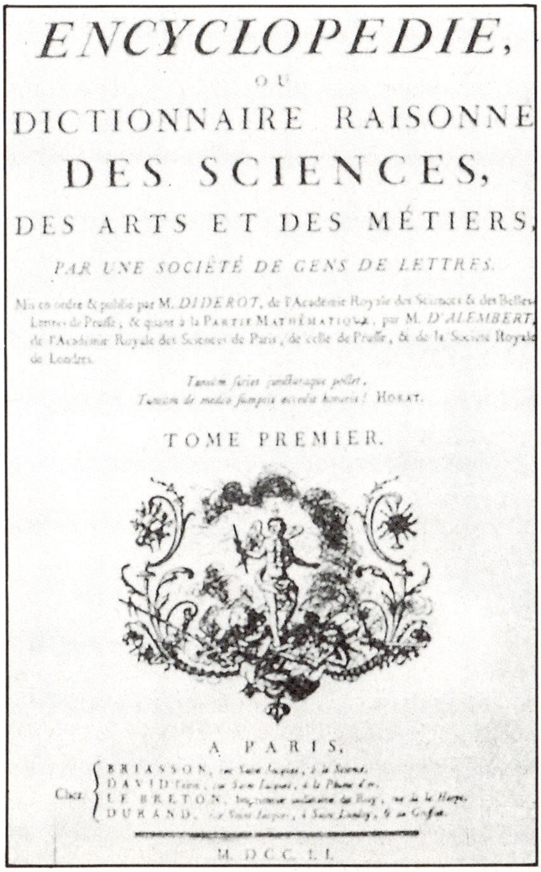
ENCYCLOPEDIE,

OU

DICTIONNAIRE RAISONNÉ

DES SCIENCES,

DES ARTS ET DES MÉTIERS,

PAR UNE SOCIÉTÉ DE GENS DE LETTRES.

Mis en ordre & publié par M. *DIDEROT*, de l'Académie Royale des Sciences & des Belles-Lettres de Prusse; & quant à la PARTIE MATHÉMATIQUE, par M. *D'ALEMBERT*, de l'Académie Royale des Sciences de Paris, de celle de Prusse, & de la Société Royale de Londres.

TOME PREMIER.

A PARIS,

Chez BRIASSON, DAVID l'aîné, LE BRETON, DURAND.

M. DCC. LI.

Original de la carátula de la Enciclopedia.

De izquierda a derecha, Montesquieu , Voltaire y Rousseau: grandes intelectuales de la Ilustración.

Tres ilustrados influyen decisivamente

Por tus estudios en la elemental,ya tienes alguna información sobre estos tres filósofos de la Ilustración: Montesquieu, Rousseau y Voltaire. *El barón de Montesquieu* expuso en su obra *El espíritu de las leyes,* la teoría de la división del poder de los reyes en tres: ejecutivo, legislativo y judicial, como el sistema político más racional y equilibrado. *Voltaire* atacó con dureza los principios cristianos y a la Iglesia por considerarlos responsables del atraso. Defendió un sistema de gobierno con representación de los burgueses.

"Nunca dejen de tener presente, ni el soberano ni la nación, que la tierra es la única fuente de riqueza y que la agricultura es la que la multiplica".

François Quesnay, Leyes generales del gobierno económico, *1758.*

Juan Jacobo Rousseau sustentó que la sociedad y el Estado son productos de un contrato libre celebrado entre los hombres; por tanto, las leyes y los gobiernos deben responder a la *voluntad popular* expresada en votos. Su obra más importante es el *Contrato Social.*

La Ilustración llega con las Reformas Borbónicas

- Carlos III (1759-1788) aceleró los cambios con sus consejeros ilustrados el Conde de Aranda, Pedro Campomanes y José Gálvez. Se crearon dos nuevos virreinatos: *Nueva Granada* y *Buenos Aires* (que redujo el de Perú), y cuatro capitanías generales: *Venezuela, Chile*, *Cuba* y *Guatemala.* Los capitanes generales eran independientes de los virreyes y con poderes similares a ellos en sus territorios. La reducción territorial de las unidades político-administrativas hizo más efectivo el control centralizador de la Corona.

Aumentó el número de visitadores reales y los *regentes,* funcionarios de nueva creación y con amplios poderes. Al final de su reinado, Carlos III extendió el sistema francés de las *intendencias* a todas sus colonias, excepto Nueva Granada. Los intendentes respondían solamente al monarca y tenían poderes militares, financieros y administrativos, para fijar impuestos, vigilar a los gobernantes y atender la defensa militar.

- Acogiendo las ideas de la fisiocracia, Carlos III y sus ministros fomentaron la agricultura y para conocer científicamente los recursos de cada región, organizaron *Expediciones botánicas* en Nueva Granada, México, Perú, Chile, Guatemala y Río de la Plata. Para el fomento agrícola e industrial, se crearon las *Sociedades Económicas de Amigos del País* en cada colonia, al igual que en España. El desarrollo económico hizo progresar colonias descuidadas hasta entonces, como Venezuela, Río de la Plata, Puerto Rico y Cuba.

- El antiguo monopolio se rompió con medidas de *libre comercio* entre varios puertos de España y de las Antillas, para debilitar el contrabando, y posteriormente con el *Reglamento y Aranceles Reales para el Comercio Libre entre España y las Indias,* (1778) que autorizó el tráfico entre varios puertos de la península y casi todos los del imperio colonial. La Casa de Contratación decayó hasta su disolución en 1790. El *comercio de esclavos* se intensificó para las plantaciones.

- Influenciados por el anticlericalismo de la Ilustración, Carlos III y sus ministros *controlaron a las comunidades religiosas,* aumentaron los subsidios o contribuciones de las propiedades eclesiásticas y parroquias a la Corona y, finalmente, *expulsaron a los jesuitas* de sus dominios coloniales y de España (1767) y confiscaron sus extensas propiedades. La drástica medida privó a España de una institución sólida que unía a criollos e indios con la metrópoli, mediante sus colegios y sus misiones.

Las guerras condicionan las reformas

Por los *Pactos de Familia* entre los Borbones de ambos reinos, España fue aliada de Francia contra Inglaterra. Estas guerras forzaron algunas reformas y perjudicaron otras. Por ejemplo, el sistema de flotas se suprimió después de la toma de *Portobelo,* en Panamá, por los ingleses y el fracasado ataque de ellos a *Cartagena de Indias* (1741). Bajo Carlos III,

El comercio triangular.

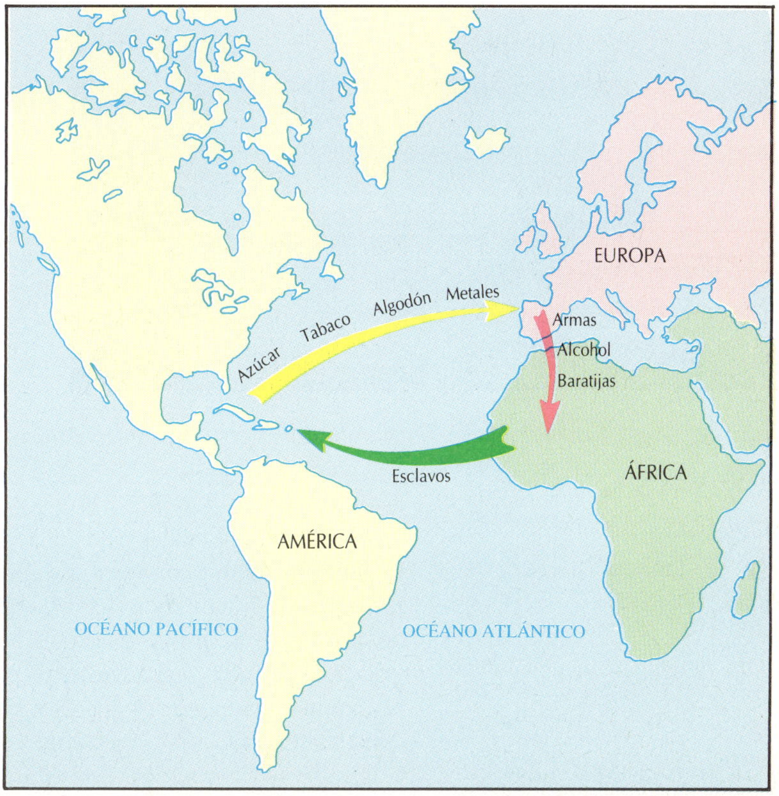

otro Pacto de Familia hizo participar a España en la *Guerra de los Siete Años*, con la desastrosa pérdida del puerto de *La Habana* y el de *Manila* en las Filipinas (1762). Para recuperarlos, España tuvo que entregar la Florida a Inglaterra.

Sin embargo, la prosperidad de La Habana durante el año que permaneció bajo dominio inglés y el informe del *visitador Alejandro O' Reilly* sobre las causas de la caída de la ciudad, decidieron las grandes reformas mencionadas sobre la libertad de comercio, nuevos virreinatos y capitanías en Suramérica y el establecimiento de los intendentes, comenzando por Cuba. Como bien sabes, el informe de O'Reilly al rey fue decisivo para el desarrollo de Puerto Rico. Desde estas reformas aumentó enormemente la entrada de negros esclavos en las colonias españolas.

José Antonio Galán, líder del movimiento comunero ocurrido en la Nueva Granada en 1781.

Aunque España recuperó Florida en la Guerra de Independencia de los Estados Unidos, que estudiaste en el capítulo anterior, los gastos y deudas de ésta y las guerras anteriores la obligaron a restablecer impuestos y derechos de aduanas que había suprimido, a aumentar otros gravámenes y a fijar más estancos.

La élite criolla ante las reformas y la Ilustración

Las reformas borbónicas desarrollaron la cultura intelectual y modernizaron la educación. Felipe V había introducido el periodismo en América española y la prensa circuló por vez primera en México (1722), después en Guatemala, Lima, La Habana y Santafé de Bogotá. Estas publicaciones y algunas universidades *dieron a conocer los avances de la física, las matemáticas, la astronomía, la geografía y las ciencias naturales.* A estas últimas contribuyeron los estudios de las citadas Expediciones Botánicas, las exploraciones del Amazonas y la expedición francesa que midió un arco de meridiano en Ecuador. A fines del siglo XVIII, México tenía Facultad de Medicina y Santafé de Bogotá un observatorio astronómico.

Estos progresos beneficiaron a los criollos, ricos, que estudiaban en las universidades coloniales o en Europa y conocieron las ideas de la Ilustración. La superior cultura *contribuyó a afianzar la posición social y económica de una élite criolla,* cuya condición de blancos se demostraba en los expedientes de «*pureza de sangre*» y los asimilaba a los españoles frente a las complejas y diversas capas socio-raciales de la población. Pero el reformismo borbónico la mantuvo marginada de los altos cargos, no la benefició con las libertades comerciales, pues los comerciantes españoles controlaron los intercambios, y agudizó su descontento con el autoritarismo y los impuestos.

Rebeldías populares contra las Reformas Borbónicas

El centralismo de la Corona y las medidas sobre estanco e impuestos desataron varias sublevaciones de criollos, mestizos y mulatos a lo largo del siglo, pero *sin influencias de la Ilustración*: los vegueros de Cuba, los comuneros del Paraguay, los cabildos de Caracas y Corrientes, y el gran movimiento comunero de Nueva Granada (1781). Hubo sublevaciones indígenas, sin relación con las otras, y contra los abusos de corregidores y la explotación de los indios. Masiva y estremecedora fue la de Tupac Amaru (1781) en Perú y Bolivia. Aunque fue aplastada cruelmente, la Corona abolió los cargos de corregidor, los obrajes y, prácticamente, la mita. ◆

GLOSARIO

Élite: palabra francesa que significa minoría selecta; es considerada por su prestigio social, el grupo con más preparación para dirigir la vida política y social, y determinar sus gustos; el nombre se aplica también a las minorías selectas dentro de una profesión o una asociación.

Estanco: derechos exclusivos de la Corona española a comprar determinados productos y fijarles el precio que estimara adecuado.

¿Para qué la Historia?

El estudio del siglo XVIII te permite deducir un cuadro colonial muy diferente al de los siglos anteriores; sin piratas ni filibusteros, debido al acuerdo de las potencias, pero con mayor población africana traída como esclavos, sociedades más estratificadas y en la cúspide los criollos ricos de las ciudades con propiedades en el campo e intereses comerciales, mayor cultura intelectual y ambiciones de igualarse políticamente a los peninsulares. El gobierno fue progresista al modernizar la administración y la economía; pero a la vez fue más autoritario, segregacionista con los nacidos en América y refinado en la imposición de gravámenes.

Actividades

Trabajo individual

Ingéniate una tirilla en la cual muestres algunos filósofos de la Ilustración, criticando y rechazando elementos de la mentalidad reinante a nivel político, económico, social y religioso y, a la vez, dando a conocer sus nuevas ideas.

Trabajo individual

Amplía tu información, en la biblioteca y elabora, en tu libreta, un cuadro de las reformas de los reyes Borbones, particularmente de Carlos III. En una columna los cambios, en otra, los objetivos de cada reforma y en una tercera, los resultados.

Trabajo grupal

Prepárate para un debate entre el sistema de gobierno de la dinastía Habsburgo y el sistema impuesto por los Borbones en cuanto a organización política, medidas económicas, religiosas y educativas. Las conclusiones deberán apoyarse en hechos y argumentos consistentes, y se grabarán o publicarán en el tablón de edictos.

Trabajo individual

Contesta, en tu libreta, lo siguiente:

- ¿A qué se llamó Ilustración?
- ¿Consideras que los fundamentos de la Ilustración se oponían a los valores cristianos? ¿Por qué?
- ¿Cuáles fueron los principales puntos que defendió este movimiento? ¿Crees que tienen vigencia actualmente? ¿Por qué?
- ¿Adviertes alguna relación entre lo tratado en este capítulo y la independencia de los Estados Unidos? Sustenta tu respuesta con argumentos.

Trabajo individual

Con la guía de tu maestro, amplía la información sobre los movimientos de Túpac Amaru en Perú o de los Comuneros del Socorro en Nueva Granada. Elabora un ensayo de dos cuartillas, sobre las características de estos movimientos y su relación con la Ilustración.

Las primeras experiencias de emancipación

CAPÍTULO

13

SÍNTESIS

Se prepara la crisis del régimen colonial

Los movimientos de rebeldía contra los abusos de las autoridades coloniales y muchas de las reformas borbónicas, que mencionamos en el capítulo anterior, tuvieron por protagonistas a criollos y mestizos, en unos casos, e indígenas en otros. Las expresiones comunes de *"Viva el Rey y muera el mal gobierno"*, los hechos y la falta de planes definidos contra el sistema colonial, demuestran que no tenían propósito de independizarse de España. *No fueron movimientos de Independencia*, aunque sí contribuyeron a la crisis del régimen colonial.

La Revolución Francesa estremece a Europa y América

Los filósofos de la Ilustración querían cambiar racional y moderadamente los sistemas imperantes en Europa, pero sus ideas se volvieron agitadoras en Francia cuando la caída de las exportaciones, el despilfarro de la corte palaciega, la deuda del Estado y las malas cosechas provocaron una aguda crisis económica, social y política. A la influencia del pensamiento ilustrado se agregó la independencia de los Estados Unidos, porque los soldados franceses que habían peleado allí, divulgaron los principios de libertad y de gobierno representativo de la naciente república americana.

La Ilustración y las acciones de la Revolución Francesa influyeron, pero no causaron la independencia. La invasión francesa a España, la prisión del rey, la creación de juntas de gobierno y la convocatoria a Cortes con menor representación de las colonias, fortalecieron los sentimientos de nacionalismo americano y los deseos de participar en el gobierno y lograr la libertad de comercio con todo el mundo. La creación de juntas criollas, en reemplazo de las autoridades coloniales, fracasó en algunas ciudades, pero en 1810, las élites criollas tomaron el poder en Caracas, Buenos Aires, Santafé de Bogotá y Santiago de Chile, aunque sin independizarse de España. En México se produjo una sublevación popular de indios y mestizos contra españoles y criollos.

La toma de la Bastilla. Grabado de la época, por el revolucionario Jean Louis Prourier. La muchedumbre la asaltó para apoderarse de la pólvora que allí se guardaba.

Primitiva prensa en la que Antonio Nariño imprimió en 1794 su célebre traducción de los " Derechos del Hombre".

"Poder político, orden social: éstas eran las exigencias básicas de los criollos. (…) expresaban una conciencia más profunda, un desarrollado sentido de la identidad, una convicción de que los americanos no eran españoles.(...) Suponer que el pensamiento de la Ilustración hizo revolucionarios a los hispanoamericanos es confundir causa y efecto. Algunos eran ya disidentes; por esa razón buscaban en la nueva filosofía más inspiración para sus ideales y una justificación intelectual para la revolución venidera (...)".

John Lynch, Las revoluciones hispanoamericanas 1808 - 1826, págs. 35, 39 y 40.

La Revolución empezó cuando la nobleza y el clero se negaron a pagar impuestos sobre sus tierras para sacar al país de la bancarrota. El monarca reunió los *Estados Generales*, que como recordarás por tus estudios de la Edad Media, era una asamblea representativa de los tres estamentos sociales: *nobleza*, *clero* y *estado llano* (burgueses, campesinos, trabajadores urbanos). Bajo la presión de los burgueses, que tenían mayoría, y con el apoyo de agitaciones populares, la reunión se convirtió en *Asamblea Constituyente* que abolió el poder absoluto del monarca y los privilegios de la nobleza y el clero, y proclamó la *Declaración de los Derechos del Hombre y del Ciudadano, (1789)*.

Los principios básicos proclamados eran:

- *La libertad e igualdad* de todos los hombres al nacer y el derecho a continuar siéndolo.
- *Los derechos naturales e imprescriptibles del hombre a la libertad, la propiedad, la seguridad y la resistencia a la opresión.*
- *La soberanía reside en el pueblo y los reyes* representan y ejecutan la voluntad popular.

La Asamblea promulgó también la Constitución de 1791 que estableció la monarquía constitucional y la división de poderes: el monarca quedó como poder ejecutivo y los miembros de la asamblea legislativa y los jueces serían elegidos.

La revolución entró en una etapa violenta cuando ejércitos de Austria y Prusia invadieron a Francia para restablecer el absolutismo. Los revolucionarios más radicales de París con el apoyo de sectores bajos del pueblo, destronaron al rey y una Convención, elegida por *sufragio universal*, lo condenó a muerte, proclamó la República y organizó un gobierno dictatorial. Este impuso un *régimen de terror* que llevó a la guillotina a millares de hombres y mujeres, conspiradores o simplemente sospechosos de no simpatizar con la Revolución.

La ejecución del rey provocó una coalición de todas las monarquías de Europa contra Francia revolucionaria (1793). En las guerras sobresalió por sus victorias el general Napoleón Bonaparte, quien finalmente impuso su poder personal y dio fin a la Revolución (1799).

La Revolución Francesa influye en las colonias españolas

Las ideas de la Ilustración y el proceso revolucionario francés, por sí solos, *no generaron los sentimientos de independencia en Hispanoamérica*. Los criollos con inquietudes más avanzadas encontraban en Montesquieu, Rousseau, Condillac, el abate Raynal (que escribió una historia muy crítica sobre la colonización española) y otros autores de la Enciclopedia, el *refuerzo ideológico a sus sentimientos e intereses*. Entre esos criollos estaban, en la Nueva Granada, *Antonio Nariño* y *Fermín Vargas*; en el Río de la Plata, *Manuel Belgrano* y *Mariano Moreno*, quien tradujo y editó el Contrato Social; en Quito, *Eugenio Espejo*. Pero quien llevó sus ideas a la acción armada fue el venezolano *Francisco Miranda*, que había participado en la independencia de los Estados Unidos y en la Revolución Francesa. Con ayuda inglesa preparó una expedición libertadora a su tierra natal.

Antonio Nariño. Precursor de la independencia y difusor del pensamiento ilustrado. Oleo de Ricardo Gómez Campuzano.

El desarrollo de la Revolución y el enfrentamiento de toda Europa, sí influyeron directamente. En la guerra las tropas españolas no tuvieron éxito y para recuperar territorios que perdió tuvo que ceder a Francia en 1795 su más antigua colonia: Santo Domingo (hoy República Dominicana). Desde ese momento, la política cambió y el rey *Carlos IV*, por consejo de su poderoso ministro *Manuel Godoy*, se alió con el gobierno francés, de modo que España quedó enfrentada al resto de Europa que continuaba atacando a Francia.

Como era de esperarse, Inglaterra no perdió la ocasión de agredir las colonias. Recordarás seguramente el rechazo puertorriqueño al grande y último ataque inglés con una flota de

"Establecer, pues, una diferencia en esta parte, entre América y España sería destruir el concepto de provincias independientes, y de partes esenciales y constituyentes de la monarquía; sería suponer un principio de degradación".

Camilo Torres, Memorial de Agravios, *1809.*

sesenta barcos. Pero la isla de Trinidad sí cayó definitivamente. Como podrás ver, las islas del Caribe volvieron a ser escenarios de las guerras y negociaciones europeas.

Estos fracasos y virajes políticos de la monarquía *convencieron a los criollos del debilitamiento de España.*

La pérdida de prestigio de la Corona y el desconcierto, crecieron cuando el ministro Godoy autorizó el paso de las tropas francesas por territorio español hacia Portugal. El infante Fernando se sublevó contra su padre Carlos IV, pero Napoleón Bonaparte invadió a España, llevó prisionera la familia real a Francia e instaló en el trono español a su hermano, José Bonaparte.

La ocupación de España precipita los hechos

Las provincias españolas sublevadas contra los franceses crearon la *Junta Suprema Central,* que asumió en Sevilla el gobierno de España y sus provincias ultramarinas en nombre del rey prisionero *Fernando VII,* y organizó la lucha armada contra los franceses. Las autoridades de las colonias se mantuvieron fieles al rey cautivo y rechazaron a los enviados franceses que pedían reconocer la dominación de Francia.

La Junta Suprema Central convocó a elecciones para reunir las Cortes en 1810 y asegurar la fidelidad americana. Dio representación en ella a las «provincias» americanas, pero en forma mínima (uno por cada virreinato y capitanía general), en contraste con dos representantes por cada provincia de la península. La desigualdad exaltó a dirigentes criollos que ya discutían si debían continuar bajo la autoridad personal de virreyes, capitanes generales y gobernadores, o, por el contrario, reemplazarlas por juntas representativas y similares a la de España. La segunda alternativa daría a las élites la anhelada participación política en la administración española.

La ocupación de España por parte del ejército francés al mando de Napoleón, generó inestabilidad política en las colonias americanas.

El neogranadino Camilo Torres redactó el famoso *Memorial de agravios* que reflejaba la mentalidad y posición política de gran parte de los criollos.

Puedes agregar a esta información lo que ya sabes sobre la actuación en las Cortes del diputado por Puerto Rico *Ramón Power*, quien fue elegido primer vicepresidente. Pocos diputados del resto de América asistieron debido a que la insurrección se desató entre 1809 y 1810.

Miembros de la Junta de Buenos Aires de 1810.

Los primeros movimientos juntistas no tienen éxito

En 1809, los criollos de Chuquisaca, La Paz y Quito, se lanzaron a poner en práctica el establecimiento de juntas de gobierno local. *Chuquisaca*, (hoy Sucre, Bolivia), era sede de una audiencia y una universidad. La élite criolla, el cabildo, los oidores y parte de la población, destituyeron al presidente de la audiencia y crearon la junta que gobernaría en nombre del rey Fernando mientras durase su prisión. Tropas españolas enviadas desde la capital del virreinato pusieron fin a este intento de autonomía y los dirigentes criollos fueron torturados y ejecutados.

En *La Paz*, el cabildo destituyó al gobernador y se constituyó en junta autónoma (16 de julio de 1809), pero pronto los criollos fueron sometidos por las fuerzas del virrey del Perú. En *Quito*, el cabildo, representativo de la aristocracia criolla, proclamó también su junta autónoma de gobierno, bajo la presidencia de *Juan Pío Montúfar, marqués de Selva Alegre*. Una acción militar combinada desde Perú y Nueva Granada desató una lucha civil que, a la larga, ganaron las tropas españolas.

En estos primeros movimientos, *no había propósitos de independencia*; sólo de gobernarse autónomamente, pero fieles al rey de España cautivo. Fue la reacción de las autoridades virreinales y las Audiencias, aferradas al legalismo tradicional y a sus intereses, las que despertaron más la conciencia criolla y aceleraron un proceso que inicialmente no buscaba separarse de la metrópoli.

Los criollos triunfan simultáneamente en las capitales

En Caracas, Buenos Aires, Santafé de Bogotá y Santiago de Chile, los movimientos se favorecieron por las noticias de que toda España estaba ya bajo dominio francés.

Movimiento independentista dirigido por el cura párroco Miguel Hidalgo. Mural de O'Gorman en el Museo Histórico Nacional de México.

Las Américas, señor, no están compuestas de extranjeros a la nación española. Somos hijos, somos descendientes de los que han derramado su sangre por adquirir estos nuevos dominios a la Corona de España... Los naturales conquistados y sujetos hoy al dominio español son muy poco o son nada, en comparación de los hijos de europeos, que hoy pueblan estas ricas posesiones.

Camilo Torres, Memorial de Agravios *(1809), en Antología Histórica, H. Socioeconómica de Colombia. Norma, págs. 44-59.*

- En *Caracas*, existía un clima propicio por la propaganda y la acción de Miranda que, años antes (1806), había intentado invadir la capitanía con una expedición. El 19 de abril de 1810, un cabildo abierto, hábilmente manejado por los patriotas, destituyó al capitán general y creó la junta cuya autoridad se extendió a gran parte del territorio.

- En *Buenos Aires*, las condiciones eran más favorables: ya en 1806, la población se había tenido que defender de una invasión inglesa y ante la fuga del virrey, el cabildo lo reemplazó por el valeroso defensor de la ciudad, Santiago de Liniers. El 25 de mayo de 1810, un nuevo virrey enviado de España tuvo que entregar el mando al cabildo abierto y éste formó una junta, de la cual fue secretario Mariano Moreno.

- En *Santafé de Bogotá*, los criollos aprovecharon la llegada de un comisionado de España, Antonio Villavicencio, prepararon un banquete y premeditadamente pidieron a un comerciante español un florero para adornar la mesa. La negativa del español provocó una riña y un tumulto que terminó en la reunión del cabildo abierto. Así, *«el incidente del florero»* facilitó las cosas y se formó la Junta el 20 de Julio de 1810. Los principales dirigentes fueron *Camilo Torres* y *José Acevedo y Gómez*.

- En *Santiago de Chile*, se produjo igual suceso el 18 de septiembre, con la peculiaridad de que los promotores del cabildo abierto y fundadores de la junta eran los criollos más aristócratas de la colonia. Al igual que en Bogotá, la presidencia fue confiada a la suprema autoridad española depuesta: el capitán general, y también por poco tiempo.

La Independencia había comenzado. Solamente en los virreinatos de Perú y México, y en Guatemala, Cuba y Puerto Rico no hubo movimientos juntistas. Perú era un poderoso bastión español con miles de hombres para impedir cualquier cambio y sofocar los de las colonias vecinas. La capitanía general de Guatemala (Centroamérica) estaba muy presionada por México, el poderoso vecino virreinal. En Cuba y Puerto Rico, el aislamiento insular, la concentración de tropas y los progresos que alcanzaban no permitían una ruptura.

En México estalla una revuelta de mestizos e indios

La poderosa Audiencia y la no menos importante Inquisición embarcaron al vacilante virrey (1808) y controlaron la situación imposibilitando la creación de una junta criolla. Sin embargo, el cura párroco del pueblo de Dolores, *Miguel de Hidalgo*, inició una revolución popular con miles de indios y mestizos mal armados, el 16 de septiembre de 1810, *Grito de Dolores,* con la imagen de la Virgen de Guadalupe como estandarte. Hidalgo combatía, tanto a la metrópoli como a la élite criolla, dándole un carácter social a la lucha. Los hombres de Hidalgo atacaron a los blancos, fueran criollos o españoles, adquiriendo el movimiento un carácter racista. ◆

GLOSARIO

Liberales: partidarios de Constituciones que proclamasen la soberanía de la Nación y que la potestad de hacer las leyes reside en el Congreso; el nombre liberales empezó a usarse alrededor de 1812, cuando los representantes juraron la Constitución de Cádiz.

Patriotas: nombre que se dieron a ellos mismos los criollos y mestizos que lucharon por la independencia; el término surgió con la Ilustración y lo tomaron para sí los revolucionarios franceses.

Realistas: fieles al rey de España y, por tanto, contrarios a la independencia; la mayoría eran españoles, pero había también criollos y mestizos por convicciones o por miedo.

¿Para qué la Historia?

Para que analices la posición asumida por los criollos frente a serias alternativas: ¿Aceptar la dominación francesa? ¿Continuar gobernados por virreyes y gobernadores que representaban a un monarca prisionero? ¿Acaso no eran «provincias» españolas que debían ser gobernadas por Juntas locales representativas, igual que las provincias de España en lucha contra el invasor francés? El proceso ofrece ricas enseñanzas para la vida del ciudadano e incluso para tu vida personal, cuando tienes que tomar decisiones sin ayuda de tus padres y maestros.

Actividades

Trabajo individual

En tu libreta, con el siguiente grupo de palabras escribe un relato que esté relacionado con el tema de estudio. Debes hacerlo en orden cronológico y con claridad de expresión:

Declaración de Derechos del Hombre y del Ciudadano, Carlos IV, sufragio universal, el terror, Chuquisaca, Cortes de Cádiz, marqués de Selva Alegre, invasión napoleónica, metrópoli, Grito de Dolores.

Trabajo grupal

En equipos de trabajo, ilustra con dibujos o recortes, los momentos más importantes entre 1808 y 1812 en España y América. Agrega una ficha explicativa y una conclusión sobre la interrelación de los procesos.

Trabajo individual

En tu libreta, elabora una composición sobre los principios universales que proclamó la Revolución Francesa y tu opinión sobre la situación actual de los mismos.

Trabajo grupal

Prepárate para un debate sobre las causas de la independencia de las colonias españolas. Un grupo argumenta su posición en la presencia de Napoleón y otro en el deseo interno de emancipación.

Trabajo grupal

En pequeños grupos, resuelve lo siguiente:

- ¿Cuáles fueron los cambios políticos y económicos llevados a cabo en Hispanoamérica por los reyes Borbones?
- Se afirma que la Revolución Francesa tuvo repercusiones directas e inmediatas en las Antillas y no en el continente. ¿Cuáles y por qué?
- ¿Qué ideas tenían sobre la libertad, la igualdad y la independencia los dirigentes de los primeros movimientos de emancipación?

Trabajo individual

Ingéniate una tirilla que exprese características del proceso emancipador americano.

CAPÍTULO

14

SÍNTESIS

Las campañas de independencia

Las luchas entre patriotas hacen fracasar las primeras repúblicas

- En *Venezuela*, la Junta de Caracas convocó un congreso en el cual se proclamó la total independencia de España (5 de julio de 1811). Tan drástica medida, la primera en toda Hispanoamérica, se debió a la participación de *Simón Bolívar* y *Francisco Miranda*. Este último había regresado y quedó de jefe del movimiento. Pero los realistas tuvieron a su favor la ayuda de los negros esclavos, mientras un terremoto que destruyó parcialmente a Caracas, fue interpretado por muchos como un castigo de Dios, sembrando la desunión entre los patriotas.

En un confuso episodio, Miranda aceptó un armisticio propuesto por el general español Monteverde, lo que se consideró como traición del viejo precursor y un grupo de patriotas lo entregó a los realistas. El héroe venezolano pasó los últimos años de su vida en prisiones españolas y la primera república de Venezuela desapareció.

"Miranda en la Carraca". Oleo de Arturo Michelena. Museo de Bellas Artes.

Las Juntas dieron paso a otras organizaciones y congresos que proclamaron la independencia en cada colonia sublevada, pero los criollos no estaban de acuerdo con el sistema de gobierno y surgieron conflictos entre federalistas y centralistas. Liberada España de los franceses (1814) y restablecido Fernando VII, llegaron tropas que reconquistaron a Nueva Granada, Venezuela y Chile. Las provincias del Río de la Plata consolidaron su independencia y un ejército comandado por José de San Martín cruzó los Andes e independizó a Chile. Una expedición prosiguió al Perú pero no consiguió la total liberación. Mientras, Simón Bolívar se convirtió en el máximo caudillo de los combatientes venezolanos y granadinos. Después del triunfo, se creó la República de Colombia cuyos ejércitos continuaron la campaña hasta vencer definitivamente a los realistas en Ecuador, Perú y Bolivia. En 1826 toda Suramérica era independiente de España.

Simón Bolívar pasó a Nueva Granada, donde ayudó a la lucha emancipadora de este país y después de proclamar la *guerra a muerte*, regresó victorioso a Caracas (1813) con un ejército colombo-venezolano. La lucha adquirió, entonces, caracteres de salvajismo, cometiéndose atrocidades de parte y parte. Sin embargo, esta segunda república también tuvo corta vida, pues los realistas contaron como aliados a los llaneros. Vencido por segunda vez, Bolívar se refugió en Nueva Granada y de ahí pasó a Jamaica.

Debes observar el mapa para localizar bien los países y ciudades que vamos mencionando y comprender mejor este proceso. Recuerda que la historia necesita de la geografía para una correcta comprensión de los hechos.

- En *Nueva Granada* (hoy Colombia), la Junta de Santafé de Bogotá reunió un congreso de las diversas provincias en el que predominaban los partidarios de un sistema federal. Cartagena fue la primera que proclamó abiertamente su independencia de España (11 de noviembre de 1811), convirtiéndose en una pequeña república separada de las demás. El interior del país se vio envuelto en una guerra civil entre la *Confederación de las Provincias Unidas de la Nueva Granada*, presidida por Camilo Torres, y el *Estado independiente de Cundinamarca*, que bajo la presidencia de Antonio Nariño luchó por imponer el centralismo.

En una campaña contra los realistas de Pasto, Nariño fue hecho prisionero. Más tarde, los españoles comandados por el general Pablo Morillo, sitiaban a Cartagena, que resistió heroicamente hasta caer, y ocupaban también Santafé de Bogotá y las demás ciudades insurrectas. ¿Sabías que los historiadores han denominado *Patria Boba* a este período de la historia colombiana?

- En *Chile, la Patria Vieja* (como se llamó a este período), vivió problemas similares a los de Venezuela y Colombia. Pero allí no hubo antagonismos entre federalistas y centralistas, sino entre aristócratas y radicales, los cuales impidieron consolidar la república. El virrey Abascal del Perú envió tropas que, al principio, fueron derrotadas por *Bernardo O'Higgins*, pero finalmente vencieron los españoles y los dirigentes chilenos huyeron a Argentina.

- En el *Río de la Plata*, la Junta de Buenos Aires mandó tropas al Alto Perú o Bolivia, al Paraguay y al Uruguay, pero fracasaron porque el Alto Perú, donde existía un fuerte sentimiento autonomista desde años atrás, fue sometido duramente por los españoles. Igual sucedió en Uruguay. En el Paraguay, los patriotas argentinos fueron también rechazados y los

Fusilamiento de Antonia Santos, en el Socorro, en compañía de dos esclavos..

paraguayos emprendieron solos su liberación. En el interior del Río de la Plata se produjeron rivalidades entre Buenos Aires, que pretendía un régimen centralista, y las provincias partidarias del federalismo.

A pesar de los reveses anteriores, los patriotas lograron extender su acción a casi todo el actual territorio argentino, que *no cayó más bajo la dominación española*, porque el general *Manuel Belgrano* contuvo a los realistas en el norte y llegó de España el gran prócer que consolidaría la independencia: *José de San Martín.*

En esta etapa, la lucha emancipadora fue de los criollos con algunos mestizos. Los indios y esclavos permanecieron ajenos al proceso por imposibilidad de actuar o, en la mayoría de los casos, por indiferencia y desconfianza hacia la élite criolla. El fracaso de estas primeras emancipaciones se debió a la falta de unión de los dirigentes criollos, las vacilaciones e inexperiencia respecto al sistema de gobierno que debían adoptar y la falta de ayuda externa, que se esperaba de Inglaterra.

La reconquista realista

En 1814 las potencias europeas vencieron a Napoleón y los españoles habían logrado expulsar a los franceses de España. Restablecido Fernando VII en el trono, envió al general *Pablo Morillo* con un poderoso contingente armado (15.000 hombres en total, en 18 navíos de guerra y 42 transportes). Morillo liquidó los reductos de resistencia en Venezuela y sometió a Colombia, imponiendo un *régimen de terror.* Durante dos años hubo ejecuciones en toda la Nueva Granada. Camilo Torres, el sabio Caldas y muchos otros criollos dirigentes fueron fusilados. Entre ellos, una valiente mujer: *Policarpa Salavarrieta.*

Una represión similar, dirigida desde Perú por el virrey Abascal se llevó a cabo en Chile. En 1815, solamente la actual Argentina continuaba en pie de lucha.

La campaña de San Martín independiza a Chile y avanza a Perú

La independencia argentina se consolidó en el *Congreso de Tucumán* (1816). Ante el temor de caer bajo el dominio hispánico otra vez, los patriotas argen-

Escenario de las grandes campañas de la independencia suramericana.

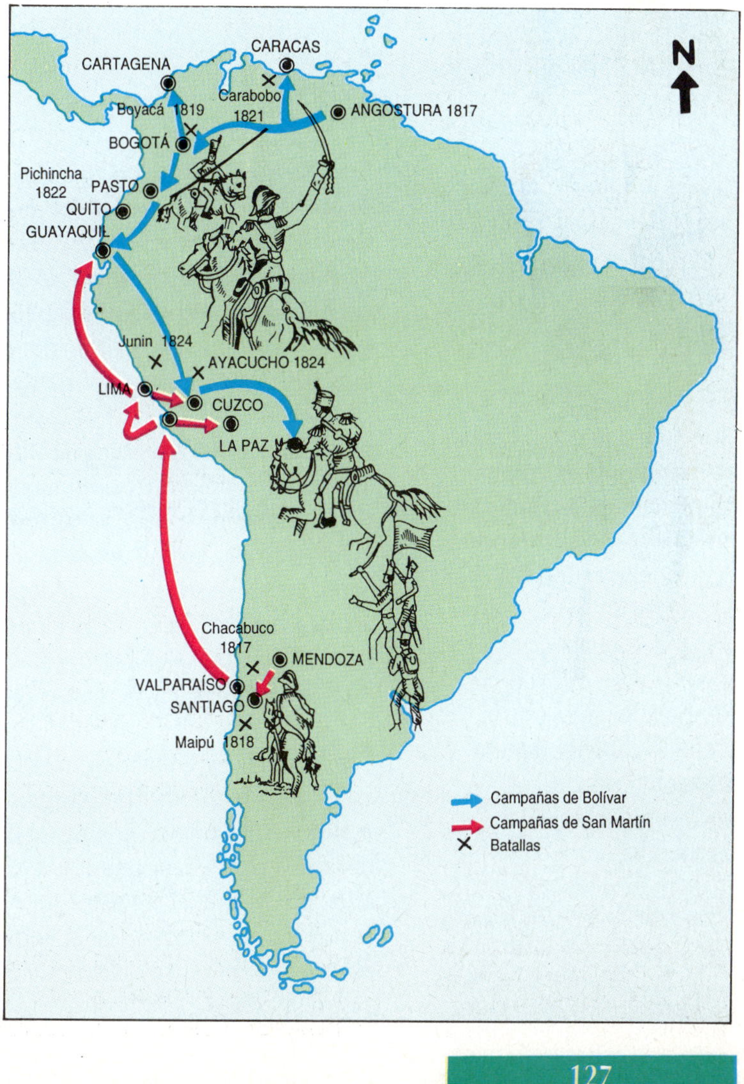

Batalla de Maipú. Encuentro de las tropas de San Martín y de O'Higgins.

"Nos los representantes de las Provincias Unidas en Sud América, unidos en Congreso general, invocando al Eterno que preside el Universo...

Declaramos solemnemente a la faz de la Tierra que, es voluntad unánime e indubitable de estas Provincias romper los violentos vínculos que las ligaban a los Reyes de España, recuperar los derechos de que fueron despojados e investirse del alto carácter de una Nación libre e independiente del Rey Fernando".

Declaración de Independencia de las Provincias Unidas del Río de la Plata, Tucumán (Argentina), 9 de julio de 1816.

tinos se unieron y las provincias enviaron representantes al Congreso. Allí, se proclamó definitivamente la independencia y se organizó el país en república presidida por un directorio. Fue entonces cuando el general San Martín agrupó en la ciudad de Mendoza y con gran precisión el ejército de los Andes, cuyo objetivo era liberar a Chile y el Perú. San Martín había ganado sus grados militares en España, donde había peleado contra los franceses. Fue, sin duda, *el mejor estratega de toda la independencia.*

Al ejército (3000 hombres de infantería, 1200 de caballería y 250 piezas de artillería), se unieron los refugiados chilenos y juntos cruzaron los Andes por un paso situado a más de 4000 m de alto y penetraron en Chile, venciendo a los realistas en las *batallas de Chacabuco (1817)* y *Maipú (1818)*. En Santiago, se proclamó la independencia chilena. Una junta de notables aclamó a San Martín como director supremo, pero con el desinterés y la generosidad que siempre lo caracterizaron, él no aceptó este nombramiento y la Junta designó a Bernardo O'Higgins.

San Martín emprendió entonces la *expedición libertadora del Perú.* Para ello, contó con la ayuda de O'Higgins y del *almirante Cochrane*, un noble y marino expulsado de la armada británica, que participó en varias campañas de la independencia americana. Con unos pocos barcos y otros que arrebató a los españoles, actuando como corsario, la flota de Cochrane trasladó las tropas de San Martín hasta el Perú. El virrey huyó a las montañas y el ejército libertador entró triunfalmente en Lima, proclamando la independencia peruana (1821).

San Martín y Bolívar se encuentran en Guayaquil

La resistencia hispánica continuó en Perú, donde la élite criolla había demostrado menos interés en una independencia total de España. Las vacilaciones de los criollos y el hecho de que ya San Martín no contaba con ayuda de Argentina ni de Chile, impidieron que los realistas fueran derrotados definitivamente. Como por esa época Bolívar había llegado hasta Ecuador en su campaña libertadora, San Martín y Bolívar se reunieron en la célebre *Entrevista de Guayaquil (1822).*

Después de la entrevista, San Martín se retiró, dejando el campo libre a Bolívar y marchó a Europa, donde falleció años más tarde (1850).

¡Dichoso el ciudadano que bajo el escudo de las armas de su mando ha convocado la soberanía nacional, para que ejerza su voluntad absoluta!

Simón Bolívar, Discurso en la instalación del Congreso de Angostura , *15 de febrero de 1819.*

Los ejércitos de Bolívar liberan cinco naciones

- En 1817, los llaneros venezolanos comandados por el enérgico *José Antonio Páez* reiniciaron la lucha, pero esta vez contra los realistas, al tiempo que Bolívar, procedente de Jamaica, desembarcaba en la costa con refuerzos ingleses. Al cabo de un año, el valle del Orinoco había sido liberado con la participación de miles de ingleses e irlandeses reclutados con su fortuna personal. Por iniciativa de Bolívar, se reunió el *Congreso de Angostura* (febrero de 1819), que reconoció unánimemente a Bolívar como presidente de la futura república de *Colombia* y vicepresidente al granadino Francisco Antonio Zea.

- Desde Venezuela, el Libertador confió al granadino *Francisco de Paula Santander* la dirección de los grupos que actuaban en los Llanos de Casanare (desde la Patria Boba, Santander se había destacado por sus acciones de guerra). Luego, Bolívar inició la invasión de la Nueva Granada, atravesando los Llanos y realizando la penosa y heroica ascensión de los Andes Orientales. De esta manera, apareció sorpresivamente en la Nueva Granada, cuando los realistas lo creían todavía en Venezuela. En 1819, las tropas españolas del general Barreiro se retiraban después de la derrota sufrida en la *Batalla del Pantano de Vargas* y, el 7 de agosto de 1819, en la *Batalla de Boyacá*, quedó asegurada la independencia de la actual Colombia.

Batalla de El Puente de Boyacá. Rendición de Sámano ante los ejércitos patriotas.

De regreso a Venezuela, el ejército de Bolívar obtuvo brillante victoria

GLOSARIO

Coyuntura: período histórico de duración corta, caracterizado por cambios profundos en la estructura de una sociedad.

Reconquista realista: expresión que designa la recuperación de territorios coloniales por las tropas enviadas de España al mando de Morillo.

Pacificación: nombre que daba la Corona al restablecimiento del gobierno y las leyes coloniales en las regiones alzadas en armas contra España.

en la *Batalla de Carabobo* (1821), que consolidó la independencia venezolana. El *Congreso de Angostura* recibió solemnemente al Libertador (diciembre de 1819) e inició la organización de los territorios recién liberados que completó más tarde el Congreso de Cúcuta (1821): las actuales Venezuela, Colombia y Ecuador conformaron la república unitaria denominada *Colombia*, con capital en Bogotá. (El Congreso suprimió la denominación colonial de Santafé). Los historiadores denominan *Gran Colombia* a este primer estado para diferenciarlo de la Colombia actual.

Bolívar fue elegido presidente y continuó su campaña libertadora, por lo que el vicepresidente Santander asumió las funciones ejecutivas y comenzó a organizar el nuevo Estado.

- La *independencia de Ecuador* (llamada Quito hasta entonces) se había imposibilitado por las acciones militares del virrey Abascal del Perú, pero en octubre de 1820, el importante puerto de Guayaquil se separó de España. Con este ambiente propicio y la ayuda de los granaderos argentinos enviados por San Martín, se debilitaron las tropas realistas. La liberación total del país se logró en la *Batalla de Pichincha* (1822), ganada por el venezolano *Antonio José de Sucre*, lugarteniente de Bolívar.

- Los victoriosos ejércitos de la Gran Colombia prosiguieron hacia Perú y Bolivia, una vez que San Martín se hubo retirado. La resistencia española del virreinato peruano y la hostilidad de la poderosa aristocracia de Lima cedieron al fin cuando Bolívar ganó la *Batalla de Junín* y Sucre triunfó en la *Batalla de Ayacucho* (9 de diciembre de 1824). En 1825, Sucre eliminó los reductos españoles del Alto Perú, que se convirtió en una república independiente, tanto de Perú como de Argentina, *con el nombre de Bolivia* en homenaje al Libertador. La última posesión española en Suramérica, el puerto peruano de Callao, se rindió en enero de 1826. ◆

¿Para qué la Historia?

En este capítulo hemos abordado la segunda gran coyuntura histórica de América: en menos de veinte años se derrumbó el imperio colonial español que duró trescientos años. Este rápido desplome de los imperios coloniales invita a la reflexión. Frecuentemente las potencias y los regímenes que no respetan la libertad humana ocultan sus debilidades detrás de un aparato represivo. El estudio de las campañas emancipadoras de Hispanoamérica te proporciona elementos suficientes para asumir una actitud crítica y opinar sobre los patriotas de aquella época. Especialmente sobre el Libertador Simón Bolívar como la gran figura de América Latina.

Actividades

Trabajo individual

En tu libreta, elabora un cuadro comparativo de los períodos llamados Patria Boba, en Colombia, Patria Vieja, en Chile, y Primeras repúblicas de Venezuela. Concluye semejanzas y diferencias, ¿por qué fracasaron y como fueron pacificadas?

Trabajo individual

En la biblioteca, amplía la información y elabora un ensayo, de dos cuartillas en el que compares a Simón Bolívar y a José de San Martín, en su pensamiento político, éxitos militares y visión futura.

Trabajo grupal

Organizados en grupos de cuatro estudiantes elaboran una cartelera alusiva a la presencia de la mujer en el proceso de independencia latinoamericano. Destacar quiénes sobresalieron, dónde y cuál fue su principal tarea.

Trabajo grupal

Teniendo presente lo estudiado en el capítulo 11, prepara en equipo una exposición sobre las semejanzas y diferencias entre los procesos independentistas de los Estados Unidos y de los países bolivarianos, respecto a las causas inmediatas, las ideologías, los dirigentes y los soldados, y la actuación de las respectivas metrópolis.

Trabajo individual

Consulta en la biblioteca, con la guía de tu maestra o maestro, sobre la participación de los esclavos y los indios en las campañas de independencia y qué actitud asumieron los patriotas hacia ellos. Redacta un breve informe al respecto.

Trabajo grupal

Dibuja, en equipo, un mapa mural de América Latina. Traza el relieve y los ríos. Después, en color rojo señala las rutas de Bolívar y en negro la de San Martín. Debes exponerlo en la clase, dando una breve explicación de las condiciones geográficas de las regiones y las características de las campañas.

TALLER

6

Elaboración de mapas históricos

Dentro del estudio de los hechos y procesos históricos, se hace necesaria la ubicación precisa del escenario en el cual tienen lugar los sucesos. Una primera localización se puede hacer mediante los atlas y mapas geográficos; pero para comprender la dinámica de los hechos, es de gran importancia el mapa histórico. Este se diferencia del mapa geográfico por su elaboración y especialmente por la información que contiene. El mapa histórico está conformado esencialmente por el croquis del continente, país o provincia donde se presenta el suceso estudiado, pero sin información geomorfológica ni coordenadas geográficas, y una información temático-cronológica; es decir, presenta una dinámica, un desarrollo de los hechos.

Como los atlas históricos son relativamente escasos, es importante que tú puedas elaborar tus propios mapas, para lo cual debes seguir estos pasos:

Espacios geográficos de los principales acontecimientos hacia 1810.

Ejemplo de mapa histórico.

Contruye un mapa del descubrimiento y conquista del Caribe insular; en él, debes incluir: áreas conquistadas, ciudades importantes, etapas y personajes que intervinieron.

Revisa tu trabajo, evalúalo con la mayor objetividad y revisa si cumple los siguientes parámetros:

- El croquis corresponde a la región pedida.
- Las islas conquistadas y ciudades fundadas están correctamente localizados.
- Las convenciones elegidas son claras y no producen confusión de la información.
- Las fechas usadas son precisas y contribuyen a la comprensión del tema.
- Los colores se aplicaron con un criterio informativo, más que estético, es decir, permiten comprender la evolución del proceso estudiado.
- Posee explicaciones complementarias que amplían la información de los hechos.
- Su presentación es limpia y clara.

Construye un mapa histórico sobre un tema que indique tu maestro.

El proceso de independencia en los demás países americanos

CAPÍTULO

15

SÍNTESIS

La independencia mexicana se produjo cuando el movimiento popular decayó y pactaron el jefe patriota y el criollo que dirigía las tropas realistas. Se proclamó un imperio favorable a la élite, los militares criollos, la Iglesia y a los españoles de México. Esta monarquía imperial duró un año y los militares proclamaron la república federal. En la capitanía general de Guatemala, los criollos crearon una Junta y se formó la República de las Provincias Unidas de Centroamérica. En la colonia francesa de Haití los esclavos se sublevaron contra sus amos, un militar impuso el orden pero reclamó independencia y poder personal. Napoleón envió un ejército que finalmente fue diezmado y el país se liberó. Uruguay y Paraguay lucharon por ser independientes de España y del Río de la Plata. Brasil se independizó sin derramar sangre: el propio príncipe portugués y los criollos crearon el Imperio.

México se independiza por pacto entre criollos y realistas

El movimiento popular comenzado por el sacerdote Miguel Hidalgo al grito de "Abajo los gachupines", fracasó al año. Hidalgo no pudo disciplinar a sus huestes de indios, mestizos y mulatos, ni impedir sus vengativas matanzas. Vencieron las tropas del virrey e Hidalgo fue fusilado. Otro caudillo reanudó la lucha en el sur: *José María Morelos*, también sacerdote y con un programa político definido, hombres más disciplinados y el apoyo de algunos abogados de estratos medios y pequeños propietarios. Morelos reunió un congreso que proclamó la independencia (1813) y él continuó sus campañas hasta que cayó prisionero y fue ejecutado (1815). El movimiento se redujo a unas guerrillas.

Encuentro de Iturbide y Vicente Guerrero, para convenir la aceptación del plan de independencia.

Palacio de Iturbide.

Los criollos permanecían fieles a España, pues la lucha de Hidalgo y Morelos era también contra ellos. Junto a las tropas realistas combatían las milicias criollas. Pero la situación cambió cuando una sublevación de *liberales* en España obligó a Fernando VII a restablecer la Constitución de 1812 y las nuevas Cortes dictaron medidas que perjudicaban a la Iglesia (supresión de comunidades religiosas y del *fuero eclesiástico*) y a los criollos de las milicias porque les abolieron el fuero militar. ¿Recuerdas que estas milicias criollas se debieron a las reformas de los monarcas Borbones?

Los descontentos encontraron su líder en el rico terrateniente criollo *Agustín de Iturbide*, jefe del ejército realista que combatía a Vicente Guerrero, jefe de lo que quedaba del movimiento popular. En 1821, Iturbide con el apoyo de sus soldados proclamó el *Plan de Iguala* que ofrecía *tres garantías*: 1) La independencia de México con un gobierno imperial, bien de Fernando VII o uno de sus herederos, bien de otro príncipe. 2) La fe católica como religión del Estado y la Iglesia conservaría sus prerrogativas. 3) La unión de peninsulares, criollos e indios. Los indios libres del tributo y las castas de la desigualdad de oportunidades.

"Hispanoamérica ya es independiente; pronto será inglesa".

John Canning ,ministro inglés, 1824.

El Plan de Iguala, así llamado por el pueblo donde Iturbide lo publicó y pactó con Guerrero, satisfizo a la élite criolla, el clero, los españoles (que conservarían sus cargos), los insurgentes y *especialmente al ejército* realista y criollo que controló desde entonces la situación. El gobernante español terminó aceptando y las últimas fuerzas enviadas de la metrópoli se marcharon del país. Un congreso representativo de los sectores sociales firmó la independencia del "Imperio Mexicano" y como las Cortes españolas no aceptaron el Plan, Iturbide fue proclamado y coronado emperador (1822).

El Imperio no duró ni un año: el autoritario emperador criollo chocó con el congreso, perdió apoyo del ejército y tuvo que abdicar y salir de México. Después regresó y fue fusilado (1824). Una asamblea constituyente dio a

México la estructura de república federal y fue elegido presidente el general *Guadalupe Victoria*, uno de los antiguos insurgentes.

Centroamérica se constituye en república federal

La Capitanía general de Guatemala, como ya sabes, abarcaba los territorios de las actuales Guatemala, Honduras, El Salvador, Nicaragua y Costa Rica. La Capitanía había permanecido en relativa calma, mientras las demás colonias se sublevaban, aunque el movimiento mexicano se hizo sentir. Así, las sucesivas caídas de Hidalgo y Morelos, hicieron fracasar algunas revueltas populares de Guatemala, León y San Salvador. Por su parte, algunos criollos querían la emancipación, entre los principales el sacerdote salvadoreño *José Matías Delgado.*

Cuando en México se aceptó el Plan de Iguala, peninsulares y criollos centroamericanos comprendieron que la débil colonia no podía mantenerse fiel a España, cuyas Cortes liberales perjudicaban al clero y los criollos y no podrían detener un movimiento popular como el que vivió México. El propio capitán general Gabino Gainza presidió la Junta que proclamó la independencia de España (15 de septiembre de 1821). Pero la mayoría de los ayuntamientos pidieron la anexión al Imperio de Iturbide (enero de 1822) y éste la impuso con sus tropas a pesar de la valiente resistencia de los salvadoreños.

Los anexionistas buscaban seguridad económica porque con la independencia de México se acabó el *situado mexicano.* Tú recuerdas bien cuan necesario era éste para la economía de Puerto Rico; igual lo era para Guatemala.

"Americanos: (...) tened la bondad de oírme (...) Trescientos años hace la América Septentrional de estar bajo la tutela de la nación más católica y piadosa, heroica y magnánima. La España la educó y engrandeció, formando esas ciudades opulentas, esos pueblos hermosos, esas provincias y reinos dilatados (...)
Esta misma voz que resonó en el pueblo de los Dolores, (...) fijó también la opinión pública de que la unión general entre europeos y americanos, indios e indígenas, es la única base sólida en que puede descansar nuestra común felicidad (...).

"El Plan de Iguala" En M.V. López-Cordón y J.U. Martínez Carreras, Análisis y comentarios de textos históricos II, *págs. 235 y 236.*

Firma del Acta de independencia de las Provincias Unidas de Centroamérica.

Al caer Iturbide, una Asamblea Constituyente declaró que las cinco provincias de Centroamérica "quedaban libres e independientes de España, de México y de toda otra potencia del Antiguo como del Nuevo Continente..." (1823). La nueva república se denominó *Provincias Unidas del Centro de América* e imitó la organización federal de los Estados Unidos. Su primer presidente fue el caudillo salvadoreño *Manuel José de Arce*. La unidad duró poco; en 1838 la Confederación se disolvió y cada república inició su vida independiente.

El grito de Ipiranga marcó la emancipación de Brasil.

¿Y Panamá? Si repasas los capítulos 8 y 12, especialmente sus mapas, recordarás que Panamá pertenecía al virreinato de Nueva Granada. Fue un bastión de los españoles contra los ejércitos de Bolívar y cuando éste triunfó, los criollos panameños pudieron independizarse de España (28 de noviembre de 1821) y anexar la provincia a la Gran Colombia.

Brasil se independiza sin violencia y forma un imperio

El proceso de independencia de Brasil fue único en América, aunque la causa inmediata fue la misma de Hispanoamérica. Cuando Napoleón invadió a España ya había ocupado a Portugal, pero la familia real pudo trasladarse a Brasil, con la corte y los funcionarios, protegida por la flota inglesa (1808). Esto benefició extraordinariamente a la colonia, porque el rey *Juan VI* impulsó la cultura intelectual y la economía y elevó a *Brasil a la categoría de reino, igualado a Portugal*. Cuando Juan VI regresó a Portugal (1821) dejó regente de Brasil a su hijo *Pedro*.

Al año siguiente, las Cortes de Portugal revocaron las concesiones hechas a Brasil y ordenaron el regreso del regente. El hecho indignó a los criollos y al joven príncipe, que desobedeció las órdenes recibidas y proclamó la independencia de Brasil a orillas del río Ipiranga (provincia de Sao Paulo), acontecimiento recordado como *Grito de Ipiranga* (7 de septiembre de 1822). Una asamblea constituyente apoyó la causa y Pedro I fue coronado emperador de Brasil. La actuación de *José Bonifacio de Andrada*, fue decisiva porque este rico criollo intelectual concilió a los republicanos con la monarquía.

Te preguntarás ¿no hubo oposición armada de los portugueses? En algunas provincias del norte hubo resistencia de los fieles a Portugal, pero las guarniciones se rindieron cuando la flota del aventurero inglés Cochrane, ahora al servicio de Brasil, bloqueó los puertos y dispersó la flota portuguesa. Por gestiones diplomáticas de Inglaterra (1825), Portugal reconoció la independencia, a cambio de una indemnización de dos millones de libras esterlinas. El tránsito, casi pacífico, de colonia a imperio independiente no cambió radicalmente las instituciones y no dejó odios ni resentimientos entre portugueses y brasileños.

Paraguay se independiza y aísla

Recuerda que ante el fracaso de las fuerzas patriotas enviadas desde Buenos Aires, contra los españoles, en su ataque a Asunción, los criollos paraguayos destituyeron al gobernador y reunidos en congreso proclamaron la independencia de la provincia de Paraguay (1811), *tanto de España como de las Provincias Unidas del Río de la Plata.* El abogado *Gaspar Rodríguez de Francia*, figura principal del movimiento, apoyándose en campesinos y pequeños terratenientes, marginó a la élite, gobernó dictatorialmente 27 años y aisló al país del resto del mundo. Así impidió que Paraguay cayera nuevamente bajo el dominio español o del Río de la Plata.

Uruguay se independiza de Argentina y Brasil

Esta provincia del virreinato del Río de la Plata se llamaba *Banda Oriental* (por su situación al este del río Uruguay) y recordarás que había sido motivo de guerras entre españoles y portugueses durante el período colonial; pues también lo fue entre argentinos y brasileños durante la coyuntura independentista. El gaucho *José Artigas* y sus hombres, junto con los patriotas de Buenos Aires, arrojaron a los españoles del país. Y después a los argentinos, porque no querían que Uruguay se integrara a las Provincias Unidas del Río de la Plata.

"No nos hemos inmiscuido, ni lo haremos, en las colonias o dependencias que ya poseen algunas naciones europeas. Pero tratándose de los gobiernos que han declarado y mantenido su independencia y la cual hemos reconocido al considerar lo justo de sus principios, no podríamos contemplar la intervención de ninguna potencia europea que tendiera a oprimirlos, o a controlar de cualquier otro modo su destino, sino como una demostración de sentimientos poco amistosos hacia los Estados Unidos"

Fragmento del "Mensaje del presidente James Monroe al Congreso, 2 de diciembre de 1823". En Richard B. Morris, Historia de los Estados Unidos de América, México, Limusa, 1986, págs. 160 y 161.

Coronación de Pedro I. Consagrado emperador de Brasil en 1822.

Esta situación fue aprovechada por los portugueses (cuando aún dominaban en Brasil) para invadir y *anexar Uruguay a Brasil* (1816). Artigas se exilió en Paraguay. Años más tarde, los uruguayos, liderados por *Juan Antonio Lavalleja*, reanudaron la lucha libertadora, lo que desató una guerra entre Argentina y Brasil. Finalmente, ambos países acordaron la paz y reconocieron la independencia de la *República Oriental del Uruguay* (1828). El acuerdo fue facilitado por Inglaterra que tenía gran interés comercial en la región.

Haití: primera independencia en Latinoamérica. Entre revolución y masacres raciales.

Recuerda que desde que España cedió el occidente de la isla a Francia (1697) había dos colonias con el nombre Santo Domingo, la española al oriente y la francesa al occidente. Esta última muy próspera por las plantaciones con medio millón de esclavos. La Revolución Francesa decretó *el derecho al voto de las personas de color nacidas de padres libres*, pero los blancos no cumplieron la ley y mantuvieron a esas personas marginadas de la Asamblea Nacional que, a imitación de Francia, habían establecido en la isla. Una expedición de mulatos que exigían la representación fue derrotada y sus jefes asesinados, originando reacciones en el sur y oeste de los libres de color.

En agosto de 1791 se produjo una gran sublevación de esclavos que quemaron todos los cañaverales del norte y mataron a muchos blancos, mientras en el sur y oeste las luchas eran entre blancos y mulatos. El gobierno francés envió funcionarios y ejército para establecer la igualdad y la libertad en la colonia, y para ello se aliaron a los esclavos sublevados. Los colonos fueron vencidos, masacrados y los sobrevivientes huyeron a Estados Unidos, Puerto

Batalla de Sarandi, ganada por el patriota uruguayo Juan Antonio de Lavalleja a los brasileños en 1825.

Rico y Cuba (1793). La situación se agravó porque la guerra de Europa contra Francia revolucionaria llevó a ingleses y españoles a invadir el Santo Domingo francés. Pero fracasaron: España perdió su colonia dominicana, de modo que *toda la isla quedó en poder de Francia* y los ingleses diezmados por la fiebre amarilla fueron vencidos. El dirigente de las milicias negras triunfadoras era *Francois Dominique Toussaint*, un negro liberto que se agregó el apodo de *L'Ouverture* ("el que abre") e impuso violentamente su poder sobre los mulatos y negros aún sublevados y dio garantías a los colonos que permanecían en la isla. Reconocido como jefe militar de la isla por el gobierno francés, Toussaint L'Ouverture hizo aprobar una constitución (elaborada por sus tres consejeros europeos) que si bien proclamaba a la isla como parte del Estado francés (8 de julio de 1801) declaraba que se regiría por leyes particulares y a Toussaint gobernador vitalicio.

En esa época ya Napoleón dominaba en Francia y mandó un fuerte ejército al mando de su cuñado el general *Leclerc* que sometió a L'Ouverture y lo envió prisionero a Francia, donde murió a los dos años (1803).

Líderes patriotas con ayuda de Inglaterra y la fiebre amarilla que, en esta oportunidad, diezmaba a los franceses lograron proclamar la independencia (1 de enero de 1804) y dieron a su nación el *nombre indígena de Haití* (tierra de montañas en lengua taína). Su primer presidente *Juan Jacobo Dessalines*, ordenó una matanza general de blancos franceses e imitando a Napoleón se proclamó emperador.

Los republicanos se impusieron en el sur donde predominaba la población mulata, con el presidente *Alejandro Petión,* mulato de gran cultura intelectual e ideas liberales que se había educado en Francia. Petión ayudó a Bolívar

Toussaint L' Ouverture. Libertador de Haití.

GLOSARIO

Fuero: privilegio o exención; el fuero eclesiástico eximía de impuestos al clero y sus miembros eran juzgados por tribunales eclesiásticos; el fuero militar, vigente en gran parte hoy, establece procedimientos y tribunales diferentes para los delitos cometidos por los oficiales y soldados.

Gachupines: nombre despectivo que daban a los españoles en México. En Suramérica se les llamaba *chapetones* a los españoles recién llegados y desconocedores de las costumbres americanas; aún se usa el apodo en algunos países hispanoamericanos.

Liberales: opuestos al absolutismo de los reyes y partidarios de establecer Constituciones que proclamasen la soberanía de la Nación y que el Congreso o Parlamento es el que tiene su representación y, por tanto, la facultad de dictar las leyes. Este término político apareció por primera vez en España, poco antes de la reunión de las Cortes en Cádiz.

con armas, dinero y barcos para la independencia suramericana. En 1820 Haití se reunificó bajo la presidencia de *Juan Pedro Boyer*, también mulato, de ideas liberales y gran cultura intelectual por su educación en Francia.

La independencia haitiana impactó en toda Hispanoamérica y Brasil, haciendo que los criollos temieran sublevaciones similares; por ello los movimientos de independencia no abolieron la esclavitud.

El *Santo Domingo español* (actual República Dominicana) expulsó a los franceses y volvió a quedar bajo la soberanía de España hasta 1821, en que grupos criollos proclamaron la independencia y pidieron la integración a la Gran Colombia. No fue posible. Las fuerzas militares de Haití ocuparon y anexaron el territorio dominicano. ◆

¿Para qué la Historia?

Este capítulo te permite comprender y analizar el por qué Cuba y Puerto Rico fueron las únicas colonias que conservó España hasta el final del siglo XIX. Los interrogantes siguientes, servirán de guía para que logres ubicar el papel que desempeñaron, dichas islas, en el contexto histórico americano: ¿Qué beneficios recibieron con el derrumbe de la economía haitiana? ¿Cómo influyó sobre ellas la inmigración de colonos que huían de Haití? ¿Por qué había concentración de tropas realistas y cómo éstas desalentaban cualquier proyecto emancipador?

Actividades

Trabajo grupal

En equipo, elabora un periódico mural sobre los aspectos característicos de las etapas de la independencia de México. Destacar la importancia que tuvo en ella el restablecimiento de la Constitución liberal en España y las semejanzas que encuentres entre el proceso mejicano y el de otras naciones americanas.

Trabajo individual

Responde, en tu libreta:

¿Por qué el movimiento de Hidalgo y Morelos, en México, no tuvo el apoyo de los criollos?

¿Por qué Puerto Rico y Cuba no se independizaron en aquella época?

¿Cuál fue la característica particular de la independen-cia centroamericana y por qué?

Resume los puntos básicos del Mensaje del presidente Monroe al Congreso y tu opinión sobre su importancia para la independencia y el futuro de las repúblicas americanas.

Trabajo individual

Escribe un ensayo de dos cuartillas sobre la intervención de Inglaterra en el proceso de independencia americana. Destaca sus intereses y su relación con la frase de la p. 134.

Trabajo grupal

En equipo, escenifica el proceso de emancipación del Brasil.

Al elaborar el libreto, debes tener presente sus caracteres particulares. Después de su presentación realizar una puesta en común para sacar las conclusiones y determinar las semejanzas y diferencias con los procesos de las otras regiones americanas.

Trabajo individual

En tu libreta, elabora un esquema cronológico de la independencia haitiana. Ilustra, con dibujos o recortes, los conflictos raciales y clasistas que allí se desarrollaron. Explícalos brevemente.

Trabajo individual

Calca un mapa de América después de la Indepen-dencia. Utiliza colores diferentes y escribe sobre cada país la principal característica de su proceso emancipador. Con dibujos o recortes sitúa los prin-cipales líderes y escribe dos aspectos que quieras destacar de cada uno.

Documento

Apartes de la Carta de Jamaica

"...América no estaba preparada para separarse de la metrópoli.(...) Los americanos han subido de repente y sin los conocimientos previos; y, lo que es más sensible, sin la práctica de los negocios públicos, a representar en la escena del mundo las eminentes dignidades de legisladores, magistrados, administradores del erario, diplomáticos, generales, y cuantas autoridades supremas y subalternas forman la jerarquía de un estado organizado con regularidad...

Todos los nuevos gobiernos marcaron sus primeros pasos con el establecimiento de juntas populares... Venezuela erigió un gobierno democrático y federal... La Nueva Granada siguió con uniformidad los establecimientos políticos y cuantas reformas hizo Venezuela, poniendo por base fundamental de su constitución el sistema federal más exagerado que jamás existió... Según entiendo, Buenos Aires y Chile han seguido esta misma línea de operaciones...

Los sucesos de México han sido demasiado varios, complicados, rápidos y desgraciados, para que se puedan seguir en el curso de su revolución...

Los acontecimientos de la Tierra Firme nos han probado que las instituciones perfectamente representativas, no son adecuadas a nuestro carácter, costumbres y luces actuales... Venezuela... ha sido el más claro ejemplo de la ineficiencia de la forma democrática y federal para nuestros nacientes estados. En Nueva Granada las excesivas facultades de los gobiernos provinciales y la falta de centralización... han conducido al país al estado a que se ve reducido en el día... estamos dominados de los vicios que se contraen bajo la dirección de una nación como la española, que sólo ha sobresalido en fiereza, ambición, venganza y codicia...

Bolívar, en 1815 viajó a Jamaica en busca de apoyo internacional para la Campaña Libertadora.

Yo deseo, más que otro alguno, ver formar en América la más grande nación del mundo, menos por su extensión y riquezas que por su libertad y gloria...

Voy a arriesgar el resultado de mis cavilaciones sobre la suerte futura de América: no la mejor sino la que sea más asequible...

Por la naturaleza de las localidades, riquezas, poblaciones y carácter de los mexicanos, imagino que intentarán al principio establecer una república representativa, en la cual tenga grandes atribuciones el poder ejecutivo, concentrándolo en un individuo que si desempeña sus funciones con acierto y justicia, casi naturalmente vendrá a conservar su autoridad vitalicia...

Los estados del istmo de Panamá hasta Guatemala formarán quizás una asociación... podrá ser con el tiempo el emporio del universo, sus canales acortaran las distancias del mundo, estrecharán los lazos comerciales de Europa, América y Asia...

La Nueva Granada se unirá con Venezuela, si llegan a convenirse en formar un república central, cuya capital sea Maracaibo, o una ciudad con el nombre de Las Casas... Los salvajes que la habitan serían civilizados y nuestras posesiones se aumentarían con la adquisición de la Goajira. Esta nación se llamaría Colombia como un tributo de justicia y gratitud al creador de nuestro hemisferio...

En Buenos Aires habrá un gobierno central, en que los militares se lleven la primacía... El reino de Chile está llamado por la naturaleza de su situación... a gozar de las bendiciones que derramas las justas y dulces leyes de una república...

El Perú, por el contrario, encierra dos enemigos de todo régimen justo y liberal: oro y esclavos. El primero lo corrompe todo; el segundo está corrompido por sí mismo... Supongo que en Lima no tolerarán los ricos la democracia, ni los esclavos y pardos libertos la aristocracia...

Los directores de la independencia de México se han aprovechado del fanatismo con el mejor acierto, proclamando a la famosa virgen de Guadalupe por reina de los patriotas... Con esto el entusiasmo político ha formado una mezcla con la religión, que ha producido un fervor vehemente por la sagrada causa de la libertad...

Podemos deducir... Las provincias americanas se hallan lideando por emanciparse; al fin obtendrán el suceso; algunas se constituirán en repúblicas federales y centrales... se fundarán monarquías, y algunas serán tan felices... que una gran monarquía no será fácil consolidar, una gran república imposible..."

Carta de Simón Bolívar a un caballero inglés, Kingston, 1815.

Para trabajar

Después de leer, atentamente, analiza y responde lo siguiente:

- ¿Por qué Bolívar afirma que América no estaba preparada para desprenderse de la metrópoli?
- ¿Cuál era el mayor deseo del Libertador, expresado en el documento?
  Explícalo con tus palabras.
- ¿Sobre qué países vaticinó Bolívar y en qué basó sus cavilaciones?
- ¿Te parece que el Plan de Iguala respondió a las "cavilaciones" de Bolívar sobre México?

Letras americanas

"América"

(...) Ni sepultada quedaría en el olvido
la Paz que tantos claros hijos llora,
ni Santacruz, ni menos Chuquisaca,
ni Cochabamba, que patrio celo
ejemplos memorables atesora
ni Potosí de minas no tan rico
como de nobles pechos, ni Arequipa
que Vizcardo con razón se alaba,
ni a la que el Rímac las murallas lava,
que *de los reyes* fue, ya de sí propia,
ni la ciudad que dio a los Incas cuna,
leyes al sur, y que si aún gime esclava,
virtud no le faltó, sino fortuna.
Pero la libertad, bajo los golpes
que la ensangrientan, cada vez más brava,
más indomable, nuevos cuellos yergue,
que al despotismo harán soltar la clava.
No largo tiempo usurpará el imperio
del sol la hispana gente advenediza,
ni al ver su trono en tanto vituperio
de Manco Cápac gemirán los manes.
De Ángulo y Pumacagua la ceniza
nuevos y más felices capitanes
vengarán, y a los hados de su pueblo
abrirán vencedores el camino.
Huid, días de afán, días de luto,
y acelerad los tiempos que adivino. (...)
¿O al que de Cartagena el gran baluarte
hizo que de Colombia otra vez fuera?
¿O al que en funciones mil pavor y espanto
puso, con su marcial legión llanera,
al español; y a Marte lo pusiera?
¿O al héroe ilustre, que de lauro tanto
su frente adorna, antes de tiempo cana,
que en Cúcuta, domó, y en San Mateo,
y en el Araure la soberbia hispana;
a quien campos que el Arauca riega
nombre darán , que para siempre dure,
y los que el Cauca y los que el ancho Apure;
que en Gámeza triunfó, y en Carabobo,
y en Boyacá, donde un imperio entero
fue arrebatado al despotismo bero?
Mas no a mi débil voz larga suma
de sus victorias numerar compete;
a ingenio más feliz, más docta pluma,
su grata patria encargo tal comete;
pues como aquel samán que siglos cuenta,
de las cecinas gentes venerado,
que vio en torno a su basa corpulenta
el bosque muchas veces renovado,
y vasto espacio cubre la hojosa
copa, de mil inviernos victoriosa;
así tu gloria al cielo se sublima,
Libertador del pueblo colombiano;
digna de que la lleven dulce rima
y culta historia al tiempo más lejano.

Andrés Bello, fragmento de un poema titulado originalmente América *y después* Alocución a la Poesía.

Para trabajar

Andrés Bello con sus letras asume la obligación de proseguir la obra incompleta dejada por Bolívar. Luchó incansablemente por hacer desaparecer la imagen indisciplinada y desordenada que mostraban las nuevas repúblicas, nacidas con la independencia.

1. Elabora una ficha biográfica del autor del texto poético.
2. ¿Históricamente, a qué época hace referencia el fragmento?
3. ¿Qué semejanzas encuentras entre este documento literario y el de Pablo Neruda, expuesto en la unidad anterior?
4. Explica con tus palabras ¿qué significó la libertad para los pueblos hispanoamericanos?

Evaluación

En tu libreta, escribe los siguientes enunciados, formando dos columnas y establece la relación correcta entre ellos.

1. Hijas de la libertad	— Encuentro de Bolívar y San Martín.
2. Tratado de París	— Reconoce a Bolívar Presidente de la Gran Colombia.
3. Borbones	— Independencia de México.
4. Revolución Francesa	— Primera República chilena.
5. Congreso de Tucumán	— Se propusieron mejorar la explotación de los recursos americanos.
6. Entrevista de Guayaquil	— Artesanos campesinos norteamericanos.
7. Congreso de Angostura	— Inglaterra reconoce la Independencia de los Estados Unidos.
8. Plan de Iguala	— Estableció un régimen constitucional
9. Grito de Ipiranga	— Consolidó la independencia argentina.
10. Patria Vieja	— Proclamó la independencia de Brasil.

Sobre la línea, escribe el nombre del personaje que corresponda al proceso o el hecho enunciado.

__________ Inició la Revolución popular o "Grito de Dolores"

__________ Ocupó a España y precipitó la Independencia de Hispanoamérica

__________ Dirigió campaña libertadora de Chile

__________ Dirigió la campaña libertadora desde Venezuela hasta Bolivia.

__________ Impuso el Régimen del Terror en Colombia.

__________ Primer presidente de las Provincias Unidas de Centroamérica.

__________ Fundó la Liga de Patriotas Puertorriqueños.

Analiza y responde, en tu libreta, lo siguiente:

- Aunque cada movimiento popular del siglo XVIII, tuvo sus características regionales propias ¿qué similitudes encuentras en ellos?
- ¿Cuál fue la primera colonia hispanoamericana en lograr la independencia de su metrópoli, y cuál fue la última? Explica los motivos y características de cada caso.
- Elabora un cuadro comparativo entre los procesos de independencia hispanoamericanos en cuanto a: causas, ideologías, actitud de las respectivas metrópolis, soldados y caudillos.
- ¿Crees que las colonias españolas hubieran podido lograr su independencia sin llegar a la lucha armada como lo hizo Brasil?
- Si hubieras vivido en aquellos años ¿qué región de América te habría gustado? ¿Por qué? ¿Te hubieras comprometido a luchar por la libertad? ¿Cómo?

UNIDAD

4

Formación de los estados nacionales

Presentación

En esta unidad conocerás los problemas y esfuerzos de las repúblicas recién independizadas para crear una organización política y social que garantizará las libertades, la paz y la estabilidad. Al mismo tiempo apreciarás las dificultades para integrarse a la economía mundial. Estos procesos del siglo XIX fueron decisivos en la consolidación de las repúblicas americanas.

Escenario del ferrocaril del mundo.

Objetivos

1. Analizar los problemas que enfrentaron las nuevas naciones hispanoamericanas.
2. Conocer la influencia de la revolución industrial en las economías nacionales.
3. Contrastar la evolución de los Estados Unidos con la de Hispanoamérica.
4. Valorar el desarrollo de las ideas de justicia y libertad.

Capítulos

16. Hispanoamérica después de la independencia.
17. Estados Unidos: consolidación y expansión territorial.
18. México y Centroamérica.
19. Los países bolivarianos.
20. El Cono Sur y Brasil.
21. Las Antillas.
22. Expresiones culturales del siglo XIX.

Hispanoamérica después de la independencia

CAPÍTULO

16

SÍNTESIS

Las primeras décadas posteriores a la independencia se caracterizaron por la inestabilidad política, la militarización de las sociedades, el gobierno autoritario de caudillos y el comercio con Inglaterra. Desde mediados de siglo, el liberalismo aportó profundos cambios y se enfrentó a los conservadores en las elecciones y los campos de batalla.

Bases ideológicas de las repúblicas

De acuerdo con sus declaraciones de independencia, las jóvenes naciones establecieron el modelo de Estado republicano, imitando a los Estados Unidos. Los congresos de patriotas promulgaron constituciones liberales, o sea, proclamaron los siguientes principios y derechos que ya te resultan conocidos por lo estudiado en capítulos anteriores:

- *Derechos del individuo*: derecho a la vida, la seguridad, la propiedad privada, la libertad de opinión, prensa y comercio.
- *La soberanía reside en la nación* y el gobernante actúa como representante de la voluntad del pueblo.
- *La separación de los tres poderes*: el ejecutivo ejercido por el presidente de la república, el legislativo por un congreso de dos cámaras, y el judicial autónomo de los otros dos. El presidente y los legisladores eran elegidos por un reducido número de ciudadanos que supieran leer y escribir y fueran propietarios o recibieran altas rentas.

Naciones americanas hacia 1829.

Estos principios se inspiraban en la Constitución de los Estados Unidos y en otros promulgados por la Revolución Francesa, de modo que las constituciones hispanoamericanas resultaron muy teóricas y copiadas de países cuyas realidades eran distintas a las nuestras. En consecuencia, durante el siglo XIX hubo frecuentes cambios de constituciones; unas veces por vías legales y la mayoría por actos contrarios a lo establecido en ellas mismas. Bolivia tuvo 10 constituciones sucesivas, Ecuador 12, Venezuela 11 y Colombia 7 en menos de un siglo. Pese a la inestabilidad, hubo esfuerzos sinceros de muchos dirigentes para establecer la legalidad y el orden en sus países.

Las repúblicas se enfrentan a graves problemas

En primer lugar no debe sorprenderte, por lo que vimos al tratar la independencia, que en muchos países hubo que empezar por *crear la propia nacionalidad.* Existían sentimientos regionalistas comunes contra la metrópoli española, pero en la mayoría de los países no se había formado todavía un sentimiento común hacia una patria definida.

Por otra parte, los *criollos dirigentes no tenían experiencias de gobierno* porque España les había impedido desempeñar altos cargos coloniales. Su única experiencia era la administración local, o sea, en los cabildos, pero es muy diferente gobernar un municipio que una nación. Esto explica el antagonismo entre los partidarios de un sistema federal y los de un sistema centralista. A la inexperiencia política se añadió *la militarización de la sociedad*, porque los que habían combatido por la independencia continuaron armados y formaron los ejércitos nacionales o grupos armados al servicio de sus antiguos jefes o de nuevos políticos.

Los sectores populares, de las nacientes repúblicas, fueron excluidos del gobierno.

Las *mayorías populares (indios, negros y castas) tenían menos conciencia nacional* y su ignorancia y situación económica los llevaba a seguir a sus amos o a quien les prometiera mejores condiciones de vida.

Finalmente, *las repúblicas nacieron pobres* por la destrucción de tierras, minas y ganado durante las guerras, la emigración de españoles con grandes fortunas y la enorme deuda externa con Inglaterra.

Caudillismo, dictaduras, oligarquías y partidos

Estos fueron los elementos característicos de la vida política y social durante el siglo XIX.

- El *caudillismo* fue típico de Hispanoamérica y consistió en el poder político personal con capacidades de mando y atracción sobre grandes sectores sociales. Los primeros caudillos fueron los generales de la independencia, pero otros surgieron entre los poderosos hacendados y algunos de los estratos populares. Una característica del caudillismo fue el apoyo incondicional de las *clientelas* armadas a su jefe, que consideraban un deber patriótico llevarlo al poder por las armas o el fraude cuando no ganaba legítimamente las elecciones.

El caudillismo fue favorable en cuanto puso fin a la anarquía y a las luchas, contribuyendo así a la unidad nacional. Pero lo más negativo consistió en impedir o demorar la democratización de las naciones y que los pueblos se acostumbraran a *seguir más a los jefes que a las ideas.*

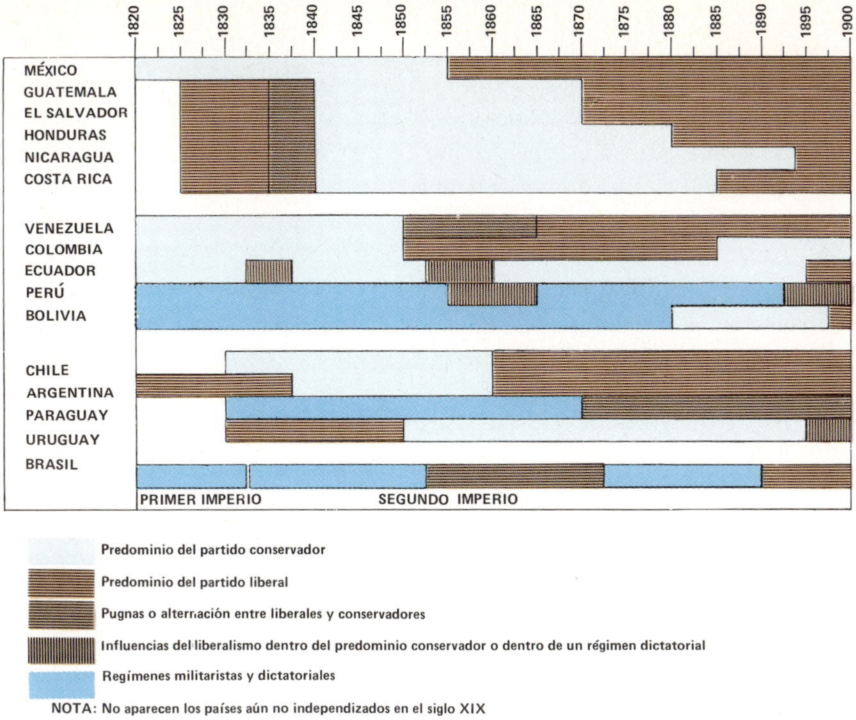

Liberales y conservadores en el siglo XIX.

- Las *dictaduras*. Muchos caudillos fueron dictadores en períodos de crisis, por ejemplo el propio Bolívar. Sin embargo, no debes confundir la dictadura con el caudillismo. Muchos caudillos que llegaron a la presidencia no fueron dictadores sino que gobernaron constitucionalmente, aunque la constitución hubiese sido aprobada por sus partidarios y el Congreso estuviera integrado por su clientela.

- *Oligarquía* es una palabra de origen griego que significa "gobierno de algunos" y se da este nombre a los sectores sociales que tuvieron el poder en el siglo XIX. Eran los grandes propietarios rurales que desplazaron a la élite urbana que había dirigido las luchas independentistas. A esas oligarquías pertenecieron muchos dictadores, presidentes y altos jefes militares, porque las constituciones exigían la condición de propietario para ser presidente, congresista, gobernador y juez.

- *Liberales y conservadores.* Los caudillos y las oligarquías dieron vida a los partidos políticos. Recuerda que en los primeros años se enfrentaron federalistas y centralistas, pero los partidos políticos verdaderamente organizados desde mediados del siglo XIX fueron el liberal y el conservador.

  Los liberales acogían las ideas revolucionarias de Europa a mediados de siglo: sufragio universal de los varones, abolición de la esclavitud, libertad de cultos y separación de la Iglesia y el Estado. Sostenían que el Estado debe dirigir la educación, poseer los registros públicos y los cementerios, establecer el matrimonio civil y suprimir la influencia de la Iglesia. Los liberales, en general, fueron partidarios del sistema federal. En economía, defendieron el librecambio y la modernización de sus países con los progresos de la revolución industrial europea.

"América no es gobernable... Los tratados son papeles; las constituciones, libros; las elecciones, combates; la libertad, anarquía...".

Simón Bolívar, 1830

La denominación *América Latina* apareció entre intelectuales y capitalistas del imperio francés de Napoleón III. Se aplicó el nombre de "raza latina" a las naciones de Europa meridional, como España y Portugal, y a las de América que habían sido colonizadas por ellas. Los franceses apreciaban la influencia de su Revolución, sus principios liberales, sus costumbres e instituciones jurídicas y políticas en Hispanoamérica y Brasil. Entendían, por consiguiente, que Francia, país de origen y lengua latina también, tenía la misión y la oportunidad de ejercer un liderazgo económico y cultural en las *naciones latinas de América*.

La expresión y el concepto "América Latina" habían nacido con escritos del colombiano *José María Torres Caicedo*. En su libro *Unión Latinoamericana* (1865), propuso la creación de una liga de naciones latinoamericanas ante la expansión imperialista de las potencias, especialmente de los Estados Unidos.

Los conservadores querían un Estado centralista con un poder ejecutivo fuerte y mantener las tradiciones culturales de la colonia, principalmente el catolicismo, su íntima relación con el Estado y la exclusión de otras religiones, porque consideraban a la Iglesia base del orden y la unidad nacionales.

En los capítulos siguientes verás que la lucha partidista no fue solamente electoral; las guerras entre liberales y conservadores ensangrentaron las repúblicas y obstaculizaron su progreso.

Indígenas y esclavos cambian en la nueva sociedad

- Los indios perdieron su condición de grupo étnico bajo la tutela de la metrópoli española y las Leyes de Indias. Se les proclamó individuos libres e iguales a los demás, pero ellos no estaban preparados para la vida republicana *ni para la propiedad individual.* Negociadores oportunistas de las oligarquías los despojaron frecuentemente de sus tierras. Algunos Estados mantuvieron las comunidades indígenas durante años porque necesitaban el tributo indígena. Sin embargo, numerosos indios se integraron individualmente a la nueva sociedad, como soldados o empleados de la administración. En lo sucesivo, indio significó individuo primitivo no integrado a la civilización urbana e industrial de la época.
- *La esclavitud* contradecía los principios proclamados, pero las oligarquías y débiles economías de las naciones necesitaban mano de obra esclava. Además, persistía el recuerdo de la terrible sublevación de Haití. Por estas

Con la independencia, el indígena no logró su condición de hombre libre. Indios cuaiqueres. América pintoresca, 1884.

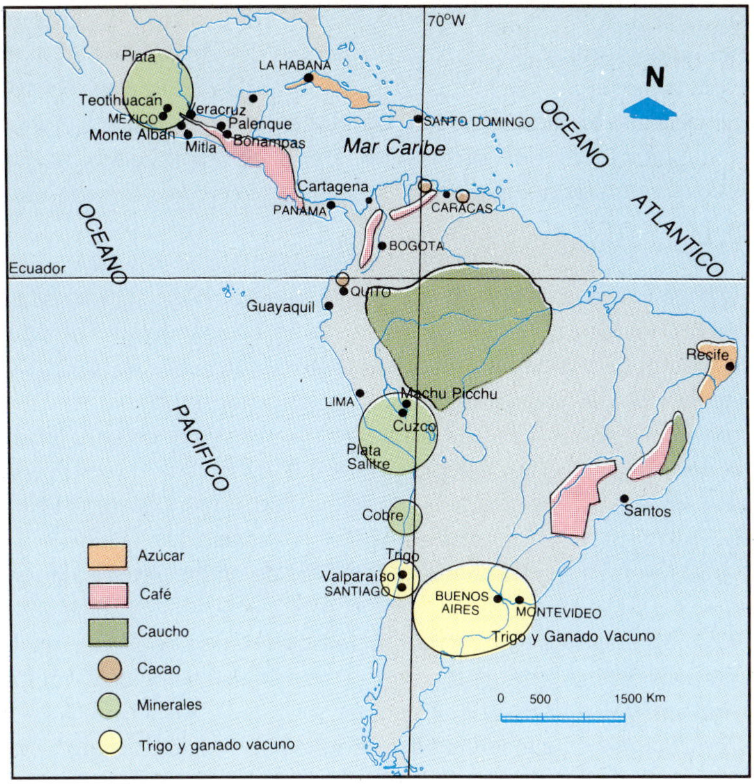

Productos y exportaciones de América Latina en el siglo XIX.

razones, los primeros gobiernos se limitaron a dar libertad a los combatientes por la independencia, dictar la *ley de vientres libres*, o sea que el hijo de esclava nace libre, y a prohibir la trata de negros. La esclavitud fue abolida primero en Chile, Centroamérica y México, donde tenía menos importancia económica.

En el resto de América y el mundo, el liberalismo y el capitalismo en expansión necesitaban trabajadores libres y asalariados que, a su vez, aumentaran el número de consumidores internos. Así, Inglaterra presionaba la abolición y perseguía a los barcos dedicados al inhumano comercio de negros, mientras que una fuerte corriente de opinión mundial combatía la esclavitud por razones humanitarias. Todo esto hizo más difícil y costoso comprar esclavos y en la segunda mitad del siglo todas las repúblicas habían abolido el sistema. Ya sabes que se mantuvo en Puerto Rico y Cuba. También en Brasil.

La abolición estableció la *igualdad jurídica* de los antiguos esclavos con los demás estratos de las sociedades y aumentó la cantidad de asalariados en cada país. Pero continuó la desigualdad social.

Las repúblicas se integran a la economía mundial

Cada país nació con desiguales grados de riqueza y deuda externa, aparte de las devastaciones padecidas por la guerra. En Venezuela, Uruguay y México el ganado sufrió bajas considerables. *La minería fue la más afectada*: la producción de plata de México cayó de 48 millones de pesos en 1801 a 23 millones en 1818 y la de Perú se derrumbó totalmente hacia 1830. El antiguo comercio intercolonial se paralizó.

Todas estas transformaciones industriales ocurrieron primero en Inglaterra y luego en Francia, Alemania y otros países de Europa y también en los Estados Unidos. Es decir, en países que tenían hierro, carbón y materias primas para su desarrollo industrial. Pero la enorme producción de maquinarias, vestidos, barcos, ferrocarriles, etc., exigió cada vez más alto número de países compradores Y también dónde obtener materias primas baratas. Por ello el capitalismo industrial necesitó lanzarse a vender en países atrasados económicamente y a invertir sus capitales en las naciones no desarrolladas (...).

Augusto Montenegro González.
Historia de América, 1990,
pág. 199.

GLOSARIO

Clientela política: grupo de partidarios de un jefe de quien reciben protección social y económica, a cambio de lealtad y apoyo electoral.

Dictadura: forma de gobierno que concentra todos los poderes en una sola persona, o una junta, apoyado en la fuerza armada.

Balanza comercial: relación entre las importaciones o compras de un país y sus exportaciones o ventas al exterior, expresada en valor monetario. Una balanza es favorable cuando hay más exportaciones que importaciones, y desfavorable en caso contrario porque implica que el país se endeuda o disminuye el valor de su moneda.

Desarrollo económico hacia fuera: proceso basado en la producción para exportaciones que no facilita el enriquecimiento interno del país.

Las repúblicas tenían que recuperar sus niveles de producción y crear nuevas riquezas para participar en el mercado mundial que controlaba Inglaterra. Los gobiernos creyeron que lo lograrían autorizando *el libre comercio con Inglaterra*, según los deseos de los patriotas de la independencia, pero hubo más importaciones de artículos de lujo y de fabricación inglesa que exportaciones hispanoamericanas. Por tanto, *a la deuda externa se agregó el déficit de la balanza comercial.*

En la segunda mitad del siglo la revolución industrial se aceleró en Europa y Estados Unidos y el capitalismo se expandió, facilitando que las repúblicas se insertaran en la economía mundial como exportadoras de materias primas y regiones donde invertir capitales. No solamente Inglaterra sino Francia, Alemania y Estados Unidos, compraron a Hispanoamérica e invirtieron capitales en ella. Las naciones hispanoamericanas cayeron bajo el *neocolonialismo* de las potencias europeas que monopolizaron el comercio y los servicios de ferrocarriles, barcos y minas. De acuerdo con las exportaciones, Hispanoamérica quedó dividida en tres grupos de países:

1. *Exportadores de productos agropecuarios de clima templado*, que fueron los más favorecidos porque producían alimentos iguales a los que consumían los europeos. Argentina y Uruguay se beneficiaron por el desarrollo de su ganadería y las exportaciones de carne, trigo y lanas.

2. *Exportadores de productos tropicales* (café, cacao, azúcar, tabaco, frutas, caucho y otros) eran la mayor parte de las repúblicas. La demanda mundial de café y azúcar impulsó la economía de estas naciones que, sin embargo, no lograron el progreso interno del primer grupo, porque la explotación continuó con técnicas tradicionales y el relieve andino no facilitó construir numerosas vías férreas.

3. *Exportadores de minerales* eran México, Chile y Bolivia. El cobre y la plata eran los más comprados. Chile resultó el país más beneficiado por su variedad de exportaciones: trigo a California, y desde 1870 el salitre y el nitrato que tenían gran demanda mundial.
   Por su producción y exportaciones en el siglo XIX ¿en qué grupo figuraba Puerto Rico?

¿Para qué la Historia?

Para que determines las bases, inestables y de poca identidad, sobre las cuales se levantaron las nuevas repúblicas hispanoamericanas y puedas entender la continuidad y presencia actual de muchos elementos nada favorables al desarrollo de nuestros pueblos: monocultivo, subordinación a las exportaciones requeridas por las potencias capitalistas, predominio de oligarquías, luchas partidistas, entre otros.

Actividades

Trabajo individual

En tu libreta, contesta brevemente:

—¿Cuáles fueron las consecuencias sociales y políticas de la Independencia en las nuevas repúblicas?

—¿Qué importancia tiene una Constitución en la creación y consolidación de los Estados? ¿Por qué?

—Expón tus argumentos a favor o en contra de que actualmente persiste el caudillismo.

Trabajo individual

Realiza una entrevista a un dirigente político sobre cómo se organiza un partido y cómo es su funcionamiento.

Trabajo grupal

Organiza dos grupos con tus compañeros para un debate. El primero sustentará que el atraso y desigual desarrollo de América Latina en el siglo XIX se debió a condiciones internas. El otro grupo expondrá sus causas, en las presiones de los países capitalistas.

Trabajo individual

Amplía la información, en la biblioteca, sobre las ideologías liberal y conservadora en las repúblicas hispanoamericanas. Prepara después un informe para exponer en la clase.

Trabajo grupal

Organiza con tus compañeros tres equipos de trabajo. Cada uno dibuja un croquis de América Latina. El primer grupo destaca la división política colonial, el segundo delimita los Estados republicanos y el Imperio brasileño, y el tercero la división política actual. Compárenlos y escriban las conclusiones.

Trabajo individual

Lee con atención la frase de la pág. 149. ¿Consideras que hoy es válida para latinoamérica? Reflexiona y escribe un ensayo de una cuartilla. Léelo a tus compañeros.

TALLER 7

Realización de encuestas

En el mundo contemporáneo es muy corriente que se consulte a la opinión pública respecto a diferentes temas (economía, política, cultura, religión, deportes, etc.) a través de las *encuestas*. Esta técnica consiste en recolectar una serie de datos mediante la realización de preguntas, previamente elaboradas, con el fin de conocer y procesar la opinión de quienes las contestaron.

Para realizar una encuesta, es esencial seguir estas pautas:

- Escoger el tema o problema y definir para qué se hará la encuesta.
- Planear una serie de preguntas que, al ser contestadas, permitan conocer la opinión de los encuestados.
- Redactar las preguntas con un lenguaje claro que permita que todos los encuestados las entiendan de la misma manera.
- Definir opciones de respuesta: sí o no, *expresión abierta del punto de vista*; o dando varias opciones para que el encuestado elija.
- Preparar la infraestructura de la encuesta: materiales, formularios, instrucciones para diligenciarse y personas que la realizarán (tú mismo y otros).
- Evitar que cada encuestado conozca lo contestado por otros.
- Realizar la tabulación de la encuesta.

Elabora una encuesta en tu colegio acerca de alguno de estos temas:

las materias de mayor aceptación, la importancia del deporte en el colegio, las causas de descontento en la institución.

Evalúa la encuesta y mira si cumplió estas exigencias:

- El tema elegido fue interesante para los encuestadores y encuestados.
- Se recogió la opinión de un grupo realmente representativo de encuestados.
- Las preguntas no crearon confusión en los encuestados.
- Las preguntas se diseñaron de tal forma que se facilitó la tabulación de sus respuestas.
- Los encuestados contestaron de manera independiente de los encuestadores y de otros encuestados.
- La información recogida es clara y confiable.

Prepara y realiza una encuesta en torno a un tema que indique tu profesor(a).

Antes de iniciar una encuesta, se debe preparar el material necesario.

CAPÍTULO

17

SÍNTESIS

Estados Unidos: consolidación y expansión territorial

Progresos del sistema federal y la democracia

A pesar de los riesgos de que fracasara la unión de los 13 estados independizados, el sistema federal funcionó porque la tradicional participación comunitaria en los asuntos públicos se impuso a los intereses regionalistas y las ambiciones personales. No hubo caudillos ni dictadores como en Hispanoamérica y las decisiones del congreso federal, los decretos del ejecutivo y los fallos de la corte suprema predominaron sobre las leyes particulares de cada Estado.

La situación económica fue también favorable porque las exportaciones de alimentos a Europa aumentaron de 26 a 106 millones de dólares entre 1793 y 1806. Esta prosperidad le permitió a Estados Unidos pagar la deuda externa contraída durante la independencia.

Expansión territorial de Estados Unidos.

Los Estados Unidos contaron con la unidad étnica de la mayoría de su sociedad, con homogeneidad estamental y una flexible jerarquía socioeconómica. La mentalidad colectiva puritana influyó en el dinamismo laboral, el respeto a las normas e instituciones y la discriminación racial. El sistema federal se afianzó junto con la democracia y el nacionalismo. La abundancia de recursos naturales y la expansión hicieron posible una rápida industrialización y esto motivó una fuerte inmigración europea. La Guerra de Secesión rompió temporalmente la unidad: triunfó el Norte industrializado que completó la conquista del Oeste y redujo enormemente la población indígena.

Escena de la conquista del Oeste.

La democracia progresó rápidamente, pues desde 1791 se añadieron a la Constitución derechos individuales sobre libertad de creencias, de opinión hablada y escrita, de *habeas corpus*, de ser juzgado ante jurado imparcial y no ser sancionado con castigos crueles. El voto que se concedía al principio solamente a los propietarios fue haciéndose extensivo a los demás sectores de la población. En las dos presidencias de Thomas Jefferson (1801-1809) se incorporaron a la vida política pequeños granjeros y comerciantes, pasando la aristocracia criolla a un segundo plano. Desde que se fundó el *partido demócrata*, los hombres nuevos del Oeste tuvieron acceso al Congreso y a la presidencia con *Andrew Jackson*. Los partidos nunca se enfrentaron en guerras civiles.

"La regla de conducta que debemos seguir hacia las naciones extranjeras consiste en extender nuestras relaciones comerciales con ellas y mantener las mínimas relaciones políticas posibles".

Despedida de George Washington al terminar su mandato presidencial, 1796.

La nación se expande hacia el sur y el oeste

- Si observas el mapa de la independencia de Estados Unidos, recordarás que cuando surgieron como nación independiente sus fronteras llegaban hasta el río Mississippi y estaban rodeados de colonias de Francia, Inglaterra y España. Para deshacerse de esta vecindad colonial, el gobierno federal compró la Luisiana a Francia (1803) y la Florida a España (1819) con lo cual el país duplicó su superficie y ganó la fértil cuenca del río Mississippi. Los territorios anexados se convirtieron en estados cuando reunieron las condiciones exigidas por las leyes federales.

- La expansión prosiguió hasta el Pacífico. Recién independizado México, su gobierno autorizó el establecimiento de colonos norteamericanos en el Estado de Texas. En pocos años había cuatro veces más norteamericanos que mexicanos y el ritmo de la vida era similar al de Estados Unidos. Cuando México abolió la esclavitud y cambió del federalismo al centralismo, Texas se proclamó república independiente y esclavista (1836) y pidió su anexión a los Estados Unidos. El Gobierno federal aceptó años después, cuando el presidente Polk ambicionaba California y buscaba pretextos para declarar la guerra a México.

Por el *Tratado de Guadalupe Hidalgo* (1848), México renunció a Texas y además entregó los semideshabitados territorios de *Nuevo México y California* a cambio de una indemnización de 15 millones de dólares. La república mexicana quedó reducida a la mitad de la superficie de la época colonial. En1853 vendió el pequeño territorio de *Tuckson* quedando fijadas definitivamente las fronteras. Desde 1849 Estados Unidos adquirió también de Gran Bretaña la región de *Obregón* en litigio.

- *La conquista del Oeste* (Far West) fue obra de aventureros e inmigrantes que, a pie, a caballo o en carretas y en lucha contra los indios, llegaron del Este y de Europa. ¿No has visto muchas películas de esta época? La febril atracción tuvo lugar desde mediados de siglo, cuando se descubrió oro en California. Muchas veces las balas se impusieron antes que las leyes, pero lentamente los territorios fueron convirtiéndose en estados. La conquista del Oeste afianzó la democracia porque en ella no había oportunidad de que se formaran clases privilegiadas. Las leyes federales ordenaban vender a los colonos solamente lotes de mediana y pequeña superficie.

La conquista del Oeste *exterminó a los indios norteamericanos*. Desde principios del siglo, el corrimiento de la frontera llevó al Gobierno federal a establecer a los indios al oeste del Mississippi, forzándolos a desplazarse a otras tierras que no siempre les fueron entregadas por los funcionarios. Miles de indios perecieron en el viaje. Pero las sanguinarias guerras ocurrieron al ocupar los colonos las Grandes Llanuras. En ellas y las Rocosas, 225.000 indios sioux, comanches, apaches y de otros pueblos, armados y a caballo atacaron

La expansión de la frontera desalojó a los indígenas de sus tierras.

La presencia de yacimientos mineros dio gran impulso a la industrialización norteamericana.

constantemente a los blancos, defendiendo sus territorios. Las guerras duraron años (1860-1887) y en ellas hubo actos de salvajismo de parte y parte.

Finalmente, una demorada ley del Congreso estableció la incoporación de los vencidos indios a la ciudadanía norteamericana. A pesar de la protección estatal a las reservas indígenas, algunos particulares y compañías de ferrocarril, despojaron a los indios de sus tierras mediante fraudes. Estas y otras injusticias continuaron hasta el siglo XX.

La nación se industrializa

La Revolución industrial iniciada en Inglaterra desde fines del siglo XVIII fue seguida de cerca por los Estados Unidos. Contaba con una economía diversificada (que facilitó la concentración de capitales), minerales y creciente población. Muchos de los inventos se debieron a norteamericanos, entre los primeros, la máquina de *Eli Whitney* que limpiaba entre 150 y 500 kilos de algodón por día, reemplazando el trabajo humano que sólo separaba dos o tres kilos diarios. *Robert Fulton* aplicó el vapor de agua a los transportes y construyó el primer barco de vapor. En 1819, un barco cruzó el Atlántico hasta Europa.

Se compraron a Inglaterra las primeras locomotoras y se construyeron vías férreas por todo el país. La expansión al Oeste fue agilizada y estimulada por la expansión de los ferrocarriles. En 1869 se inauguró *el primer ferrocarril transcontinental de la costa Atlántica a la Pacífica.*

Los yacimientos de carbón y petróleo impulsaron la industrialización de los estados del Norte. Al tiempo se abrieron canales que comunicaron mejor los Grandes Lagos con las ciudades del Este. El invento de la máquina de coser, debida a *Elías Howe* (1846), dio comienzo al trabajo de las mujeres como asalariadas.

La Revolución industrial contribuyó a la formación de capitalistas y proletarios y a muchas injusticias sociales. En los últimos años del siglo hubo huelgas y agitaciones de obreros que reclamaban la reducción de la jornada de trabajo a ocho horas. La manifestación del *primero de Mayo de 1886* en Chicago fue la de mayores repercusiones por la prisión y ejecución de un grupo de trabajadores. Años más tarde se instituyó el Primero de Mayo como *Fiesta del trabajo* en casi todo el mundo. Después de 1886, el Gobierno federal y el Congreso comenzaron a prestar atención a los trabajadores.
A pesar de la fuerte represión gubernamental, los movimientos y sindicatos obreros norteamericanos no acogieron las ideas socialistas ni comunistas de la época. Predominó la mentalidad *pragmática* en las negociaciones y soluciones legales.

Llegan millones de europeos

Tanto la industrialización como la conquista del Oeste atrajeron a miles de *irlandeses, alemanes y escandinavos* con quienes se pudo continuar la conquista y poblar tan extensos territorios. Entre los inmigrantes venían no sólo aventureros sino muchos trabajadores y gente preparada. En un siglo (1820-1920), Estados Unidos recibió más de *26 millones de europeos.* Esta inmigración, única en el mundo, hizo posible también la gran urbanización de Estados Unidos.

A fines de siglo cambió la composición nacional de los inmigrantes. Eran italianos, griegos, húngaros y eslavos, o sea, de lenguas y religiones diferentes a las de su nueva patria, de modo que tuvieron dificultades para integrarse y conseguir buenos empleos. Estos inmigrantes contribuyeron a formar el alto número de trabajadores de las fábricas; muchos de ellos fueron los dirigentes de las agitaciones y las huelgas.

Este tema plantea otros interrogantes de gran interés: ¿Por qué llegaron primeramente alemanes, irlandeses y escandinavos? ¿En qué consistían las diferencias de lengua, religión y costumbres de los inmigrantes de finales del siglo con las existentes en Estados Unidos?

La Guerra de Secesión divide al país

El desarrollo industrial, financiero y urbano se dio en los estados del Norte, haciendo de ellos la cabeza económica de la Unión y agudizando la diferencia

"Sin sentimientos de malevolencia para con nadie y sí con caridad para todos, firmes en el derecho según nos lo da a ver Dios, esforcémonos por terminar la obra en que estamos empeñados, en curar las heridas de la nación, en cuidar de los que arrastraron el combate, de sus viudas y sus huérfanos, en hacer cuanto se pueda para lograr y honrar una paz justa y duradera entre nosotros mismos y con todas las naciones".

Discurso de Lincoln en su segunda posesión presidencial, 1865. *Documentos básicos de la historia de los Estados Unidos de América*, USIS, s.f, pág. 51.

Abraham Lincoln con su hijo Tad.

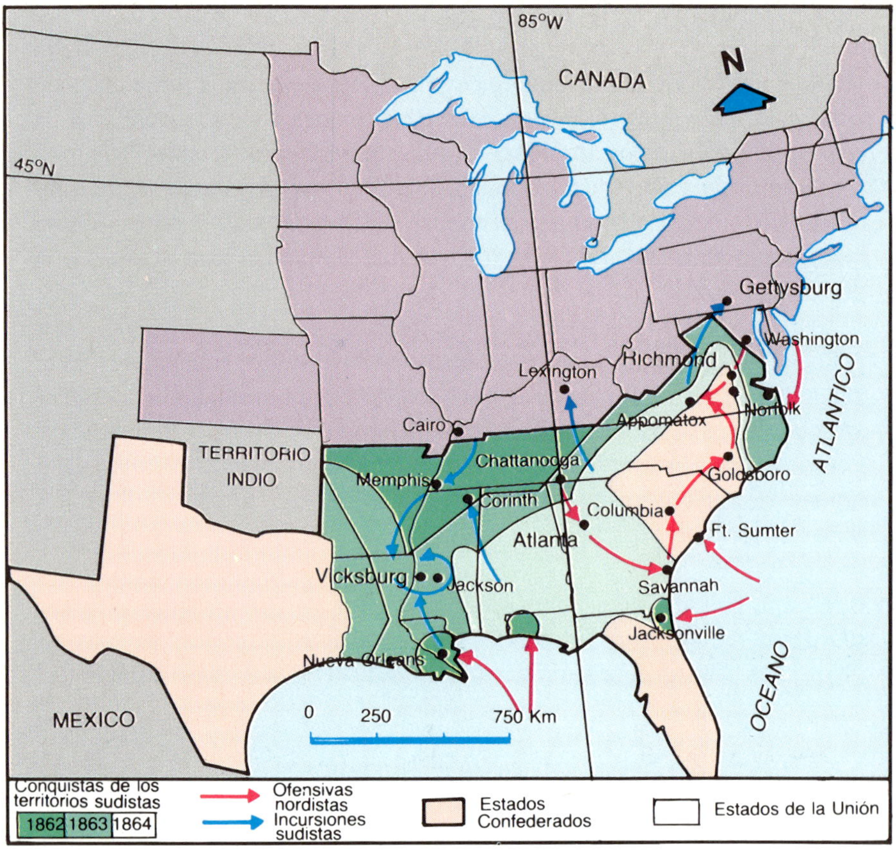

Escenario de la Guerra de Secesión.

con los estados del Sur. En éstos la expansión territorial había desarrollado las grandes plantaciones de algodón, azúcar y tabaco. Y con ellas la esclavitud, a pesar de que estaba abolida en la mayoría de las repúblicas hispanoamericanas.

Las diferencias amenazaban seriamente la unidad nacional. *Los estados del Norte* se habían industrializado, en ellos no existía la esclavitud ni tradición de ella, además aplicaban el *proteccionismo* a las industrias con altos aranceles de aduana a los productos europeos que les hicieran competencia. Por el contrario, *los estados del Sur* mantenían su economía agraria con el trabajo del esclavo, extendían la esclavitud a otros estados, y eran partidarios del librecambio porque preferían comprar productos industriales a Europa y no a los estados norteños. La ruptura se produjo durante la presidencia de *Abraham Lincoln* (1861-1864) que era abolicionista. Los 11 estados del Sur se separaron (secesión) formando la *Confederación* con otro presidente y la capital en Richmond.

Los restantes 23 estados permanecieron en la *Unión norteamericana* , leales a la Constitución y al presidente Lincoln. La *Guerra de Secesión* fue un conflicto entre los estados industrializados y los no industrializados. El escenario fue el Sur y al principio los confederados lograron victorias de sus generales Lee y Johnston. Los unionistas o *yanquis*, como llamaban a los del Norte, fueron dirigidos por los generales McClellan, Sherman y Grant. El bloqueo de los puertos confederados y la *Batalla de Atlanta* (1864) decidieron el triunfo del Norte sobre el Sur.

Durante la guerra, el presidente Lincoln proclamó la abolición de la esclavitud en los estados esclavistas (1863), ya que en el Norte no existía. Vencidos los ejércitos de la confederación se estableció la unidad nacional. Pero Lincoln, reelegido para un segundo período, no pudo emprender la reconstrucción de las regiones devastadas. A los pocos días de terminada la guerra fue asesinado por un sureño en el palco presidencial cuando asistía a una obra de teatro.

Reunificación, expansión ultramarina y odios raciales

Se inició la reconstrucción e industrialización del Sur, pero con el resentimiento de la sociedad blanca hacia los yanquis y los negros. Hubo atropellos de los antiguos esclavos hacia los blancos. Pese a la igualdad civil y de oportunidades de trabajo, los negros quedaron marginados en el Sur y los blancos formaron sociedades secretas para perseguirlos y torturarlos. Seguramente estás informado respecto a este antagonismo y que se ha mantenido vigente hasta hoy.

La reunificación del país aceleró la conquista del Oeste y la producción industrial que hizo posible la expansión fuera del territorio continental. Estados Unidos compró la península de *Alaska* a Rusia (1867), se posesionó de algunas *islas del Pacífico* (Midway) y logró bases y concesiones en *Samoa y Hawai.* Al mismo tiempo, trató de desplazar a Inglaterra del Caribe.

GLOSARIO

Habeas corpus: derecho reconocido en todas las constituciones democráticas del mundo y según el cual nadie puede ser detenido sin orden de autoridad judicial competente y ningún acusado puede permanecer detenido más de dos o tres días (varía según las constituciones) sin ser presentado al juez.

Yanqui (yankee): nombre dado por los sureños a los ciudadanos de los Estados del Norte; actualmente es el nombre de una famosa liga de béisbol y también se usa popular y despectivamente en Centroamérica y las Antillas como sinónimo de norteamericano o estadounidense.

Pragmático (a): sinónimo de práctico; más exactamente seguidor de la filosofía pragmática creada en los Estados Unidos y según la cual el pensamiento existe para la acción y una doctrina filosófica es válida si tiene efectos prácticos.

¿Para qué la Historia?

Aquí tienes la oportunidad de analizar las raíces de infinidad de situaciones actuales, como los violentos antagonismos y discriminaciones raciales en la sociedad norteamericana. También advertir la importancia de la inmigración europea en el desarrollo de la gran potencia y comparar la situación de los inmigrantes actuales con la de los que llegaron en el siglo XIX, podemos encontrar algunas respuestas a estos interrogantes ¿qué políticas tuvieron los gobiernos para estimular la llegada de europeos y qué políticas de hoy impiden el establecimiento de extranjeros, particularmente de latinoamericanos? ¿Cuál es la situación de los puertorriqueños que emigran a Estados Unidos?

Actividades

Trabajo individual

Consulta en la biblioteca, las dificultades que afrontaron los trece Estados originarios de Norteamérica para mantener la unidad y cómo se solucionaron.

También por qué en Estados Unidos no hubo dictaduras militares, caudillismo ni latifundios. Redacta un informe y léelo a tu grupo.

Trabajo grupal

Observa con tus compañeros el mapa de la expansión territorial de Estados Unidos y debate estos puntos:

—Territorios anexados y a qué país pertenecían antes.

—Medios empleados para la anexión.

—Condiciones que favorecieron la expansión en cada caso.

A final redactar las conclusiones para exponerlas en clase.

Trabajo grupal

En pequeños grupos, amplíen la formación sobre federalísmo y centralísmo y contesten:

—¿Qué admiten y que rechazan de cada forma de gobierno?

—¿Qué naciones de lationoamérica tienen sistema federal?

—¿Qué opinión les merece la frase de la página 156?

Trabajo individual

En tu libreta:

—Amplía la información sobre Abraham Lincoln y escribe su ficha biográfica y destaca los valores morales y sociales que defendió y desarrolló. Consulta sus discursos, especialmente la "Oración de Gettysburg".

—Resume las condiciones que prepararon la Guerra de Secesión y las principales consecuencias. ¿Por qué fue tan decisivo este conflicto en la historia de los Estados Unidos?

—¿Qué inventos y progresos aportó Estados Unidos a la Revolución Industrial? ¿Cuál o cuáles favorecieron el trabajo femenino y por qué?

Trabajo grupal

Organiza un equipo para proyectar una película sobre la conquista del Oeste y comentar en la clase la actuación de los colonos, los indios y el gobierno federal. Tú y tus compañeros deben opinar si la película se fundamenta en los hechos históricos.

Trabajo individual

Elabora un ensayo de tres cuartillas sobre la práctica actual de la democracia en la sociedad norteamericana. ¿Consideras que dichos valores se han fortalecido o se han debilitado?

México y Centroamérica

CAPÍTULO

18

SÍNTESIS

México: caudillismo militar y pérdidas territoriales

A partir de este capítulo podrás analizar cómo se vivieron en cada país hispanoamericano las características generales del siglo XIX que se expusieron en el capítulo 18. Podrás apreciar también los aspectos únicos o singulares de cada nación.

México, la colonia más rica de la América española se independizó no por victorias militares sino por el acuerdo entre los militares, las élites criollas, los españoles y la Iglesia en el Plan de Iguala (1821). ¿Recuerdas en qué consistió? Tras el fracaso del imperio de Agustín de Iturbide el país se organizó en *República federal* con la Constitución de 1824. Pero el federalismo no satisfizo las aspiraciones regionales ni logró sacar a México de la pobreza en que había quedado.

México tuvo una historia única entre las repúblicas. Nació como imperio y fue sucesivamente república federal, centralista, nuevamente imperio y terminó en el federalismo. Todo ello entre dictaduras, caudillismo y violentas guerras civiles. Allí el liberalismo fue más radical que en otros países. México perdió la mitad de su territorio en guerra contra Estados Unidos y cuando no pagó su deuda externa fue invadido por los franceses que crearon el segundo imperio mexicano. Benito Juárez restableció la república. Porfirio Díaz gobernó autoritariamente más de 30 años, bajo la consigna del progreso con las inversiones extranjeras. La Confederación centroamericana se disolvió y las cinco repúblicas vivieron años de inestabilidad. El café atrajo el interés de las potencias y las inversiones capitalistas.

Antonio López de Santa Anna.

Hacendados mexicanos de principios de siglo.

Pronto surgieron las tendencias liberales y conservadoras. El liberalismo con influencias de las logias masónicas vinculadas a Estados Unidos y el deseo de imitar el desarrollo de esta nación. Los liberales lograron la expulsión de los españoles que habían quedado en el país. Por su lado, los conservadores destacaban los valores y el esplendor de la época virreinal, admiraban a Europa y muchos deseaban un gobierno monárquico.

Estas inquietudes y rivalidades favorecieron que el general *Antonio López de Santa Anna* dominara la vida política hasta mediados de siglo. Varias veces depuesto y llamado a dirigir el país, el caudillo se apoyó primero en los liberales, después en los conservadores y, finalmente, en el ejército para ejercer un poder personal y despótico. Recordarás que el cambio del federalismo liberal al centralismo conservador (1834) fue uno de los motivos de la separación de Texas y la guerra contra Estados Unidos. En ella López de Santa Anna dirigió valientemente el ejército hasta caer prisionero.

"Y aún estuvo México a punto de perder la península de California, que le quiso arrebatar el aventurero Walker, que poco después conseguía apoderarse de Nicaragua e intentaba incorporarla a la Unión. Al mismo tiempo Inglaterra afianzaba su dominio sobre Belice, en la costa yucateca; sobre la Mosquitia centroamericana y en 1833 sobre las Malvinas".

J. A. Lacomba y otros. Historia Contemporánea. De las revoluciones burguesas a 1914, pág. 250.

La reforma liberal triunfa con Benito Juárez

En 1855 una sublevación liberal puso en fuga a Santa Anna e inició el proyecto político denominado la *Reforma* . Entre los dirigentes liberales se destacaba el abogado *Benito Juárez,* de origen indio, que confiaba que las leyes y no las armas rigieran la nación igual que en los Estados Unidos. México restableció el federalismo, combatió los latifundios y de manera particular a la Iglesia. Suprimió los fueros de la Iglesia y del ejército, y dispuso la venta forzosa de las tierras de la Iglesia y la supresión de los resguardos indígenas.

La Iglesia y los conservadores reaccionaron contra las medidas y sobrevino la *guerra civil* (1858-1861) favorable inicialmente a los conservadores, hasta que triunfaron Juárez y su partido.

El victorioso presidente proclamó la separación de la Iglesia y el Estado, la libertad de cultos, y decretó la confiscación de los bienes eclesiásticos, la disolución de las comunidades religiosas de hombres y el cierre de los conventos de monjas cuando éstas fallecieren. Varios obispos y sacerdotes fueron llevados a prisión mientras grupos exaltados saqueaban y profanaban algunos templos

Los franceses invaden y crean el segundo imperio

En esta crítica situación el empobrecimiento se agudizó y Juárez *congeló por dos años los pagos de la deuda externa* y las indemnizaciones. Inglaterra, España y Francia acordaron ocupar los puertos de la costa del golfo de México y enviaron sus ejércitos. Juárez llegó a un acuerdo con Inglaterra y España, pero el emperador *Napoleón III de Francia* no aceptó negociación alguna y sus fuerzas invasoras ocuparon la capital y casi todo el país. Juárez tuvo que huir al norte con pocos seguidores.

El propósito de Napoleón III era *crear un poderoso imperio latinoamericano que equilibrara el poderío de los Estados Unidos* y que fuese un gran mercado de la producción industrial francesa. El momento resultaba propicio, pues los Estados Unidos no podían impedir la ocupación francesa debido a que se encontraban en plena Guerra de Secesión. Con apoyo de un grupo de conservadores mexicanos, Napoleón III convirtió a México en un imperio cuya corona ofreció al príncipe austriaco *Maximiliano de Habsburgo* (1864).

Este segundo imperio fracasó en poco tiempo porque Maximiliano tenía ideas liberales y mantuvo vigentes muchas leyes de la Reforma, lo que le hizo perder el apoyo de la Iglesia y de la oligarquía terrateniente. Además Maximiliano no conocía el país ni comprendía que su poder estaba en las fuerzas francesas que combatían la resistencia de Juárez y sus hombres. Finalmente, los franceses se retiraron cuando el gobierno de los Estados Unidos (terminada la Guerra de Secesión) le recordó diplomáticamente la Doctrina Monroe al emperador Napoleón III. Entonces las fuerzas de Juárez aumentaron en número y triunfos.

El emperador Maximiliano de Austria. Pintura en el castillo de Chapultepec.

Maximiliano no huyó y resistió con un pequeño número de conservadores y su ejército privado compuesto por europeos. Creía que los mexicanos deseaban realmente una monarquía y que era su deber defenderla. Vencido en *Querétaro*, fue fusilado junto con sus fieles generales Miramón y Mejía (1867). Juárez no atendió las peticiones de clemencia de los gobiernos europeos y de Estados Unidos;

quería demostrar enérgicamente al mundo que la legitimidad republicana triunfaba sobre la ilegítima intervención extranjera.

El porfiriato: inversión extranjera y nueva oligarquía

Recuperada la independencia, Juárez fue reelegido dos veces y continuó la reforma liberal hasta su muerte (1871). Los conservadores nunca más tuvieron el poder.

Porfirio Díaz, general de la guerra contra el Imperio ganó la presidencia con apoyo popular y en ella se mantuvo 35 años por reelecciones sucesivas. Controló el ejército y con él toda la república. El *porfiriato*, como se ha llamado al gobierno personal y prolongado de Díaz, se desarrolló bajo las ideas *positivistas* del orden y el progreso tan vigentes a fines de siglo. Díaz se rodeó de científicos y técnicos, industrializó el país e hizo construir vías férreas; todo con *capitales extranjeros,* principalmente ingleses y norteamericanos. La política antirreligiosa y anticlerical se mantuvo al principio, pero luego se concedió a la Iglesia mayor libertad de acción.

Porfirio Díaz. Museo Nacional de Historia, Chapultepec, México.

En el campo, la reforma liberal había producido efectos contrarios a los propósitos de Juárez. Los bienes de la Iglesia nacionalizados y vendidos *no* pasaron a los campesinos sino a hacendados oportunistas, usureros y comerciantes. Igual sucedió con las tierras de las comunidades indígenas, desarrollándose como nunca antes los latifundios.

El desarrollo económico y la cultura europea beneficiaron a las *nuevas oligarquías* de terratenientes, comerciantes e industriales, así como a los oficiales del ejército y las altas clases medias formadas en las ciudades. Mientras la gran mayoría de población indígena y mestiza de los campos permanecía marginada del progreso y la educación.

Cuando hacemos el balance de la Reforma liberal, puede parecer que se destacan más las consecuencias

Mestizos e indios en un día de mercado. Grabado del siglo XIX. ¿Qué estamentos sociales puedes caracterizar?

negativas que las realizaciones positivas que realmente logró. Te invito a que hagas tu propia comparación y des tu opinión al respecto.

Se rompe la unidad centroamericana

La Confederación de las Provincias Unidas de Centroamérica nació en 1823, al independizarse de España y México, como bien recordarás por tu estudio del capítulo 15. Aunque allí no hubo largas guerras de independencia, se formaron cuerpos armados de *serviles* (conservadores) y de *fiebres* (liberales) como despectivamente se llamaron unos a otros .

Los liberales ganaron la lucha civil y su caudillo el hondureño *Francisco Morazán* fue presidente durante diez años (1830-1840) y dictó las leyes liberales más radicales para su tiempo: abolición de la esclavitud, supresión de órdenes religiosas, expulsión de sacerdotes, proposición al Congreso de libertad de cultos y venta de las tierras del Estado que estaban generalmente ocupadas por comunidades indígenas.

La situación económica continuó siendo de pobreza y Morazán combatió las resistencias locales que crearon sus leyes y los regionalismos que terminaron por disolver la Confederación. El conservador guatemalteco *Rafael Carrera* al frente de fuerzas indígenas venció a Morazán (1840).

Cada provincia de la Confederación se constituyó en república y Carrera fue el presidente de Guatemala durante 21 años (1844-1865). Proclamó el catolicismno como religión oficial, trajo al clero y a los conservadores desterrados y apoyó el establecimiento de gobiernos conservadores en las otras repúblicas.

"Los caminos de hierro resolverán todas las cuestiones políticas, sociales y económicas que no han podido resolver la abnegación y la sangre de dos generaciones".

Manuel María de Zamacona, ministro liberal de Juárez.

"Para los liberales(...) era necesario extinguir la herencia prehispánica mediante la *transculturación del indio.* Había que hacerlo olvidar sus costumbres e idioma; se le pondría en el camino de la regeneración, dejaría de ser un peligro para la seguridad pública, fortalecería la unidad nacional y contribuiría(...) a la pujanza del nuevo orden".

Luis González. "El liberalismo triunfante" en *Historia general de México,* vol. 2, Colegio de México, 1981, pág. 912.

Centroamérica atrae el neocolonialismo

Los lagos de Nicaragua hicieron de este país la vía de tránsito preferida por norteamericanos y europeos que viajaban a California en busca de oro. Varios presidentes nicaragüenses tuvieron la idea de abrir un canal interoceánico pero no tenían capitales para ello. Inglaterra con igual propósito, se apoderó de la *costa de Mosquitos* (1845) e influyó en la política del país. Como el gobierno de Estados Unidos se interesaba también en un canal por la región, ambas potencias firmaron el *Tratado de Clayton-Bulwer* (1850), por el que se comprometieron a no tomar decisiones unilaterales sino actuar conjuntamente sobre el canal.

La crítica situación interna de Nicaragua y la expansión norteamericana, que acababa de vencer a México y despojarlo de los territorios de Nuevo México y California, incitaron al abogado y periodista *William Walker* a invadir a Nicaragua (1855) con centenares de aventureros también de los Estados Unidos y apoyo de algunos capitalistas de la gran potencia. Walker logró imponerse y convertirse en presidente, pero los gobiernos y ejércitos de El Salvador, Honduras, Guatemala y Costa Rica acudieron en ayuda de los nicaragüenses y expulsaron a Walker. Dos veces intentó regresar este «filibustero» del siglo XIX, hasta que fue apresado y ejecutado en Honduras (1860).

Plaza y catedral de San Salvador.

Liberalismo, café y modernización son las tres características de las repúblicas centroamericanas a partir de los años setenta y ochenta del siglo XIX. Los gobiernos liberales rompieron con la Iglesia, confiscaron sus bienes y establecieron la educación laica y el matrimonio civil como único oficial. La gran producción de café en Costa Rica y El Salvador se extendió a las demás repúblicas. Los ferrocarriles, telégrafos, máquinas y otros elementos de progreso hicieron su aparición con las inversiones del capitalismo extranjero. En Costa Rica, a diferencia de las otras naciones, el cultivo del café favoreció la formación de medianos y pequeños propietarios.

A fines de siglo, las compañías extranjeras incrementaron los cultivos de bananos y la *United Fruit Company* hizo sentir su gran poder económico y aún político sobre los gobiernos y las sociedades de las "repúblicas bananeras", como se les conoció en lo sucesivo.

GLOSARIO

Habsburgo: apellido de la familia reinante en el Imperio austríaco; por ello a Maximiliano y otros príncipes de dicha familia se les llamó indistintamente de Habsburgo o de Austria.

Laicista: partidario de que no exista influencia alguna de la religión en el Estado, la política, la administración pública y, sobre todo, en la educación.

Positivismo: corriente filosófica y científica imperante a fines del siglo XIX y comienzos del XX, según la cual el conocimiento científico, el positivo, sólo se alcanza mediante la observación y verificación de los datos y los hechos. Aplicado a la política, el positivismo consideraba que el desarrollo científico traería progreso y orden a las sociedades.

¿Para qué la Historia?

La información que acabas de recibir te permite manejar con propiedad expresiones tales como: élite criolla, imperio, clero, anticlerical, liberal, conservador, federalismo, centralismo y aplicarlos al proceso histórico mexicano y centroamericano, en el siglo XIX. De igual manera determinar por qué las características del desarrollo económico obedecieron a intereses extranjeros, sentando las bases de problemas aún vigentes en esta región.

Actividades

Trabajo individual

Imagina que eres un liberal de la época de Juárez y prepara un discurso en el cual expondrás a tu grupo el programa de la Reforma liberal.

Trabajo grupal

Organiza un debate con tus compañeros sobre los antecedentes y el proceso de la pérdida de Texas y los demás territorios mexicanos del norte. Escriban las conclusiones y expónganlas en la clase.

Trabajo individual

Responde, en tu libreta:

—¿Qué motivos llevaron a los franceses a invadir a México?
—¿Cuál fue la política de Juárez ante la imposibilidad de pagar la deuda externa? ¿Y ante la invasión francesa?
—¿Cómo reaccionó el pueblo?
—¿Cuál de los dos sistemas llevó a cabo verdaderas reformas: el liberalismo de Juárez o el porfiriato? ¿Por qué?

Trabajo individual

Reúne la mayor información posible sobre uno de los siguientes personajes y elabora su ficha biográfica: Benito Juárez, Porfirio Díaz, Maximiliano de Habsburgo, López de Santa Anna, Francisco Morazán, Rafael Carrera o William Walker. Destaca los valores y antivalores de la obra de tu biografiado.

Trabajo grupal

Con la ayuda de un equipo, prepara un noticiero sobre estos acontecimientos, dando la información y los antecedentes:

El Estado mexicano confisca los bienes de la Iglesia.

Los conservadores guatemaltecos se alían con los indios .

Los gobiernos centroamericanos reaccionan ante la invasión de William Walker y sus aventureros a Nicaragua.

Compañías inglesas y norteamericanas se interesan por el banano y el café centroamericanos.

Países bolivarianos

CAPÍTULO

19

SÍNTESIS

Venezuela evoluciona del centralismo al federalismo

Al separarse de la Gran Colombia (1830), Venezuela adoptó una Constitución centralista y el caudillo nacional fue el general *José Antonio Páez*, a quien ya conociste en la unidad anterior por sus acciones militares en la independencia. Páez dominó la vida política durante más de treinta años como presidente en varios períodos y en otros dirigiendo a partidarios incondicionales a quienes hizo elegir presidente. Para impedir la oposición de militares de la independencia, Páez redujo el ejército y los dejó sin mando. El gobierno practicó el liberalismo económico y tuvo influencias de la masonería, pero mantuvo buenas relaciones con la Iglesia, cuyo clero se había reducido.

Llamados así porque se independizaron gracias a las campañas libertadoras de Simón Bolívar y sus lugartenientes. En Venezuela el Estado se formó bajo el prolongado caudillismo de Páez, el posterior federalismo y una dictadura liberal que modernizó al país. En Colombia hubo pocas dictaduras, menos inversiones extranjeras y muchas guerras. El siglo terminó con una constitución centralista y un Concordato con la Santa Sede. Ecuador tuvo pocos gobiernos estables y varias dictaduras. Un conservatismo clericalista inició la modernización ecuatoriana y fue desplazado por un liberalismo radical. Perú fue un ejemplo de gobiernos militares y su economía se desarrolló con el guano y el salitre. Bolivia afrontó escasez de población, dificultades geográficas para la unidad y la pérdida de su costa en guerra con Chile. El caudillismo militar dominó en todo el siglo.

Al separarse Venezuela de la Gran Colombia, su caudillo nacional, José Antonio Páez, dominó la vida política por más de treinta años.

Las exportaciones de café integraron la República a la economía mundial y dieron prosperidad al país, lo que facilitó a Páez apoyarse en el sector financiero y exportador de Caracas, habilidosamente equilibrado por él con las oligarquías terratenientes.

A mediados de siglo, desapareció la prosperidad exportadora y aumentó la oposición de sectores urbanos y oligarquías terratenientes que se manifestó en ideas liberales. El propio Páez facilitó el triunfo de su antiguo rival *José Tadeo Moragas*, caudillo llanero. Ante el liberalismo que impuso Moragas al Congreso, donde había mayoría conservadora, Páez intervino pero fue derrotado y desterrado.

Escena de vida cotidiana en una capital del siglo XIX.

Bajo la presidencia de José Tadeo Moragas, sucedido por su hermano José Gregorio, *se estableció el federalismo* y se abolió la esclavitud, pero se revitalizó la fuerza militar, favoreciendo con ello la guerra civil que libraron los *azules* (conservadores) contra los *amarillos* (liberales) durante cinco años(1858-1863). Páez, llamado por los conservadores, recuperó el poder dos años más hasta que renunció y se exilió.

A la caída definitiva de Páez (1863) se impuso una constitución federal y el nombre *Estados Unidos de Venezuela*, pero las guerras civiles continuaron, más que entre partidos e ideologías, entre caudillos regionales defensores de intereses económicos diversos. Este período anárquico terminó con el triunfo de *Antonio Guzmán Blanco* que gobernó, salvo breves intervalos, durante 19 años (1870-1889). La dictadura personal de Guzmán Blanco consolidó el liberalismo que modernizó el país, abriéndolo a las inversiones de capitales extranjeros, y se introdujeron vías ferreas, telégrafos y maquinarias. Numerosas obras públicas quitaron a Caracas su aspecto colonial.

La ideología liberal se manifestó radicalmente en la separación de la Iglesia y el Estado, el establecimiento del matrimonio civil y la educación laica, el cierre de conventos femeninos, la expulsión de religiosos y la confiscación de bienes eclesiásticos. Ante la oposición de la Iglesia, el arzobispo de Caracas y el nuncio fueron expulsados y otros eclesiásticos encarcelados.

Una revuelta derrocó a Guzmán y nuevamente sobrevinieron guerras civiles. A fines de siglo, el país se vio envuelto en rivalidades con Inglaterra por el litigio fronterizo con la Guayana y las exigencias del neocolonialismo europeo ante la enorme deuda externa.

Colombia entre la modernización y las guerras civiles

Disuelta la Gran Colombia, el país se organizó bajo una nueva Constitución (1832) que le dio el nombre de *República de Nueva Granada*, asumiendo la mayor parte del pago de las deudas de guerra contraídas por la Gran Colombia. El caudillo de la independencia *Francisco de Paula Santander*, durante su gobierno, dio a la República un carácter civilista y jurídico, impulsó la educación y reorganizó la hacienda pública.

A mediados de siglo, durante la presidencia de José Hilario López se abolió la esclavitud y se estableció el librecambio. El gobierno decretó también *radicales medidas contra la Iglesia*: supresión del fuero de los eclesiásticos, designación de párrocos mediante elecciones y expulsión de los jesuitas. La Iglesia reaccionó y varios obispos fueron desterrados. Finalmente la *Constitución de 1853* proclamó el sufragio universal de los varones mayores de edad y la separación Iglesia-Estado, a lo cual siguió el establecimiento del matrimonio civil y otras instituciones del liberalismo radical europeo.

Tejedora y arriero en las montañas andinas. Pintura de Carmelo Fernández.

Artículo 13...Todos los venezolanos pueden elegir y ser elegidos para los destinos públicos si están en el goce de los derechos de ciudadanos...

Artículo 14... Para gozar de los derechos de ciudadano se necesita: 1o. Ser venezolano. 2o. Ser casado o mayor de veintiún años. 3o. Saber leer y escribir, pero esta condición no será obligatoria hasta el tiempo que designa la ley. 4o. Ser dueño de una propiedad raíz cuya renta anual sea de cincuenta pesos, o tener una profesión, oficio o industria útil que produzca cien pesos anuales sin dependencia de otro en clase de sirviente o gozar de un sueldo anual de ciento cincuenta pesos.

José Gil Fortoul. *Historia Constitucional de Venezuela*, 1954, pág. 351.

Santafé de Bogotá. La plaza mayor durante los primeros años de la república.

¿Encuentras semejanzas entre este proceso colombiano y el de México o de Venezuela?

El librecambio y sus efectos dividieron a los liberales: los *gólgotas*, comerciantes que defendían el sistema e importaban artículos europeos, y los *draconianos* o artesanos que formaron las llamadas *sociedades democráticas* y desataron revueltas exigiendo medidas proteccionistas para sus manufacturas. Esta división facilitó el regreso de los conservadores al poder y otra Constitución (1858) que preparó el federalismo y cambió el nombre del Estado por el de: *Confederación Granadina.* Poco después se impuso por las armas el caudillo *Tomás Cipriano de Mosquera* al frente de los liberales *radicales*. Se estableció el régimen federal y la denominación *Estados Unidos de Colombia* (1863) y fueron expropiados los bienes eclesiásticos.

Hacia 1880 el presidente radical *Rafael Núñez* dio un viraje a la política: creó el partido nacional con liberales moderados y conservadores e inició el proyecto denominado *La Regeneración.* La caída del tabaco en el mercado mundial y el desarrollo del café contribuyeron a la decadencia del radicalismo liberal, que terminó vencido por las armas. El presidente Núñez abolió el federalismo, proclamó la Constitución de 1886 que restableció el Estado unitario con el nombre de *República de Colombia* y el catolicismo como religión de la Nación. Mediante el *Concordato de 1887* se reanudaron las relaciones Iglesia-Estado. Núnez fue presidente hasta su muerte y dejó consolidado el orden constitucional, pero a comienzos del siglo XX liberales y conservadores volvieron a enfrentarse con las armas.

"Si las armas han dado la independencia, sólo las leyes nos darán la libertad".

General Francisco de Paula Santander, patriota, vicepresidente de la Gran Colombia y presidente de la República de Nueva Granada (Colombia).

Ecuador bajo la intolerancia de caudillos y partidos

En mayo de 1830, el país se separó formalmente de la Gran Colombia y el ecuatoriano *Juan José Flores* fue designado presidente. La Asamblea Constituyente de Riobamba reconoció jurídicamente el nombre *Ecuador*, que venía reemplazando al de Quito desde la formación de la Gran Colombia. El gobierno autoritario de Flores se apoyó en la fuerza militar libertadora y las tendencias conservadoras de la oligarquía de la Sierra. Comerciantes y plantadores de Guayaquil, abiertos al desarrollo económico y afiliados a las ideas liberales, le enfrentaron al caudillo *Vicente de Rocafuerte*. Ambos llegaron a un acuerdo y se alternaron en el poder, pero cuando Flores reasumió la presidencia modificó la Constitución. Derrocado por una sublevación liberal (1845), intentó regresar al país y continuó influyendo desde el exterior.

A mediados de siglo, con el general Urbina penetró el liberalismo ideológico, fue abolida la esclavitud y se dictaron medidas laicistas. Después de años de inestabilidad, se impuso la sociedad tradicional quiteña con el conservador *Gabriel García Moreno* (1860-1875), hombre ilustrado y de honestidad administrativa que inició la modernización de Ecuador con el primer ferrocarril, escuelas de ingeniería y arquitectura, y observatorios astronómicos. García Moreno reorganizó la escuela de medicina, introdujo estudios de física y química e impulsó la educación pública con centenares de colegios, incluso para mujeres e indios, que confió a las comunidades religiosas.

Gabriel García Moreno es un personaje muy controvertido porque impuso fanáticamente sus convicciones católicas y su gobierno dictatorial. Su gobierno le ganó ardientes partidarios y violentos enemigos. Estos lo asesinaron, pero los conservadores se mantuvieron en el poder veinte años más.

A finales de siglo (1895) triunfaron los liberales con *Eloy Alfaro*, caudillo costeño que de una intransigencia religiosa llevó a Ecuador a un laicismo no menos intolerante y fanático contra la Iglesia. Esta perdió los privilegios del período conservador y la dirección de la educación. Alfaro aceleró la modernización, la entrada de capitales y la economía de exportación. La

Mestizos de la sociedad limeña. Sus vestidos muestran la mezcla de elementos europeos e indígenas, aunque preferían los accesorios españoles.

La *Guerra del Pacífico* fue el conflicto de Chile contra Bolivia y Perú, duró cuatro años (1879-1883) y tuvo su origen en la explotación de salitre, nitrato, platino y guano en el desierto de Atacama cuya parte sur pertenecía a Chile, la central a Bolivia y la del norte a Perú. Chile declaró la guerra a Bolivia cuando ésta aumentó el impuesto al salitre boliviano cuya explotación había sido concedida a los chilenos. Perú entró en la guerra al lado de Bolivia pero las tropas y la armada chilena vencieron en tierra y mar a los aliados. Bolivia perdió su salida al mar y Perú la región de Tacna y Arica. Muchos años después... (1929) Chile devolvió el puerto de Tacna a Perú.

Resumido de Augusto Montenegro González, *Historia de América*, 1990, págs. 187 y 188.

relativa estabilidad liberal terminó cuando Alfaro, reelegido por tercera vez, fue asesinado (1912).

Perú padece militarismo y guerras

Poco después de la independencia, Perú formó la *Confederación peruano-boliviana* pero esta unión no duró por la guerra que le declararon Chile y Argentina (1839), temerosas de que llegara a ser un poderoso Estado.

En la anárquica lucha entre caudillos de Perú terminó imponiéndose el mariscal *Ramón Castilla* (1844), cuyo progresista gobierno se debió al guano y al salitre. Bajo Castilla se saneó la deuda externa y llegaron los primeros ferrocarriles, telégrafos y también los comerciantes extranjeros. Castilla volvió años después a la presidencia ante la mala administración de sus sucesores. En esta segunda etapa (1855-1862) Castilla *aplicó moderadamente el liberalismo*: abolición de la esclavitud y el tributo de las comunidades indígenas que estaba vigente en Perú.

En 1864 una flota española ocupó las *islas Chincha* , muy ricas en guano y el general *Mariano Prado* se proclamó dictador, declaró la *guerra a España* en la que tuvo de aliados a Chile, Bolivia y Ecuador. Finalmente, las islas Chincha volvieron a la soberanía de Perú cuando el gobierno de los Estados Unidos sirvió de mediador. Estos intentos de España de recuperar territorios ocurrieron por la misma época en que los franceses invadían a México, según vimos en el capítulo anterior, ¿qué opinas sobre estas coincidencias?

Gabriel García Moreno. De profundas convicciones católicas y jefe de un gobierno dictatorial.

Nuevos sectores sociales surgidos de la explotación del guano formaron un partido civilista que llegó al poder, pero los años de bonanza habían pasado, el Estado no pudo pagar sus deudas y el general Prado volvió a ejercer la presidencia. Durante su mandato ocurrió la *Guerra del Pacífico* contra Chile y en ella Perú perdió su área de salitre. Al finalizar el siglo triunfó una *coalición cívico-demócrata*, integrada por nueva fuerza política, que controló a los militares, reorganizó el Estado e inició la recuperación económica de Perú.

Bolivia pierde su salida al mar

Disuelta la Confederación con Perú, los peruanos intentaron imponerse en Bolivia pero fueron vencidos (1841). La reorganización estatal fue interrumpida por un alzamiento que llevó al poder al general *Manuel Belzú* (1848-1855) e inició la serie de caudillos dictatoriales y demagógicos apoyados en los cuarteles y los sectores populares. La dictadura más brutal fue la de *Mariano Melgarejo* (1864-1871) que gobernó con los soldados y las muchedumbres. Ordenó la venta de las tierras indígenas que fueron acaparadas por los oportunistas.

En la primera mitad del siglo, el Estado se sostuvo con los ingresos de las exportaciones de la quina y desde la tiranía de Melgarejo con el auge del salitre y el guano de la costa. Pero estos ingresos y la costa productora se perdieron en la *Guerra del Pacífico* (1879-1881) que has visto citada antes porque Perú también perdió en ella. El desastre del conflicto facilitó que los civiles ganaran las elecciones, ya organizados en los partidos conservador y liberal y con el propósito común de acabar con el caudillismo militar.

Los gobiernos conservadores (1884-1898) desarrollaron la educación pública y reorientaron la vida de la nación hacia el interior. El auge de la explotación y exportación de plata recuperó la economía del país y enriqueció a una oligarquía. Al terminar el siglo (1898), una revuelta dio el poder al partido liberal con apoyo de estratos medios urbanos, comerciantes y pequeños mineros. El gobierno liberal estableció el federalismo y trasladó la capital a La Paz. La fuerte rivalidad entre las ciudades de Sucre y La Paz, el auge minero con la explotación del estaño, los ferrocarriles y otra pérdida territorial a manos de Brasil caracterizaron la Bolivia liberal que duró hasta 1920.

Si observas el mapa apreciarás la reducción sucesiva que a manos de Chile y Brasil padeció Bolivia. Seguro que recuerdas el porqué la ciudad de Sucre lleva este nombre, pero quizá no te acuerdas que en la época colonial fue conocida por los nombres de *La Plata, Charcas y Chuquisaca.* Por ello "Sucre es la ciudad de los cuatro nombres". ◆

GLOSARIO

Concordato: tratado entre la Santa Sede y el jefe de un Estado, que regula las relaciones entre la Iglesia y el Estado, particularmente en materia de legislación matrimonial, educación, misiones, impuestos a los bienes eclesiásticos y régimen judicial especial para el clero.

Guano: fertilizante formado por los cadáveres y excrementos de las aves marinas, que se emplea como abono.

Mariscal: más alto grado en la jerarquía militar. Establecido por Napoleón e incorporado en algunos países americanos.

Nitratos: sólidos cristalizados que se emplean para el crecimiento y vigor de las plantas; el más utilizado es el nitrato de Chile.

Salitre: nombre comercial de un tipo de nitrato muy rico como abono y para fabricar explosivos.

¿Para qué la Historia?

El presente capítulo te ha enseñado cómo evolucionaron los países que se habían independizado en violentas y heroicas campañas militares. En esta evolución tú puedes apreciar cómo concurrieron dos importantes aspectos. Por una parte, las duraderas consecuencias de aquellas terribles guerras en la vida política, social y económica de las repúblicas bolivarianas. Por otra, la demanda de productos por parte de Inglaterra y otros países capitalistas, que ya estudiaste en el capítulo 16. Ambos aspectos condicionaron que los Estados se formaran lenta e inestablemente y que sus economías tuvieran dificultades para insertarse en el comercio mundial y desarrollarse internamente.

Actividades

Trabajo individual

Dibuja un mapa de los países bolivarianos, traza los límites del siglo XIX y con otro color los límites actuales. Sitúa la capital y pega una ilustración distintiva de cada uno de estos países.

Trabajo grupal

Organiza dos grupos para un debate entre partidarios del librecambio y defensores del proteccionismo económico. Cada grupo sustentará sus argumentos sobre las ventajas de su sistema para el desarrollo económico de Colombia, Venezuela, Ecuador, Perú y Bolivia, en el siglo pasado y también en la actualidad.

Trabajo individual

Consulta en la biblioteca, para precisar cuándo se proclamó el sufragio universal de hombres y mujeres en cada república bolivariana y qué consecuencias tuvieron estos hechos.

Trabajo individual

Observa la tabla cronológica al final de la unidad y contesta, brevemente, en tu libreta:

—¿Qué sucedió en los países bolivarianos entre 1846 y 1861?

—¿Encuentras algunas relaciones o semejanzas de estos hechos con los ocurridos en Estados Unidos, México y Centroamérica por los mismos años?

—¿Coincidieron los triunfos liberales en cada república bolivariana? ¿Y en México y Centroamérica?

Trabajo grupal

Organiza cinco grupos con tus compañeros, un grupo por cada país bolivariano y del cual analizará los siguientes puntos:

Manifestaciones y personajes del caudillismo
Características y hechos importantes de las pugnas entre liberales y conservadores.
Abolición de la esclavitud y sus consecuencias.
Con qué productos se integró a la economía mundial y cuáles fueron sus consecuencias.
Al final se contrastarán las respuestas de los grupos y se darán a conocer las conclusiones en la clase.

El Cono Sur y Brasil

CAPÍTULO

20

SÍNTESIS

Inmigración europea y expansión económica

Argentina, Uruguay, Paraguay y Chile son los países del Cono Sur, así llamado por la forma geométrica que tiene el continente americano en su extremo meridional. Es la América Latina de cuatro estaciones (iguales climas que Europa, Estados Unidos y Canadá), lo que condicionó, según recordarás, que se integraran a la economía mundial, exportando trigo y otros productos de climas europeos. Aunque Chile dependió más de la exportación de cobre, nitratos y salitre.

Íntimamente relacionado con las naciones del Cono Sur se encuentra *Brasil*, que no forma parte de Hispanoamérica. ¿Podrías explicar por qué Brasil no es hispanoamericano pero sí latinoamericano?

El Cono Sur y Brasil vivieron un proceso único y de grandes consecuencias: la inmigración masiva de italianos, españoles, portugueses (éstos especialmente a Brasil) y algunos grupos de franceses y alemanes. O sea, mayoritariamente de origen latino, a diferencia de los inmigrantes de origen

Argentina puso fin al caudillismo a mitad del siglo y el federalismo fue la solución a la pugna entre Buenos Aires y las provincias. Uruguay padeció luchas entre partidos con sus caudillos militares hasta que la inmigración y las exportaciones de carne le dieron estabilidad y riqueza. Paraguay vivió sucesivamente aislamiento, apertura al comercio y terrible guerra contra sus vecinos que la sumió en la pobreza. Chile fue la primera nación de Hispanoamérica que se estabilizó política y económicamente. El régimen imperial de Brasil mantuvo el orden y la unidad del enorme territorio. Esclavitud, expansión cafetera, equilibrio entre partidos e inmigración caracterizaron al Imperio.

Inmigración europea entre 1850 y 1914.

germánico que recibió Estados Unidos. Los europeos y sus descendientes aumentaron considerablemente la población de estos países, especialmente en las ciudades, cambiaron la composición racial pues tuvieron mayoría de blancos y proporcionaron trabajadores para el campo y las industrias.

Algunos historiadores llaman al proceso inmigratorio "*la segunda conquista de América*" . ¿Qué argumentas tú al respecto? No te olvides que los emigrantes españoles (aunque en número menor) se radicaron también en Cuba, Venezuela y Puerto Rico.

Vida en la pampa argentina.

Argentina: poblamiento, educación y prosperidad

Las *Provincias Unidas del Río de la Plata* vivieron el período de los caudillos y el enfrentamiento de las doce provincias del interior con el centralismo de la próspera provincia de Buenos Aires, vinculada al mercado mundial. El hacendado *Juan Manuel Rosas* con apoyo de su clientela ejerció un gobierno tiránico (1835-1852) por la privación de libertades y la cruel represión a sus opositores. Sin embargo, Rosas echó las bases de la unidad argentina al combatir a los caudillos regionales y coaligar contra él las distintas tendencias políticas.

La estabilización comenzó a la caída de Rosas con la *Constitución federalista de 1853* que dio al país el nombre definitivo de *República Argentina* y estableció un liberalismo moderado. El lema del político *Juan Bautista Alberdi* "Gobernar es poblar" se convirtió en la consigna que abrió el país a los emigrantes europeos. Hasta 1930, Argentina recibió la mayoría principalmente italianos y españoles; seis millones, de los cuales la mitad se radicó allí definitivamente.

La unidad nacional se afirmó con el general *Bartolomé Mitre* en cuyo gobierno (1861-1868) se comenzaron las vías férreas y se impulsó el comercio de carnes y tasajo. *Domingo Faustino Sarmiento*, "el presidente maestro" (1868-1874) fomentó la educación y la entrada de europeos. Argentina participó en la Guerra contra Paraguay, despojando a esta república de un territorio junto al río Paraná. Los gobiernos sucesivos terminaron la conquista de la pampa y el desierto del sur en guerra contra los indios que quedaban.

A fines de siglo, Argentina era la república modelo de Hispanoamérica por el auge demográfico, el nivel educativo e intelectual superior al de otras

Es imposible adivinar la razón que movía a cada individuo a cruzar "el charco", como llamaron los emigrantes españoles al océano Atlántico con mezcla de humor y afectación. Pero el análisis de las condiciones económicas y sociales de los países de procedencia indican, claramente, que hubo tensiones que empujaban a los emigrantes a dejar el solar patrio en busca de mejores oportunidades.

naciones, los ferrocarriles que comunicaban el país y la expansión económica debida a las exportaciones de cereales y carnes congeladas y a las inversiones de capitales europeos y hasta nacionales. Una nueva oligarquía de ganaderos y comerciantes, organizados en partido nacional, controló el gobierno desde 1880 y dictó medidas anticlericales sobre la educación, el matrimonio y los registros públicos.

Uruguay: del caudillismo a la democracia

Cuando Uruguay se independizó de Brasil (1828), los militares asumieron el liderazgo de los *blancos* (conservadores) y *colorados* (liberales). Los colorados agrupaban a hacendados y campesinos. Los blancos eran los oligarcas mercantiles de Montevideo que contaban con el apoyo extranjero. Desde mediados de siglo, gobernaron los colorados y estimularon la inmigración y las inversiones europeas.

La exportación de carnes y la llegada de extranjeros formaron estratos sociales de nivel medio y de trabajadores urbanos. Su dirigente, *José A. Battle* renovó el partido colorado y modernizó a Uruguay en varios mandatos presidenciales desde 1899. El *battlismo*, continuado por sus sucesores, afianzó el Estado, impulsó las industrias y exportaciones y marginó la religión de la educación y la vida civil.

Paraguay: aislamiento y guerra con los vecinos

Esta república fue una excepción en la historia del Cono Sur. El abogado *Gaspar Rodríguez de Francia* impuso la dictadura personal que ejerció hasta

Entrada del general Venancio Flórez a Montevideo.

Gauchos en una pulpería.

"A partir de 1880, Europa experimentó una presión demográfica generalizada por disminución de la mortalidad (...) Las naciones industrializadas absorbieron(...) el excedente(...), mas el crecimiento económico tardío del Mediterráneo y Europa Oriental no avanzaba al paso del demográfico. La industrialización incipiente de estos países no dispuso, por su lado, de suficientes puestos de trabajo(...) No le quedó, pues, más remedio a esas masas que viajar multitudinariamente hacia el Nuevo Mundo, al Norte y al Sur(...)".

Nicolás Sánchez-Albornoz, *La población de América Latina,* pág. 174 y 175.

su muerte (1813-1840). Aisló al país de todo comercio y relación cultural con el exterior, y expulsó a extranjeros y comunidades religiosas, aunque mantuvo la religión católica y exigió una moral estricta. La dictadura del *Doctor Francia* (como lo llamaban) creó conciencia nacional e impidió la formación de oligarquías y la lucha de partidos que hubieran desestabilizado al país.

La dictadura fue continuada por *Carlos Antonio López* (1844-1862), quien abrió a Paraguay al comercio exterior por los ríos Paraná y La Plata, tras obtener la libertad de navegación de parte de Argentina. Le sucedió su hijo *Francisco Solano López* (1862-1870) quien buscando una salida al Atlántico por el río Uruguay, organizó un poderoso ejército que despertó el recelo de las tres naciones limítrofes y desató la guerra al protestar por una intervención brasileña en Uruguay.

La *guerra entre Paraguay y la Triple Alianza* de Brasil, Argentina y Uruguay duró cinco años (1865-1870), fue cruenta y el pueblo paraguayo luchó heroicamente junto a su caudillo hasta que fueron aniquilados por los ejércitos y las flotas de los aliados. Solano López murió combatiendo. Brasil y Argentina se anexaron partes del territorio paraguayo (Uruguay no reclamó nada). La pérdida de vidas fue dramática: de 1 330 000 habitantes quedaron 220 000 y de éstos sólo 28 000 eran varones adultos. Durante años el país sufrió dictaduras.

Chile: estabilidad política y auge económico

El territorio de Chile era menos extenso que el actual, de modo que no existían economías ni regiones rivales, pero sí el caudillismo. Bernardo O'Higgings gobernó autoritariamente (1818-1823) hasta que la aristocracia criolla lo forzó a renunciar. Sobrevino un período de luchas civiles entre caudillos y en ellas se formaron dos agrupaciones rivales: *pelucones y pipiolos.* Los pelucones dieron origen al partido conservador y los pipiolos al liberal.

Los pelucones tomaron el poder y promulgaron la *Constitución centralista de 1833* que dio amplios poderes al Ejecutivo, limitó el voto a los propietarios que supieran leer y escribir y proclamó la religión católica oficial de la nación. El autor de esta Constitución fue *Diego Portales*, pelucón que nunca fue presidente pero desde sus cargos de vicepresidente y ministro hizo cumplir la Constitución y las leyes, estabilizó al país y fomentó la educación. Tras una depuración de pipiolos, el ejército quedó limitado a defender la frontera de los araucanos. La prosperidad comenzó con el descubrimiento y explotación de minas de plata y las exportaciones de trigo a California.

¿Podrías citar algún político que sin llegar a ser jefe de Estado ha tenido un poder similar al de Portales en Chile? ¿Por qué esas personas no llegan a ejercer el poder ejecutivo?

A partir de 1861 gobernaron los pipiolos con ideas liberales moderadas que equilibraron los poderes del Ejecutivo y el Legislativo. Aumentó la inmigración comenzada años antes, terminó la guerra contra los araucanos, completándose la conquista y explotación del sur. La *Guerra contra España* (1866) y la *Guerra del Pacífico* (1879) consolidaron el nacionalismo y la confianza de los chilenos en su Estado. La región del Atacama fue conquistada a Bolivia y Perú, de modo que el salitre y el nitrato pasaron a ser los productos básicos de exportación a Europa.
Los cambios económicos y sociales originaron nuevas oligarquías de la minería y las finanzas, que reclamaron el poder. Mediante la denominada "revolución de 1891" se impuso el *partido radical* que estableció el *régimen parlamentario* propio de los países europeos. El poder ejecutivo perdió importancia y las oligarquías dominaron el Congreso. El partido radical adoptó medidas que redujeron la influencia de la Iglesia. Durante esta gran expansión económica los estratos medios se organizaron en partidos y los mineros formaron sindicatos.

Brasil: una excepción en Latinoamérica

En el conjunto republicano de Latinoamérica, el Imperio brasileño aparecía como un Estado retrógrado, gobernado por un monarca, con aristocracia que ostentaba títulos de condes, marqueses, barones, y figuraba entre los grandes países esclavistas del mundo. Sin embargo, el Imperio duró más de sesenta años (1822-1889) y libró a Brasil de las guerras civiles, las dictaduras y el fraccionamiento de su territorio.

"Si no hubiese sido emperador, sería maestro de escuela: no conozco más ambición que ésa, dirigir las inteligencias jóvenes y preparar los hombres del futuro".

Pedro II emperador de Brasil.

La mano de obra barata se hizo necesaria en las plantaciones de azúcar y de algodón.

"La explotación del caucho comenzó cuando Charles Goodyear inventó el procedimiento de vulcanización, consistente en agregarle azufre y hacerlo más resistente a las altas temperaturas, y se aplicó a la industria automotriz. La selva amazónica proporcionaba un nuevo producto a una industria nueva y el Imperio brasileño hizo concesiones de explotación a compañías extranjeras. La región boliviana de Acre era rica en caucho y por ello, Brasil la invadió".

Augusto Montenegro González, *Civilización 8*, página 187.

La proclamación de *Pedro I* como emperador de Brasil (1822) aseguró pacíficamente la independencia de Portugal y las relaciones comerciales y culturales con la antigua metrópoli. La *Constitución centralista de 1824* estableció, además de los tres poderes (ejecutivo, legislativo y judicial) el *poder moderador* del monarca. Este, sin embargo, se impuso autoritariamente a los terratenientes que reclamaba el federalismo.

Ante una revuelta (1831) Pedro I abdicó en su hijo, un niño de cinco años que quedó bajo la tutoría de *José Bonifacio de Andrade*, rico hacendado e intelectual que había influido en la independencia. Un *Consejo de Regencia* gobernó al país durante un período de revueltas separatistas y hostilidad entre liberales y conservadores. Para asegurar el sistema monárquico, la Regencia aprobó un semifederalismo.

Proclamado a los 14 años, *Pedro II* (1840-1889) demostró condiciones para gobernar. Ejerció el poder moderador y mantuvo el equilibrio político alternando gabinetes conservadores y liberales. Igualmente contemporizó la autonomía regional y mantuvo su poder de nombrar a los gobernadores provinciales.

La gran producción y exportación de café y de azúcar incorporó a Brasil al capitalismo mundial y llegaron los barcos de vapor, ferrocarriles, maquinarias agrícolas y hasta una incipiente industrialización con cien fábricas. La inmigración de portugueses, italianos, españoles, franceses, alemanes duplicó la población, cambió la composición racial de Brasil y le proporcionó maestros, empleados y obreros. El Imperio gozaba de prestigio por la estabilidad política que no tenían las repúblicas.

Pero el poderío militar y la riqueza cafetera y azucarera del Imperio descansaban en la esclavitud, pese a las presiones de Inglaterra y la opinión

Molino portátil de azúcar, del nordeste del Brasil , a mediados del siglo XIX.

mundial contra el sistema. El movimiento antiesclavista creció y obtuvo gradualmente la abolición de la trata (1850), la libertad de los nacidos de madre esclava (1871), la de los esclavos con más de sesenta años y, por último, la *Ley Áurea* que abolió la esclavitud (1888). Un millón de esclavos quedó libre. La Ley fue aprobada bajo un gabinete conservador y firmada por la *princesa Isabel*, quien ocupaba la regencia durante un viaje de su padre por Europa.

El fin de la esclavitud marcó también el del Imperio: los hacendados, el clero y el ejército le retiraron su apoyo. Los primeros porque la Ley Áurea entró a regir de inmediato y sin indemnización a los dueños de esclavos; el clero por el apoyo imperial a la masonería, las medidas anticlericales y el encarcelamiento de obispos que se opusieron a ellas; y el ejército porque se había vuelto republicano al contacto con los argentinos y la difusión de estas ideas en la escuela militar.

Un golpe militar proclamó la República, sin violencia ni sangre. Pedro II y su familia fueron embarcados a Portugal (1889). Una asamblea aprobó la *Constitución federal*, inspirada en la de Estados Unidos. Fue elegido presidente el mariscal *Deodoro Da Fonseca*, jefe de los golpistas. La República continuó la expansión económica y las inmigraciones.

GLOSARIO

Gauchos: ganaderos de las pampas argentinas y las llanuras de Uruguay y sur de Brasil, excelentes jinetes y muy diestros en el manejo del lazo.

Pelucones: nombre despectivo dado a los conservadores chilenos por su apego a las tradiciones coloniales simbolizadas en las pelucas del siglo XVIII.

Pipiolos: apodo igualmente despectivo que recibían los liberales chilenos por ser demasiado jóvenes muchos de sus dirigentes.

Regencia: gobierno interino en una monarquía mientras el rey o emperador es menor de edad; suele formarlo un consejo presidido por la madre o el tutor del rey.

Régimen parlamentario: sistema en que el congreso o parlamento tiene derecho a pedirle cuenta de sus actos al gobierno y el retiro de algunos de sus ministros o todos; en América este sistema rige solamente en Canadá y otras antiguas colonias de Inglaterra.

¿Para qué la Historia?

Acabas de conocer el desarrollo de las repúblicas que forman la "América europea", por su población, la influencia cultural y las relaciones económicas desde el siglo XIX hasta mediados del siglo XX. Brasil y el Cono Sur recibieron de Europa no solamente capitales; junto con ellos llegaron la ciencia, la tecnología, los sistemas educativos, las vacunas y otros progresos de la medicina y la salud. Sin duda, una América muy distinta a las Grandes Antillas con gran influencia norteamericana. Esto te permite conocer y comprender mejor a las naciones hermanas del continente. Y cómo la unidad histórica y socioeconómica de Latinoamérica está matizada por una gran variedad.

Actividades

Trabajo individual

En tu libreta, responde los puntos siguientes:

— ¿De qué países procedían los europeos que emigraron a las naciones del Cono Sur y Brasil?

— ¿Por qué escogieron estos países de Suramérica y no otros de Latinoamérica?

— Compara esta inmigración con la que llegó a Estados Unidos, en cuanto al número, la procedencia, el tipo de inmigrante y las consecuencias para las naciones que los acogieron.

— Compárala también con la inmigración que recibió Puerto Rico en la segunda mitad del siglo XIX.

Trabajo individual

Imagina que eres un periodista del siglo XIX, viajas a Argentina y tienes la oportunidad de entrevistar a Juan Manuel Rosas, Bartolomé Mitre y Domingo Sarmiento. ¿Qué preguntas le harías a cada uno? Escríbelas en tu libreta.

Trabajo individual

¿Qué opinión te merece la frase de la página 183? Escríbela en tu libreta.

Trabajo grupal

Forma con tus compañeros cinco grupos, uno por cada país bolivariano. Cada grupo analizará del país escogido, lo siguiente:

— ¿Cómo se consolidó el Estado nacional?

— ¿Cómo fueron las relaciones Iglesia-Estado?

— La integración a la economía mundial y el porqué de la gran expansión económica.

Al final se contrastará la diferencias del Imperio de Brasil con las repúblicas de la región y las razones de las diferencias.

Trabajo individual

Escribe, en tu libreta, la opinión que tienes sobre esta afirmación:

El desarrollo de la educación debe ser prioritario para el Estado porque sin ella el pueblo no alcanza la madurez política ni la capacidad para explotar los recursos de la nación.

Trabajo grupal

Forma dos equipos con tus compañeros. Uno prepara un reportaje para la televisión sobre la Guerra del Pacífico y el otro hace lo mismo sobre la Guerra del Paraguay.

Las Antillas

CAPÍTULO
21
SÍNTESIS

Haití evoluciona de monarquía a república

Recuerda que Haití era colonia de Francia y que después del fracaso de *Toussaint L'Ouverture*, otro antiguo esclavo, *Juan Jacobo Dessalines* logró liberar al país de la soberanía francesa (1804) y se proclamó emperador. El gobernó apoyado en el ejército, igual que su sucesor Enrique Cristóbal (Enrique I). Los partidarios de una república se organizaron al sur con el presidente *Alejandro Petion*, colaborador de Bolívar a la independencia suramericana, según viste en el capítulo 15. Años más tarde (1820) *Haití se reunificó bajo un sistema republicano*, aunque otro de sus presidentes, el general *Faustino Soublette* (1847-1859) gobernó también con el título de emperador.

A excepción de Haití y República Dominicana, el mundo antillano fue una América colonial durante el siglo XIX. Haití se dividió inicialmente en dos estados, uno de ellos monárquico, y al reunificarse siguió gobernada por caudillos militares. República Dominicana padeció la dominación haitiana más de veinte años, volvió a ser colonia de España en la segunda mitad del siglo y finalmente reinició su vida republicana. Estas naciones y las Antillas inglesas, francesas y holandesas no pudieron competir con Brasil y Cuba en su producción tropical. Puerto Rico y Cuba continuaron siendo colonias de España, esclavistas y prósperas productoras de azúcar, principalmente Cuba donde los criollos libraron guerras por su independencia. El siglo finalizó con la Guerra hispanoamericana.

Las antillas y las colonias europeas en las costas continentales.

Estatua del negro cimarrón en Puerto Principe, Haití.

Esta preferencia por la monarquía se debió al recuerdo de admiración hacia Napoleón Bonaparte y a la idea de los caudillos respecto a que el sistema aseguraba la lealtad de las tropas mejor que una república. El resto del siglo, Haití continuó gobernado por caudillos militares negros y desarrolló la agricultura en pequeñas propiedades, porque desde la independencia las tierras habían sido repartidas entre los miembros del ejército y la administración.

Pero el país no recobró su gran producción azucarera y cafetera del siglo anterior. La pobreza se agudizó por la imposibilidad de vincularse al mercado mundial y por la deuda de 150 millones de francos que le impuso Francia por reconocer la independencia.

República Dominicana bajo dominaciones diferentes

Como ya se trató en la unidad sobre la Independencia de América, la parte oriental de La Española, o sea, *el Santo Domingo español*, había pasado al dominio de Francia (1795) pero los sucesos de Haití facilitaron el *restablecimiento de la soberanía española* (1809) por un alzamiento de criollos y peninsulares. Años más tarde *los criollos se independizaron de España* (1821), pero los haitianos aprovecharon la inestable situación, *invadieron a Santo Domingo y lo mantuvieron anexado durante 22 años* (1822-1844). Las diferencias de idiomas, población y culturas entre haitianos y dominicanos, no hicieron duradera esta unión.

Con el liderazgo de *Juan Pablo Duarte* los dominicanos expulsaron a los soldados haitianos y crearon una Junta de gobierno (1844). Entre los dirigentes se impuso *Pedro Santana* cuyo gobierno pidió y obtuvo la *anexión a España* para impedir nuevas invasiones de Haití y mejorar la empobrecida economía nacional. Tras cuatro años (1861-1865) de desastroso regreso a la condición de colonia, los dominicanos proclamaron su *tercera y definitiva independencia.* Desde entonces, la nueva república vivió golpes de estado, amenazas de invasión haitiana, endeudamiento creciente y dificultades de conseguir mercados para su débil producción.

Cuba vive su apogeo azucarero y esclavista

Antes de adentrarnos en este tema, recuerda y comenta con tus compañeros las diversas causas que impidieron que Puerto Rico y Cuba se independizaran de España al tiempo que las naciones del continente. Ten en cuenta especialmente los sentimientos e ideas de los criollos y la Doctrina Monroe.

Desde principios de siglo Cuba progresó aceleradamente debido al libre comercio que España mantuvo y a la incorporación de la isla al mercado internacional, llegando a ser *la primera exportadora mundial de azúcar.* Posición que alcanzó por la caída de la producción de Haití y las Antillas inglesas y porque el gobierno español favoreció las grandes plantaciones y autorizó las *inversiones inglesas.* A comienzos de la década de 1830 se construyó el primer ferrocarril (antes que en la propia metrópoli y el primero de la América Latina). La Habana era la segunda ciudad de Hispanoamérica, después de México.

La base económica era el trabajo esclavo y aunque la trata estaba prohibida, internacionalmente, la entrada ilegal de esclavos superó a la trata autorizada de años antes. Los esclavos sumaban el 43% del millón total de la población en 1841 y por temor a una africanización de la isla, el gobierno colonial fomentó la *inmigración de españoles* (gallegos, asturianos y canarios) que llegaron durante la segunda mitad del siglo. El libre comercio daba grandes ganancias a la Corona, a los comerciantes españoles de La Habana y a los

"Si en las cosas de mi patria me fuera dado preferir un bien a todos los demás, un bien fundamental que de todos los del país fuera base y principio,... éste sería el que yo prefiriera: yo quiero que la ley primera de nuestra república sea el culto de los cubanos a la dignidad plena del ser humano".

José Martí.

Combate de los insurrectos en Cuba. La guerra de la independencia planteó con toda su crudeza la oposición que existió en Cuba, entre españoles y criollos.

En las *Antillas británicas* la abolición de la esclavitud (1833) liberó a unos 700,000 negros, pero como no estaban preparados para ser asalariados, se aplicó la etapa de "aprendizaje de libertad" (entre 4 y 6 años) consistente en que el liberto debía trabajar sin salario para su antiguo amo durante cuarenta horas a la semana. Las islas quedaron como *Colonias de la Corona* sometidas a la fiscalización de funcionarios. Excepto Jamaica, las demás islas recibieron una fuerte inmigración de trabajadores de la India (que era colonia inglesa) y del sureste asiático.

plantadores criollos. Pero *la metrópoli regía la isla como una plaza sitiada*. Los capitanes generales disfrutaban de *facultades omnímodas* para perseguir, juzgar y ejecutar a conspiradores y sospechosos.

A mediados de siglo, los sentimientos separatistas y el descontento motivaron entre algunos criollos un fuerte *movimiento a favor de la anexión de Cuba a los Estados Unidos*, lo cual tuvo el apoyo de los estados esclavistas del Sur. *Estados Unidos ya era el principal mercado*, consumidor y abastecedor, de la economía cubana. ¿Podrías resumir qué hechos en el continente eran favorables a los anexionistas cubanos a mediados de siglo? El anexionismo fracasó por la enérgica represión española contra las expediciones y sus jefes, el rechazo de otros criollos y la decisión de los presidentes norteamericanos de negociar con España la compra de la isla.

Guerras de independencia cubana

Los *sentimientos e ideología de independencia se fortalecieron* cuando España desestimó las reformas propuestas por representaciones criollas de Cuba y Puerto Rico (1866). La primera guerra de independencia la dirigió el hacendado *Carlos Manuel de Céspedes (Grito de Yara, 1868)* al que se unieron otros terratenientes e intelectuales de las regiones orientales. Pero al cabo de diez años de guerra vencieron los ejércitos españoles. La guerra dejó profundos cambios sociales y económicos: la esclavitud, abolida antes en el lado patriota, fue oficialmente decretada por España (1880); los ricos hacendados y plantadores se habían arruinado y no pudieron modernizar sus

Portada de la revista La Edad de Oro. José Martí, su autor, la dirigió cuando se hallaba irremediablemente separado de su hijo.

Detalle del mural de Diego Rivera, "Sueño de una tarde domimical en la Alameda Central".

ingenios con las nuevas tecnologías. Por tanto, vendieron sus tierras e ingenios a capitalistas ingleses, alemanes, franceses y norteamericanos.

En 1895, el abogado, escritor y poeta *José Martí* unió a los distintos grupos cubanos de la isla y del exilio mediante su apasionada oratoria y su testimonio personal de entrega a la libertad de Cuba. Había fundado en New York el *Partido Revolucionario Cubano* para coordinar las acciones, recaudar fondos y armas, y atraer la solidaridad mundial a la causa cubana. Al frente de los guerreros *mambises* estuvieron Antonio Maceo y el dominicano Máximo Gómez. Martí cayó en los primeros encuentros y Maceo después de sublevar varias provincias. Gómez continuó la lucha contra las crecientes tropas que enviaba España.

Esta guerra tuvo más apoyo popular de los campesinos y los trabajadores urbanos, especialmente del sector tabacalero. Pero fue devastadora y ocasionó gran mortandad, epidemias y abandono de los cultivos. Ante la imposibilidad de que 200,000 soldados acabaran con los rebeldes (unos 50 000) y las presiones mundiales, especialmente de los Estados Unidos, el gobierno español concedió la autonomía (1897). Demasiado tarde.

Puerto Rico se esfuerza por alcanzar la autonomía

Desde 1815, España había autorizado libre inmigración de población que profesara el catolicismo y comenzó el *crecimiento demográfico* de Puerto

A las *Antillas holandesas* (Curazao, Aruba y Bonaire) llegaron también braceros de India y de las colonias holandesas del sureste asiático. En las *Antillas francesas* (Martinica y Guadalupe) hubo menos trastornos porque la abolición de la esclavitud (1848) venía preparándose con diversas medidas. Las islas tuvieron representantes a la Asamblea Nacional de Francia desde mitad de siglo.

Basado en J. H. Parry y Philip Sherlock, *Historia de las Antillas*, págs. 213-244.

Rico. Por su parte, la apertura comercial dio prosperidad a la isla y gran desarrollo de la cultura intelectual. Pero los puertorriqueños padecieron también la inestabilidad de España y su resistencia a hacer concesiones políticas a los criollos. Igual que en Cuba, durante el siglo XIX *se formó la nacionalidad*, pero a diferencia de aquélla los puertorriqueños optaron por la negociación con Madrid para obtener gradualmente la autonomía.

Como bien sabes, hubo un movimiento armado de independencia, sincronizado con el de Céspedes en Cuba, (*Grito de Lares en 1868*) y dirigido por el médico *Ramón Emeterio Betances*. Pero fue rápidamente sofocado. Desde entonces las gestiones pacíficas ante las Cortes, lograron algunas reformas favorables y la *abolición de la esclavitud (1873)*, antes que en Cuba, cuya guerra de independencia obstaculizaba las gestiones autonómicas de los puertorriqueños. En 1897 la autonomía proclamada por Madrid llegaba también tarde para impedir la acción de Estados Unidos, que era el principal mercado de la isla desde años antes.

El médico Ramón Emeterio Betances redactó los Diez Mandamientos del hombre libre puertorriqueño.

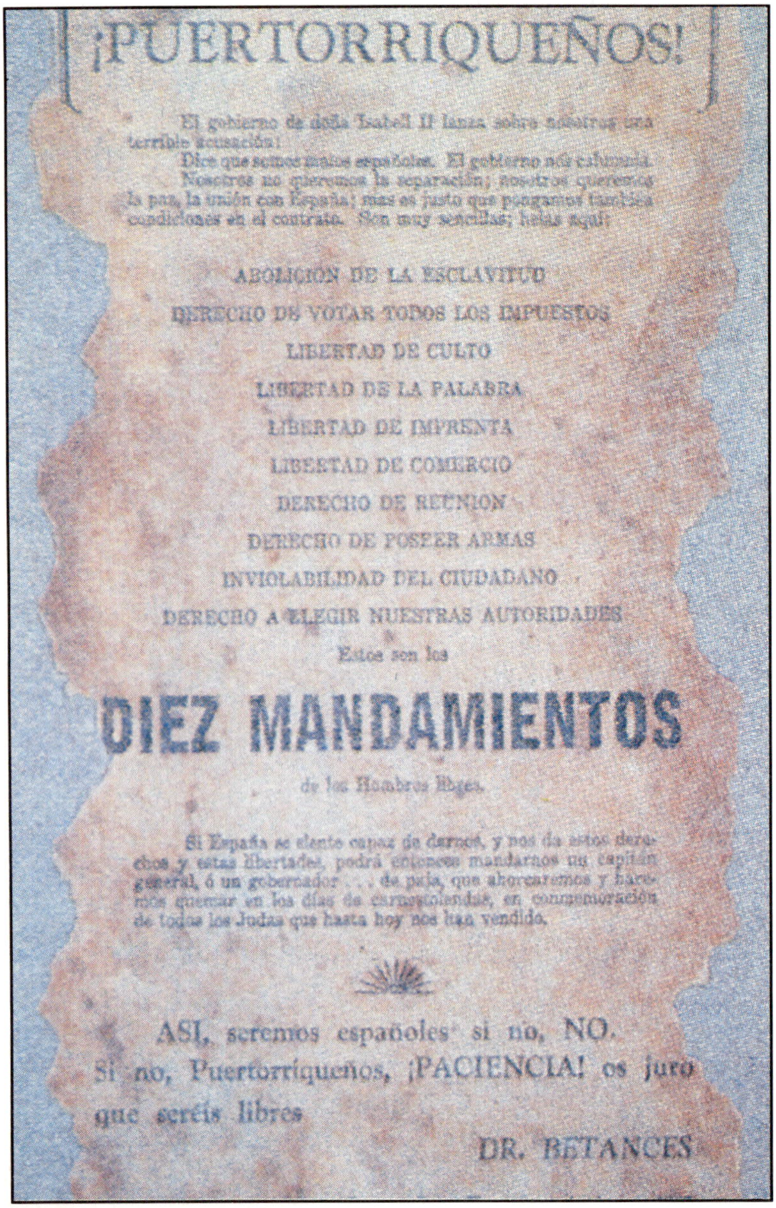

¡PUERTORRIQUEÑOS!

El gobierno de doña Isabel II lanza sobre nosotros una terrible acusación:

Dice que somos malos españoles. El gobierno nos calumnia.

Nosotros no queremos la separación; nosotros queremos la paz, la unión con España; mas es justo que pongamos también condiciones en el contrato. Son muy sencillas; helas aquí:

ABOLICION DE LA ESCLAVITUD

DERECHO DE VOTAR TODOS LOS IMPUESTOS

LIBERTAD DE CULTO

LIBERTAD DE LA PALABRA

LIBERTAD DE IMPRENTA

LIBERTAD DE COMERCIO

DERECHO DE REUNION

DERECHO DE POSEER ARMAS

INVIOLABILIDAD DEL CIUDADANO

DERECHO A ELEGIR NUESTRAS AUTORIDADES

Estos son los

DIEZ MANDAMIENTOS

de los Hombres libres.

Si España se siente capaz de darnos, y nos da estos derechos y estas libertades, podrá entonces mandarnos un capitán general, ó un gobernador . . . de paja, que ahorcaremos y haremos quemar en los días de carnestolendas, en conmemoración de todos los Judas que hasta hoy nos han vendido.

ASI, seremos españoles: si no, NO.

Si no, Puertorriqueños, ¡PACIENCIA! os juro que seréis libres

DR. BETANCES

Estados Unidos vence a España y ocupa a Puerto Rico y Cuba

En 1898, la opinión pública norteamericana simpatizaba con los cubanos en guerra por su independencia. La prensa denunciaba las acciones de las tropas españolas contra la población campesina para evitar su colaboración con el ejército patriótico. Cayó la producción azucarera, pero más que las inversiones norteamericanas (muy inferiores a las inglesas) estaba en peligro el comercio con la isla. El presidente McKinley no quería la guerra pero fue presionado por la prensa y un grupo de políticos belicosos encabezados por *Teodoro Roosevelt*, que ambicionaban el dominio militar norteamericano en el Caribe y bases navales para proteger el canal que se proyectaba abrir por Panamá.

El envío del barco de guerra "Maine" pareció tranquilizar a los guerreristas, pero una misteriosa explosión hundió el acorazado en La Habana y precipitó la declaración de guerra de Estados Unidos a Es-

Intervenciones armadas de Estados Unidos en el Caribe.

paña. El pretexto era la independencia cubana, pero las fuerzas navales de Estados Unidos atacaron también a Puerto Rico y las Filipinas. El conflicto fue breve (abril a diciembre de 1898), los españoles se defendieron valientemente, pero sus viejos barcos no pudieron con la flota norteamericana. Los infantes de marina desembarcaron en el oriente de Cuba con ayuda del ejército libertador cubano y tomaron la ciudad de Santiago. España solicitó el armisticio.

Por el *Tratado de París (1898)* se reconoció la ocupación norteamericana de Cuba hasta que se constituyera en república; Puerto Rico, la isla de Guam (en el Pacífico) y las Filipinas pasaron al dominio de Estados Unidos. Las Filipinas mediante pago de 20 millones de dólares. España había perdido los restos de su imperio colonial.

Las Antillas inglesas, francesas y holandesas

Estas islas perdieron la importancia militar y comercial que habían tenido en siglos anteriores. Al desaparecer el imperio español no hubo más guerras en el Caribe y con la apertura comercial de las repúblicas, el contrabando perdió su razón de ser. Lo común del proceso de estas Antillas fue la abolición de

"La singularidad geográfica del mundo antillano es patente. Envueltas las islas por el Mediterráneo americano (...) se extienden, de Mayores a Menores, en un amplio arco que va desde Cuba a Trinidad. Tan enorme arco geológico-flotante presenta un paisaje político, económico, religioso, racial, folklórico, etc. de lo más diverso y pintoresco de América. La múltiple presencia extranjera es algo congénito en la historia del Caribe, y la clave está en su geografía... Como si esta intromisión fuera algo fatal, necesario, la historia del Caribe no ha podido prescindir de ella y constituye su principal característica. Su posición clave, cruce de todos los caminos lo demandaba".

Francisco Morales Padrón, *Historia de Hispanoamérica*, pág. 281.

la esclavitud, el derrumbe de su economía de plantaciones, la caída de la producción de azúcar y su desplazamiento en el mercado por el azúcar de Brasil y, sobre todo, de Cuba. La escasez de mano de obra y de capitales, por la salida de criollos blancos, hizo necesario fomentar la inmigración de trabajadores libres. Las Antillas inglesas recibieron inmigrantes de la India y el sureste asiático, con lo cual se desarrolló el cultivo de arroz pero se impuso mayor variedad de razas, lenguas y cultura.

GLOSARIO

Armisticio: acuerdo entre los beligerantes para el cese de las hostilidades hasta que el tratado de paz concluya definitivamente la guerra; una comisión internacional controla el armisticio.

Mambises: nombre despectivo que dieron los españoles a los cubanos en armas y que éstos asumieron posteriormente; la palabra significa, cría de monos o de buitres y parece ser de origen africano.

Omnímodos: poder absoluto, que domina todo sin restricciones.

¿Para qué la Historia?

Integrando este tema con el del capítulo 13, puedes tener una secuencia completa de los países vecinos de Puerto Rico en el siglo XIX, o sea, del contexto regional en que se desarrollaba tu pueblo en aquella centuria. De manera particular este conocimiento contiene muchas respuestas sobre los procesos históricos nacionales; por ejemplo, las influencias de los objetivos militares norteamericanos en el Caribe y del conflicto independentista cubano en la intervención de Estados Unidos contra España. También puedes comparar el desarrollo de los países antillanos entre sí y con el de las repúblicas continentales. Encontrarás muchas causas de las situaciones actuales.

Actividades

Trabajo grupal

Dibuja, en equipo, un mapa mural de las Antillas en el siglo XIX, destacando con distintos colores o convenciones los estados independientes, las colonias de España y las colonias Inglaterra, Francia y Holanda.

Otro grupo analizará la importancia de la ubicación geográfica de las Antillas en el desarrollo histórico y económico que tuvieron en el siglo XIX.

Trabajo individual

Elabora un informe sobre las condiciones que favorecieron a Cuba para que fuese la primera exportadora mundial de azúcar.

Trabajo grupal

Realiza con tus compañeros un viaje imaginario por las Grandes Antillas. Estando en Cuba, un grupo relata el proceso histórico que se vivía allí en el siglo XIX. Otro grupo hace su relato sobre Haití y un tercero sobre República Dominicana. Al regresar a Puerto Rico se contrastan los relatos y se elaboran conclusiones sobre los diferentes modos de vida y los valores de cada una de estas sociedades isleñas.

Trabajo individual

En tu libreta, resume las causas y consecuencias de la Guerra hispanoamericana.

Trabajo individual

Elabora un cuadro comparativo de las Antillas inglesas, francesas y holandesas. En la primera columna escribe una o dos características de cada sistema colonial en el siglo XIX, en la segunda columna, resume uno o dos datos sobre la abolición de la esclavitud, composición de la población y desarrollo económico y en la tercera columna escribe la condición política actual.

Trabajo grupal

Con tres compañeros analicen la posición de Puerto Rico en el conjunto antillano y en América. Deduzcan ventajas y desventajas. Presenten un informe al grupo.

TALLER

8

Análisis de propagandas

Vivimos dentro de una sociedad que nos ofrece gran cantidad de bienes y servicios, mediante diversas formas publicitarias. La propaganda se convierte en elemento fundamental para que el consumidor conozca los productos y se decida a obtenerlos. Debido a la competencia existente entre los productores, la publicidad recurre a todos los medios con tal de provocar el consumo, por lo cual debemos estar atentos y hemos de contar con alguna capacidad de análisis de estos mensajes.

En este taller vas a conocer algunas pautas para ese análisis; entre ellas:

1. Identificar las motivaciones que la propaganda aprovecha para promover el producto, las cuales pueden ser:

- Responder a necesidades comunes (reposo, confort, salud, economía).
- Hacer llamadas altruistas (comunicación, simpatía, amistad).
- Promover la necesidad de ser más (éxito, eliminación de obstáculos).
- Promover la evasión (recreo, viajes, sorteos).
- Suscitar deseos más o menos inconscientes (prestigio, instintos maternales y paternales, deseos sexuales, mínimo esfuerzo).
- Crear necesidades inexistentes (moda, caprichos).

2. Distinguir las estrategias publicitarias desplegadas para hacer que el consumidor compre sin mayor resistencia el producto, como:

- El lenguaje usado (estimulante, impactante, creador de nuevas palabras, retórico).
- El uso de rimas, juegos de palabras y excesiva repetición.
- Empleo de símbolos, de colores y de música.
- La exageración de las cualidades del producto y de los resultados de su uso.
- Empleo de órdenes imperativas, apremiantes para que el consumidor acuda inmediatamente.
- Ofrecimiento de precios bajos y facilidades de pago.

3. Identificadas las motivaciones y las estrategias de la propaganda analizada, se emite un juicio valorativo, destacando sus logros en cuanto a su realización, el grado de veracidad y los peligros que encierra para el consumidor inconsciente.

4. Realizar un autoexamen de las propias reacciones ante la propaganda. ¿Cuáles me atraen? ¿Cuáles me provocan rechazo? ¿Por qué?
Selecciona una propaganda de un artículo alimenticio y redacta el análisis respectivo.

Evalúa tu trabajo para ratificar si cumplió estos requerimientos.

- Determinó las motivaciones usadas por la propaganda;
- se clasificaron esas motivaciones según orden de importancia (necesidades reales y superfluas);
- las estrategias fueron claramente identificadas y explicadas;
- el análisis permitió una valoración equilibrada del mensaje publicitario, reconociendo sus logros y fallos;
- se logró cierto grado de crítica frente al fenómeno publicitario, valorizando nuestro propio criterio.

Selecciona dos propagandas de artículos de belleza y de automóviles, analízalas y luego comenta tu trabajo con otro compañero (a).

Expresiones culturales del siglo XIX

CAPÍTULO

22

SÍNTESIS

El pensamiento y las ciencias en Hispanoamérica

En las repúblicas hispanoamericanas influyó el pensamiento liberal de Europa, que como sabes empezó en Francia. Muchos políticos que has conocido en capítulos anteriores fueron pensadores que adaptaron los principios de las revoluciones europeas a sus naciones. Desde las dos últimas décadas del siglo, la filosofía positivista del francés *Augusto Comte* y el organicismo del inglés *Herber Spencer* influyeron en las ciencias, los estudios jurídicos, los códigos y la política. Por su parte, el pensamiento de la Iglesia influyó en los conservadores, especialmente con los filósofos españoles *Jaime Balmes y Juan Donoso Cortés* .

Hispanoamérica no brilló en el campo de las ciencias, en tanto que Estados Unidos desarrolló invenciones, producción científica y tecnologías. La literatura hispanoamericana fue rica en todos los géneros literarios y siguiendo las corrientes del neoclasicismo, primero, después del romanticismo y, por último, del modernismo, original de nuestras naciones. Las artes reprodujeron el neoclasicismo europeo en boga. Cada Estado latinoamericano puso gran interés en la educación orientada hacia la formación de ciudadanos y marginando a la Iglesia de la dirección que había tenido durante siglos.

Francisco José de Caldas, sabio y naturalista neogranadino. Director del Semanario del Nuevo Reino de Granada.

Universidad de Yale, creada en 1701.

El trabajo científico fue esfuerzo individual y de pocas instituciones. A principios de siglo sobresalió *Francisco José de Caldas* de la Nueva Granada, por sus conocimientos astrónomicos, geográficos y de ciencias naturales. En las últimas décadas se destacaron el paleontólogo *Florentino Ameghino*, de Argentina, y el médico cubano *Carlos J. Finlay* descubridor del mosquito trasmisor de la fiebre amarilla.

La educación norteamericana estimula las ciencias y la tecnología

La *educación norteamericana* fue muy distinta que en las repúblicas y el Imperio brasileño. La educación pública y gratuita de la primaria se implementó desde comienzos del siglo y la mayoría de maestros eran mujeres hacia 1870. Las ideas pedagógicas del suizo *Johann Pestalozzi* y del alemán *Friedrich Froebel* se introdujeron antes de la Guerra de Secesión y se establecieron con la obra de *Edward Shledon*, de la Escuela Normal. La *Ley Morrill de 1862* multiplicó los centros docentes porque concedió a cada Estado 12 mil hectáreas de tierra por cada congresista que lo representaba, para dedicarlas a colegios agrícolas, de mecánica y otros centros.

Se crearon universidades con donaciones de los capitalistas: la universidad y el hospital *John Hopkins* (1876) nombre del benefactor que legó siete millones de dólares para fundarlos; la *Universidad de Cornell*, (1888) con los donativos de la Ley Morrill y del industrial Ezra Cornell, que dio nuevas pautas a la educación superior y desarrolló la ingeniería; *la universidad de Chicago* con el primer donativo del millonario *John D. Rockefeller*. Proliferaron las universidades privadas y posteriormente las estatales. Hacia 1920, había 600 000 estudiantes, de ambos sexos, más que en todas las universidades de Europa.

Las invenciones de los norteamericanos aceleraron la industrialización, las comunicaciones y los transportes. Desde 1844 *Samuel Morse* había perfeccionado el telégrafo eléctrico y poco después una red de postes y alambres conectaban las partes más distantes del país. *Alexander Graham Bell* expuso el primer aparato de teléfono (1876). Se inventaron sucesivamente la máquina de escribir (1867), la de sumar (1888) y la registradora (1897). *Henry Ford* inició la fabricación en serie de su modelo de automóvil (1908) *Thomas Alva Edison* inventó la lámpara eléctrica, la cámara y el proyector cinematográfico en la década de 1890. Al comenzar el siglo XX, los hermanos *Wright* hicieron la primera prueba de vuelo en el "aeroplano" que inventaron.

La educación en Latinoamérica es más humanística y política

La formación de los futuros ciudadanos atrajo la atención de los gobiernos y fue uno de los puntos más polémicos entre los Estados y la Iglesia, según habrás podido apreciar en la lectura de los capítulos precedentes. La introducción de filosofías y métodos educativos ingleses y de otras naciones de Europa generó polémicas. Así la Iglesia y los conservadores se opusieron al utilitarismo de *Jeremías Bentham* establecido en colegios oficiales. El sistema pedagógico del inglés *Joseph Lancaster* (1778-1830) tuvo gran acogida en Norteamérica, Venezuela y Colombia, pues su autor se radicó en Caracas, invitado por Bolívar. El sistema exigía la activa participación del alumno mediante *monitores* o celadores de la clase, pero el lema "La letra con sangre entra y la labor con dolor" demostraba la severidad de los castigos con la vara del maestro, típica de los colegios ingleses. Hubo muchos rechazos a la pedagogía lancasteriana.

Las primeras leyes orgánicas de Instrucción Pública se dictaron en México bajo Benito Juárez. Más éxito

Andrés Bello (1781-1863). Filólogo y poeta venezolano, rector de la Universidad de Santiago de Chile.

"La Iglesia católica y, en menor grado, las iglesias evangélicas o protestantes, se vieron hostigadas por las corrientes del pensamiento filosófico, científico, político y económico del siglo XIX. Estas rechazaban por anticientíficas las creencias en lo sobrenatural. Los principios religiosos dejaron de ser los más elevados reguladores de la vida(...) La fe en la ciencia y el progreso reemplazó a la fe en lo trascendente y subestimó los valores espirituales".

Augusto Montenegro González, Civilización 8, *pág. 211.*

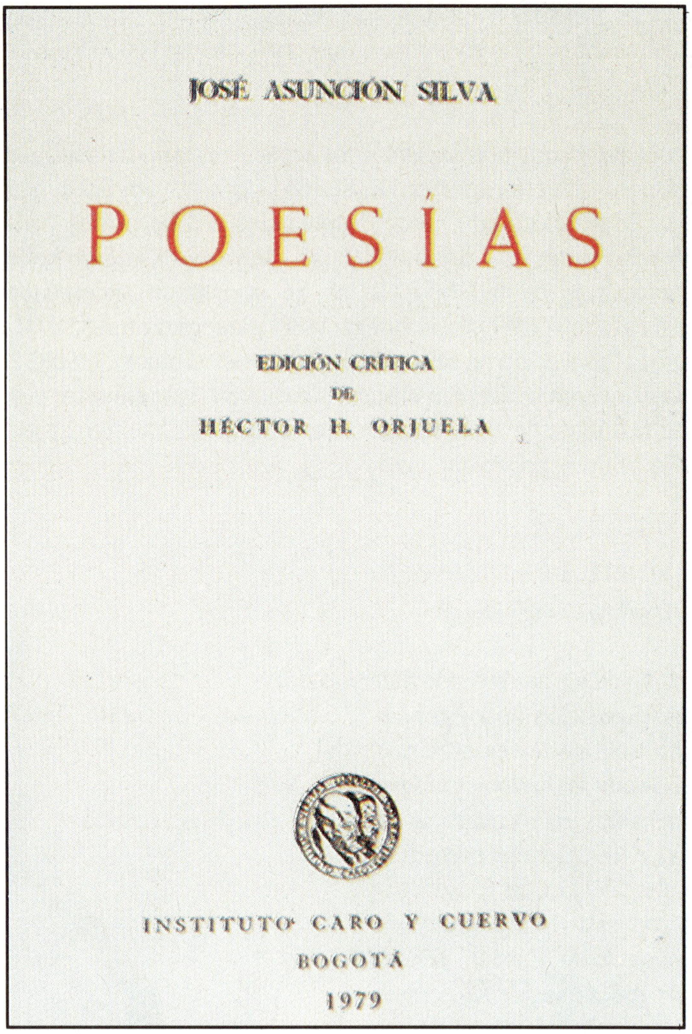
JOSÉ ASUNCIÓN SILVA

POESÍAS

EDICIÓN CRÍTICA
DE
HÉCTOR H. ORJUELA

INSTITUTO CARO Y CUERVO
BOGOTÁ
1979

Portada de la edición crítica de las poesías de José Asunción Silva.

tuvieron las leyes educativas de Chile, Argentina y Uruguay que crearon también las primeras Escuelas Normales para formar maestros. La Escuela Normal de República Dominicana la fundó Eugenio María de Hostos. A fin de siglo las universidades estaban bajo control de los Estados.

Literatura: neoclasicismo, romanticismo, modernismo

- *Neoclacisismo* fue la corriente literaria seguida por poetas, novelistas y escritores que continuaron escribiendo en versos o en prosa de acuerdo con las reglas y los autores clásicos de la literatura. Los neoclásicos contribuyeron a la continuidad del espíritu español frente a los que rechazaban todo lo hispánico e imitaban a Francia, Inglaterra y Alemania. El neoclásico más importante fue *Andrés Bello*, venezolano que participó en la independencia de su patria y trabajó en Chile, donde reformó la educación, redactó el Código Civil y fundó la Universidad. Bello fue educador, jurista, novelista, poeta y filólogo; su *Gramática de la lengua castellana para uso de los americanos* es su gran aporte a la unidad lingüística de Hispanoamérica.

Importantes representantes del neoclasicismo fueron el ecuatoriano *Joaquín Olmedo*, que luchó por la independencia de su patria y compuso poemas a los libertadores, y el cubano *José María Heredia*, desterrado por conspirar contra la dominación española, que escribió la famosa oda al "Niágara" al pie de las imponentes cataratas.

- Desde mediados de siglo se fue imponiendo el *romanticismo*, movimiento intelectual procedente de Europa, que *se expresó también en las artes y la política*. El romanticismo literario rompió con las reglas tradicionales sobre la métrica y los versos, y dejó que los autores expresaran libremente sus sentimientos. La tristeza, el pesimismo y la angustia caracterizaron los poemas románticos; estado psicológico denominado "el mal del siglo".

  En Hispanoamérica inició el romanticismo el argentino liberal *Esteban Echevarría*, autor del "Dogma de mayo o Dogma socialista" en el que clama por la liberación mental de la herencia española para lograr la independencia total. Igualmente se destacaron en ese país *José Mármol* con la novela "Amalia", *Domingo Faustino Sarmiento* con la novela "Facundo", inspirada en el célebre caudillo gaucho Facundo Quiroga y que constituye una descripción y crítica de la barbarie de la pampa.

  Entre los numerosos autores románticos de Colombia sobresalieron *José Eusebio Caro* cuyos versos expresan la amargura del destierro: "Despedida a la patria", "En alta mar", "El hacha del proscrito", *Rafael Pombo* el poeta de la niñez, y *Jorge Isaacs* con la novela "María", cumbre de la exaltación

"Gloria a Dios en las alturas y paz en la tierra a los hombres de buena voluntad".

Alabanza de la Biblia que repitió Alexander Graham Bell al hacer su primera comunicación telefónica, 1876.

Portada de la Revista Mundial, cuya dirección fue encargada a Rubén Darío, el más brillante autor del modernismo hispanoamericano.

Eugenio María de Hostos (1839 -1903).Forjador de la independencia patria, escritor, pedagogo y filósofo.

romántica del amor juvenil. En Ecuador el más brillante ensayista y novelista fue *Juan Montalvo*, liberal enemigo del dictador García Moreno. En Cuba la poetisa laureada *Gertrudis Gómez de Avellaneda* autora de numerosas poesías líricas y dramas teatrales, que llegó a ser candidata a la Real Academia Española de la Lengua; y *Gabriel de la Concepción Valdés* (seudónimo Plácido) ejecutado por conspirar a favor de la libertad de Cuba.

En Puerto Rico: *Alejandro Tapia*, considerado el padre de la literatura puertorriqueña, *Lola Rodríguez de Tió* la figura femenina más sobresaliente en poesía, *José Gautier*, también poeta, y *Eugenio María de Hostos* gran patriota, educador, político, ensayista y autor de obras didácticas y poemas, como "La peregrinación de Bayoán".

En Uruguay el máximo exponente del romanticismo y que disfrutó de gran prestigio en los círculos literarios de España fue *Juan Zorrilla de San Martín* con "Tabaré", poema histórico que narra los amores de un cacique con una española y los conflictos emocionales del hijo de ambos. En Perú fue famoso *Ricardo Palma* con las "Tradiciones peruanas" que recogen el pasado de su tierra.

- En Argentina y Uruguay se cultivó un *género propio cuyo tema es el gaucho de las pampas* y los poemas contienen numerosas expresiones del hablar gauchesco. La gran obra y la más americana de este género es "Martín Fierro" del argentino *José Hernández*. En ella destacan las cualidades del llanero pampeano antes que la civilización lo utilizara para la lucha y cómo fue marginado después por el progreso.

A parte del romanticismo ¿encuentras algún aspecto común en las obras de los autores citados a pesar de pertenecer a distintos países?

• *El modernismo fue la corriente literaria original de Hispanoamérica.* Surgió en las últimas décadas del siglo, en reacción contra la angustia y tristeza de los románticos. Los autores abordaron crítica y objetivamente temas de la vida nacional y problemas de Hispanoamérica. Lo iniciaron el mexicano *Manuel Gutiérrez Nájera*, el colombiano *José Asunción Silva* y los cubanos *José Martí y Julián del Casal.* La figura más brillante del modernismo fue el nicaragüense *Rubén Darío*, cuya fecunda obra trascendió los límites del continente. Son famosas las odas "A Roosevelt", "A Colón", "Canto a la Argentina".

La literatura en los Estados Unidos

Washington Irving es considerado padre de la literatura por su tratamiento de los temas nacionales en bellas historias. Se distinguieron, además, el novelista *Nathaniel Hawthorne*; la gran figura femenina *Harriet Beecher Stowe*, autora de la novela "La cabaña del Tío Tom" que tanto influyó en el problema de la esclavitud; *Henry Longfellow*, cantor de los indios norteamericanos, *Edgard Allan Poe* famoso por sus cuentos y novelas de misterio y terror, *Ralph Emerson* pensador, escritor y educador que influyó en Hispanoamérica; *Walt Whitman* quien exalta la grandeza y la democracia norteamericanas; y *Henry D. Thoreau*, escritor de ideas antiesclavistas y rebeldes contra el gobierno, que inspirará a los pacifistas del siglo XX.

El famoso *Mark Twain* no fue romántico como los anteriores sino que exaltó la confianza y el optimismo en sus versos libres e igual que los románticos criticó fuertemente la esclavitud en sus escritos.

Las artes

En *arquitectura* predominó el neoclasicismo, o sea, la reproducción de los estilos griego y romano de la antigüedad, para los edificios legislativos, tanto

Harriet Beecher Stowe, autora de la célebre novela La cabaña del tío Tom.

GLOSARIO

Neoclasicismo: nombre de las corrientes literarias y artísticas que renuevan los modelos clásicos, o sea, los inspirados en las letras y las artes griegas y romanas de la antigüedad.

Monitores: alumnos escogidos como auxiliares del maestro para colaborar en el control disciplinario y tareas escolares.

Organicismo: filosofía según la cual las sociedades evolucionan como los organismos vivos.

en Estados Unidos como en Hispanoamérica. También en algunos templos. Las viviendas continuaron levantándose en estilo colonial. En Estados Unidos comenzaron los edificios públicos sin ornamentación ni belleza pero *funcionales* para oficinas, bancos, etc.; de acuerdo con el desarrollo industrial y el pragmatismo norteamericano.

Las *esculturas* de los patriotas de la independencia son de estilo europeo y trabajadas por artistas europeos. En *pintura* abundaron los paisajes, escenas de costumbres regionales, hechos históricos de la independencia y retratos de héroes y presidentes. En los primeros siglos predominó la tendencia neoclásica y posteriormente la romántica

¿Para qué la Historia?

Cuán agradable resulta ver que los temas, las inspiraciones y las corrientes de poetas, novelistas y otros escritores se encuentran en toda Hispanoamérica. Esta creatividad literaria es una de las manifestaciones más notorias de nuestra unidad lingüística y cultural. Y más llamativo resulta apreciar que el romanticismo nació en Europa y se impuso tanto en Estados Unidos como en todos los países latinoamericanos. El capítulo te invita a desarrollar tus propias iniciativas en la búsqueda de otras manifestaciones culturales, como la música del siglo XIX. Más aún, a reflexionar sobre el valor de los elementos culturales como expresión humana y lazo de solidaridad entre las naciones hermanas del continente.

Actividades

Trabajo grupal

En dos grupos, contrastar la educación norteamericana con la hispanoamericana en el siglo XIX. Las conclusiones deberán incluir las causas de las diferencias o semejanzas encontradas.

Trabajo individual

En tu libreta, escribe las características y los principales exponentes del clasicismo, el romanticismo y el modernismo.

Trabajo individual

Responde, brevemente, en tu libreta:

—¿Qué relación encuentras entre las tendencias literarias del siglo XIX y los procesos políticos y sociales tratados en capítulos anteriores?

—¿En qué consistió el aporte de Andrés Bello, Rufino José Cuervo y Miguel Antonio Caro al idioma español?

Trabajo individual

Inventa tu propia forma de expresión romántica de acuerdo con las características de este movimiento literario en el siglo XIX. Puedes componer un pequeño poema o si lo prefieres una novela.

Trabajo grupal

Organiza pequeños grupos. Uno elaborará la ficha biográfica de la autora de "La cabaña del Tío Tom" y comentará un fragmento de su obra y la importancia de la presencia femenina en la literatura norteamericana.

El segundo grupo leerá un poema o el argumento de una obra de autores modernistas e ilustrará el mensaje del autor en una cartelera.

Otro grupo analizará y debatirá por qué el modernismo es auténtico de Hispanoamérica. El grupo debe argumentar con información sobre autores y fragmentos de sus poemas o novelas.

Latinoamérica bajo el Control Económico Británico

"Gran Bretaña no procura ejercer un poder político directo en América Latina, ni permitir que otras potencias lo hagan. El interés económico debe predominar, como premisa de buenas relaciones políticas que, a su vez, deben servir al primero. Se trata de lograr privilegios comerciales y financieros, pero reconociendo la soberanía de los gobiernos latinoamericanos y en negociación directa con ellos, incluso para la protección interna de los intereses británicos. Los súbditos ingleses deben acatar las leyes locales. La igualdad formal de los Estados debe ser respetada. El gobierno británico no ejerce un poder exclusivo de decisión, ni el uso preponderante de la fuerza. Participa hábilmente en la política interna, dando o restando apoyo a diversos grupos de intereses y facciones políticas, sin comprometer de modo total su influencia con un solo sector. La preferencia británica se dirige a un tipo de Estado que reduzca su papel a posibilitar y garantizar el funcionamiento regular de un mecanismo comercial-financiero automático entre una potencia industrial y países productores de materias primas: mediante gobiernos que representen a clases respetables y que aseguren la unidad, la paz y el régimen liberal. La influencia británica contribuye decisivamente a definir, en tal sentido, los caracteres de la sociedad y el Estado emergentes...
Incorporación y reestructuración

Gran Bretaña —y subsidiaria y posteriormente las otras potencias europeas y Estados Unidos— va imponiendo la incorporación definitiva de los países latinoamericanos a la economía internacional controlada por ella, y su reestructuración interna. Las economías y las sociedades de la región son ubicadas dentro de un esquema de división y especialización internacional del trabajo. Esta vasta operación histórica de trascendentales consecuencias puede ser cumplida por Gran Bretaña, comercial y financiera, y del control de las corrientes mercantiles e inversoras.

Los países latinoamericanos son convertidos en productores de materias primas agropecuarias y mineras a bajo precio para abastecimiento de las metrópolis, en mercado para la industria de las naciones desarrolladas, y en zona de inversión para los capitales del mismo origen.

Esta asignación de papeles especializados, y el nuevo tipo de motivaciones, estructuras y procesos que de ello derivan, se dan para cada país latinoamericano en momentos históricos y con grados de intensidad diferentes, en función de la disponibilidad de recursos naturales, los sistemas productivos heredados, la ubicación geográfica, las condiciones sociopolíticas internas, la diversificación de la demanda y de las técnicas de producción y transporte.

Formación del Estado Nacional en América Latina. Buenos Aires, Amorrortu, 1976.

Para trabajar

Después de haber leído el documento escribe en tu libreta la respuesta a los siguientes interrogantes:

- ¿Cuál es el principal interés de Gran Bretaña sobre las Repúblicas hispanoamericanas?
- ¿Qué ventajas y desventajas puedes deducir de la presencia inglesa en los nuevos estados hispanoamericanos?
- ¿Qué papel deben cumplir las economías latinoamericanas frente al orden establecido por Gran Bretaña?

Gobernar es poblar

A partir de los años 1880, Europa experimentó, una presión demográfica generalizada por disminución de la mortalidad, sin que la fertilidad disminuyera simultáneamente. Las naciones industrializadas absorbieron sin demasiados tropiezos el excedente así formado, más el crecimiento económico tardío del Mediterráneo y de la Europa oriental no avanzaba al paso del demográfico. Al contrario, los suelos vírgenes ultramarinos competían con la agricultura del Viejo Mundo, y al caer la ruina sobre ésta, cientos de miles de brazos quedaron cesantes.

La industrialización incipiente de estos países no dispuso, por su lado, de suficientes puestos de trabajo que ofrecer en las ciudades. No le quedó, pues, más remedio a esas masas que viajar multitudinariamente hacia el Nuevo Mundo, el Norte y el Sur. Mas esta vez el Sur estaba mejor situado en el empeño por conseguir emigrantes. La segunda oleada migratoria, que duraría medio siglo, hasta la crisis mundial de 1930, tuvo necesariamente una composición étnica distinta a la del éxodo más moderado de mediados del siglo. (...)

Que al Uruguay, por ejemplo, acudieran pocos o muchos en determinada época dependía asimismo de las oportunidades económicas que el país ofreciera. México, equivocadamente o no, deseó recibir forasteros, pero se quedó sin ellos porque sobraba mano de obra no calificada. "Cuán humano y patriótico sería, primero, colonizar a los millares de indígenas que viven sin pan y sin hogar —escribía con razón Luis Siliceo—, en vez de contar por docenas a individuos de otras naciones que tan caro cuestan al tesoro y no siempre corresponden al beneficio de proporcionarles elementos de vida y trabajo" (Gonzalo Navarro, 1960). (...)

Los países de América Central, Colombia, Venezuela y Perú tuvieron idénticas aspiraciones que México, pero iguales barreras naturales se elevaron contra el ingreso de extranjeros (...).

La marejada migratoria quedó circunscrita a las naciones más aventajadas. Las condiciones básicas para movilizar el flujo fueron: primero, que la tierra receptora fuera capaz de producir los bienes requeridos por Europa, como granos, productos pecuarios, algunas fibras y el café; segundo, que la población fuera escasa y urgiera entonces fuerza laboral. Sólo el sur de Brasil, Uruguay y el litoral argentino cumplían plenamente con estas condiciones, y allí se dirigió el gran aluvión de mediterráneos peninsulares, acompañados por otras nacionalidades.

Dos países sin los mismos atractivos absorbieron un volumen notable de forasteros, aunque la capacidad de retención fue inferior a la del área atlántica sudoriental. Las dos naciones fueron: Cuba, en el Caribe, y Chile, en el Pacífico. El Estado chileno hubo de reforzar al principio el escaso movimiento espontáneo mediante una política dirigida. De 1883 a 1891, el gobierno ayudó a embarcar a miles de agricultores de variada etnia que estableció al sur del Bio-Bio; la crisis económica y la consiguiente revolución de 1891 interrumpieron en seguida los planes oficiales. Abierto el ferrocarril transandino, la llegada por tierra sustituyó paulatinamente el ingreso tradicional por mar. En ningún momento el arribo de europeos tuvo carácter multitudinario, y el país los fue absorbiendo sin dificultad. Los extranjeros nunca sobrepasaron una exigua proporción (un modesto 4,2% del total en 1907).

SÁNCHEZ A., Nicolás: La población en América Latina. Madrid, Alianza Editorial, 1973, págs. 175-176.

Para trabajar

Este documento permite ampliar tu información y relacionar aspectos estudiados en este capítulo. Escribe las respuestas a las siguientes preguntas y prepárate para exponerlas al grupo.

— ¿Cuál es la relación que establece entre presión demográfica y desarrollo económico en Europa mediterránea y oriental?

— ¿Por qué salían de allí y no de otros lugares los emigrantes?

— ¿Qué les atrajo a los europeos de las tierras americanas? ¿Cuáles regiones prefirieron?

— ¿Consideras que la migración europea fue benéfica para América? ¿Por qué?

Letras americanas

A Roosevelt

"¡Es con voz de la Biblia, o verso de Walt Whitman,
que habría de llegar hasta ti cazador!
¡Primitivo, moderno, sencillo y complicado,
con algo de Washington y cuadro de Nemrod!
Eres los Estados Unidos, eres el futuro invasor
de la América ingenua que tiene sangre indígena
que aún reza a Jesucristo y aún habla en español.
Eres soberbio y fuerte ejemplar de tu raza;
eres culto, eres hábil; te opones a Tolstoi.
Y domando caballos o asesinando tigres,
eres un Alejandro-Nabudoconosor.
....
Mas la América nuestra que tenía poetas
desde los viejos tiempos de Netzahualcóyotl,
que ha guardado las huellas de los pies del gran
Baco, que el alfabeto pánico en un tiempo
aprendió;
que consultó los astros, que conoció la Atlántida,
cuyo nombre nos llega resonando en Platón,
que desde los remotos montes de su vida
vive de luz, de fuego, de perfume, de amor,
la América del gran Moctezuma, del Inca,
la América fragante de Cristóbal Colón,
la América católica, la América española,
la América en que dijo el noble Cuauhtémoc:
"Yo no estoy en un lecho de rosas";
ésa es América que tiembla de huracanes y que
vive de amor; hombres de ojos sajones y alma
bárbara vive.
Y sueña. Y ama, y vibra; y es hija del sol.
Tened cuidado. ¡Vive la América española!
hay mil cachorros sueltos del León Español.
Se necesitaría, Roosevelt, ser por Dios mismo
el Riflero terrible, el fuerte Cazador,
para poder tenernos en vuestras fuertes garras.
Y, pues contáis con todo, falta una cosa: ¡Dios!".

Darío Rubén. Oda a Roosevelt (1904), en Cuentos y poemas, *San Salvador: Departamento Editorial del Ministerio de Cultura, 1958.*

Para trabajar

1. Ubica el tiempo histórico al cual hace referencia la obra literaria y recuerda sus características.
2. ¿Qué relación puedes establecer entre la información que te brinda tu libro de Historia y el poema de Rubén Darío?
3. ¿Cómo describe el autor al continente americano?
4. Resume, brevemente, la labor literaria del autor del poema y consulta sobre qué otros temas ha escrito.

Evaluación

—Contesta, en tu libreta, las siguientes preguntas:

- ¿Cuáles fueron las causas económicas y sociales que enfrentaron los Estados del Norte y los del Sur en Norteamérica?

- ¿Cuáles fueron las dificultades más notables que obstaculizaron la consolidación nacional en Latinoamérica?

- ¿Por qué se caracterizó el desarrollo económico latinoamericano después de 1820? ¿Qué importancia tiene en él Gran Bretaña?

- ¿Qué efectos económicos tuvo, en Argentina y Uruguay, la masiva migración europea de mediados de siglo?

- ¿Por qué el modernismo es considerado como un movimiento literario auténtico de Hispanoamérica?

—Con dibujos o fotografías, de los inventos norteamericanos y europeos, dentro de su revolución industrial, elabora una cartelera comparativa. Escribe en letra legible tu conclusión.

—Realiza un cuadro comparativo (semejanzas y diferencias) entre el Imperio de Maximiliano en México y el Imperio del Brasil.

—Elabora un cuadro que resuma la suerte indígena en la conquista del Oeste en Norteamérica y la suerte de la población negra en el siglo XIX.

—Frente al nombre de cada personaje escribe la nación a que pertenece, el campo en el que se destacó y la obra concreta más importante que realizó. Trabaja en tu libreta.

- Robert Fulton
- Miguel Antonio Caro
- Benito Juárez
- Abraham Lincoln
- Carlos J. Finlay
- Domingo Faustino Sarmiento
- Jacobo Dessalines
- Andrés Bello
- Ramón Castilla
- Harriet Beecher Stowe
- Gaspar Rodríguez de Francia
- José Martí

UNIDAD 5

América contemporánea

Presentación

La unidad abarca la evolución política y socioeconómica en tres etapas decisivas del siglo XX. En ellas se impuso el protagonismo de los Estados Unidos, Latinoamérica pasó del "desarrollo hacia afuera" al "desarrollo hacia dentro" y surgieron diversos modelos sociopolíticos. El estudio de la participación femenina en América cierra la unidad.

El paso interoceánico más importante del mundo: el canal de Panamá.

Objetivos

1. Analizar las causas y modalidades de la expansión de Estados Unidos entre fines del siglo XIX y primera mitad del XX.
2. Identificar los problemas de las naciones latinoamericanas, las soluciones intentadas y sus resultados.
3. Valorar la participación de la mujer en los procesos históricos del continente.

Capítulos

Intervención Norteamericana en América Latina

CAPÍTULO

23

SÍNTESIS

La expansión imperialista

La segunda revolución industrial que se vivió, en las tres últimas décadas del siglo XIX, con las nuevas fuentes energéticas del petróleo y la electricidad, avanzada tecnología en la industria y las finanzas, con el telégrafo y el teléfono que agilizaron las comunicaciones y con ferrocarriles y barcos más veloces. Desde entonces la expansión neocolonialista respondió no solamente a las necesidades económicas del sistema, que ya has visto en capítulos anteriores, sino al profundo *nacionalismo* de los países

Estados Unidos tuvo crisis y problemas por su desarrollo industrial. Los monopolios y el nacionalismo impusieron la expansión hacia el Pacífico, la construcción de una canal por el istmo centroamericano y el dominio de las Antillas españolas y las repúblicas del Caribe. La guerra hispanoamericana, desatada por políticos guerreristas y con pretexto de ayudar a la independencia de Cuba, convirtió a Estados Unidos en potencia neocolonialista y en abierta competencia con Inglaterra. La política de Teodoro Roosevelt y sus sucesores fue de intervenciones militares en varias naciones centroamericanas y de las Antillas. El Cono Sur continuó bajo las inversiones y explotaciones directas del imperialismo británico, alemán y francés. Los descubiertos yacimientos de petróleo en México, Venezuela y otros países, impulsaron las inversiones de capitales europeos y norteamericanos y las competencias entre las compañías.

Alexander Graham Bell (1847 - 1922), físico e inventor escocés, constructor del primer teléfono.

Los prejuicios llevados hasta la vergüenza humana: el racismo del Ku Kux Klan.

capitalistas y a una *conciencia de superioridad de la civilización occidental,* y con ella del hombre blanco, basada en teorías racistas que se consideraban científicas.

Políticos, gobernantes, hombres de negocios, escritores, periodistas, militares y hasta religiosos, consideraron que era misión de la civilización occidental trasmitir sus formas de vida, valores y creencias a todo el mundo. Así, estas nuevas bases ideológicas condujeron a la formación de imperios coloniales, empleando la fuerza de las armas. Los países imperialistas europeos (Inglaterra, Francia, Alemania, Italia y Bélgica) se repartieron el continente africano y se instalaron en Asia y Oceanía. En América Latina intensificaron las inversiones, pero entraron en competencia con el imperialismo norteamericano.

"Se presume que llegará el día en que la hegemonía mundial pertenezca a la nación que posea petróleo y sus derivados".

Warren Harding, presidente de Estados Unidos, 1920.

Surge Estados Unidos como potencia mundial

La época de oro científica, tecnológica, intelectual y literaria contrastaba con los problemas sociales de la industrialización y los monopolios o *trusts* que manejaban la economía y la política de la nación. Excepto las dos administraciones del presidente demócrata *Grover Cleveland* (1885-1889 y 1893-1897), el partido republicano se mantuvo en el poder medio siglo y con él los monopolios. Aunque años más tarde, los quebrantó precisamente un gobierno republicano.

En este período aumentaron la inmigración europea y los *problemas laborales y las huelgas*, que ya viste en el capítulo 17. Se agudizó el *problema racial* en los estados sureños, donde la organización *Ku Kux Klan* cometió infinidad de atropellos contra la población negra, y se desató el conflicto *entre agricultores e industriales*, porque los pequeños propietarios y arrendatarios rurales no podían pagar los precios de máquinas y equipos que fijaban los fabricantes. Los agricultores crearon el *partido populista*, que alcanzó gran votación en las elecciones de 1890 y después se integró al partido demócrata.

Sin embargo, la victoria electoral republicana del presidente *William McKinley* (1896) significó el triunfo de la industria y el capitalismo sobre la agricultura nacional. La expansión requería nuevos mercados y zonas de influencia. Como aumentaban los intereses de Estados Unidos en el Pacífico, se hizo urgente el proyecto del canal interoceánico y las Grandes Antillas reunían condiciones estratégicas para su protección.

Las inversiones de capital norteamericano, en América Latina, hacia 1914.

El "Destino manifiesto" y la expansión en el Caribe

Muchos políticos, intelectuales y capitalistas afirmaban que, de acuerdo con leyes geográficas y económicas incontrastables, había regiones que estaban destinadas a formar parte de los Estados Unidos. A esta teoría se le llamó el *Destino manifiesto.* Ella había justificado antes la conquista de territorios mexicanos y ahora justificaba la expansión frente a los intelectuales y políticos que se oponían al imperialismo.

- Las intenciones de controlar el Caribe comenzaron con la enérgica protesta del Secretario de Estado al ministro inglés de Relaciones Exteriores (1895) por enviar tropas a la frontera de su colonia de Guayana con Venezuela, zona que reclamaban ingleses y venezolanos. Inglaterra tuvo que someter su reclamación a un arbitraje internacional que, en definitiva, le fue favorable.

- *La Guerra contra España y la ocupación de Cuba y Puerto Rico* fue la demostración del gran poderío naval norteamericano. Ya vimos en el capítulo anterior las causas de la guerra y para ti son muy conocidas las consecuencias del *Tratado de París* (1898) que puso fin al dominio español en Puerto Rico. Bajo la ocupación norteamericana, Cuba se recuperó de los estragos de la guerra de independencia y progresó en la educación, la salud y la higiene pública. Pero la nueva república fue obligada a incluir en su primera Constitución (1901) la *Enmienda Platt* que reconocía el *derecho de intervención de los Estados Unidos* cuando el gobierno cubano fuese incapaz de asegurar la paz, la seguridad interna y el cumplimiento de compromisos internacionales.

Teodoro Roosevelt aplica la "política del garrote"

Después de la expulsión de España del continente, el presidente Teodoro *Roosevelt* aplicó una agresiva política intervencionista que él llamó *del garrote (big stick)* y mediante el *Corolario Roosevelt a la Doctrina Monroe* estableció

Teodoro Roosevelt (1858-1918). Presidente norteamericano.

que Estados Unidos no solamente rechazaba la intervención europea en América, sino que para impedirla tenía necesariamente que intervenir en países amenazados por Europa. Así, Roosevelt se opuso al bloqueo a Venezuela por parte de Alemania, Inglaterra e Italia para que pagara su deuda externa (1902) e hizo que lo sometieran a arbitraje. Pero la política del garrote fue *drásticamente aplicada a Colombia.*

¿Recuerdas el interés de Estados Unidos e Inglaterra en construir un canal interoceánico por Nicaragua? Pues los congresistas desviaron ese interés hacia una zona más segura, el *istmo de Panamá*, cuando en 1902 circuló una estampilla de correos de Nicaragua con el dibujo de uno de sus volcanes en erupción? ¿Sabías esto?

Muchos años antes (1846) Colombia había concedido el libre tránsito por el istmo a los Estados Unidos y, a cambio, éstos garantizaron la soberanía colombiana y la neutralidad en la región, frente a posibles pretensiones de

Inglaterra. Más tarde (1878) Colombia contrató la apertura de un canal con una empresa francesa y bajo la dirección del ingeniero *Fernando Lesseps*, el célebre constructor del canal de Suez, en Egipto. Pero fracasó la compañía y los franceses crearon otra para recuperar su inversión mediante la venta de la concesión al gobierno de los Estados Unidos, para lo cual se necesitaba la autorización del gobierno colombiano.

Las negociaciones entre Colombia, Estados Unidos y la compañía francesa fueron dilatadas y Roosevelt rechazó la propuesta inicial de Colombia. El gobierno conservador de esta nación sostenía una guerra civil contra los liberales, por lo cual no manejó bien el problema y hasta facilitó la intervención norteamericana en el istmo para vencer a los liberales. En enero de 1903 se firmó el *Tratado Hay-Herrán* (apellidos del secretario de Estado norteamericano y del ministro colombiano) que autorizó el traspaso de la concesión a los Estados Unidos y acordó el arriendo a Colombia *durante cien años*, de una zona de diez millas de ancho y por la suma de diez millones de dólares más una renta anual de doscientos cincuenta mil dólares.

El Senado norteamericano ratificó el tratado pero el de Colombia se negó, pese a las amenazas de la Secretaría de Estado de Washington, alegando que violaba la soberanía colombiana en la zona del futuro canal. El fracaso de las negociaciones disgustó a los panameños que tenían muchas esperanzas de prosperidad con el canal, habían intentado separarse otras veces y estaban inconformes con el centralismo de Bogotá. Un grupo de comerciantes y profesionales panameños y agentes de la compañía, se sublevó y la armada norteamericana impidió actuar a las tropas colombianas. El 3 de noviembre de 1903 se proclamó la separación y Estados Unidos reconoció de inmediato a la *República de Panamá*.

Draga del canal de Panamá en operación, hacia finales del siglo XIX.

A los pocos días, por el *Tratado Hay-Buneau Varilla* Panamá *arrendó a perpetuidad* la zona del canal, aceptando en ella la jurisdicción de leyes, tribunales y policía norteamericana, así como numerosas concesiones en otras partes de la república. Esta nacía con una soberanía muy limitada y la agresión a Colombia dejó alarmadas a todas las repúblicas latinoamericanas. Años después (1914), Estados Unidos dio excusas a Colombia y la indemnizó con veinticinco millones de dólares; pero el pago se retrasó hasta 1921.

Continúan las intervenciones norteamericanas

Basado en el Corolario de la Doctrina Monroe, el gobierno de Washington siguió desplazando al imperialismo europeo del Caribe. Hubo desembarco de infantes de marina en *República Dominicana* (1905),

Cesar Augusto Sandino. Líder nacionalista de la lucha armada nicaragüense contra la ocupación norteamaricana de 1927 a 1933.

" Con un mismo objetivo final los Estados Unidos alternan dos políticas en su trato con las repúblicas. Una de atracción —el panamericanismo— y otra de decidida intervención siempre que así conviene a sus intereses.(1) Invitados por el gobierno norteamericano los delegados de 18 países se reunieron en la *primera Conferencia Internacional Americana*, en Washington, octubre de 1889, para considerar la propuesta del secretario de Estado James Blaine de una unión aduanera y el arbitraje de las disputas internacionales. (...) conviniéndose que toda nación es digna de respeto, aunque poco después seis de las más pequeñas naciones creyeron admisible la intervención por razones humanitarias..." (2).

1 J. A. Lacomba y otros. Historia Contemporánea, págs. 412 y 413.

2 M. Hernández Sánchez Barba, Historia de América, tomo 3, págs. 279 y 280.

a petición de su gobierno cuando las potencias amenazaban invadirla para cobrar la deuda externa. Ante nuevos desórdenes políticos y económicos, fue ocupada otra vez hasta pagar a Estados Unidos y demás países acreedores (1916 a 1924). *Haití*, donde reinaba la anarquía, estuvo intervenida financiera y militarmente (1915-1934). *Cuba* padeció dos intervenciones fundamentadas en la Enmienda Platt (1906-08 y 1917). *Nicaragua*, por la inestabilidad de la región, la deuda externa y para apoyar los intereses de la United Fruit y otras compañías, permaneció veinte años (1912-1932) bajo gobierno militar norteamericano. Honduras tuvo varias intervenciones (1903, 1924).

En *México*, fuerzas norteamericanas ocuparon el puerto de Veracruz (1914) para proteger a las compañías petroleras de la revolución que vivía la república y el presidente Wilson influyó a favor del grupo más conveniente a los intereses norteamericanos. Estados Unidos violó el derecho soberano de cada nación a resolver sus problemas internos y se aseguró que ningún país europeo interviniera o cobrara antes que ellos en Latinoamérica. Sin embargo, bajo la injusta ocupación norteamericana las pequeñas naciones pagaron sus deudas externas, se modernizaron y acabaron con el paludismo y la fiebre amarilla.

El imperialismo en Suramérica

Hacia las naciones suramericanas, más alejadas geográficamente de su influencia, el imperialismo norteamericano adoptó métodos más sutiles, como la llamada *diplomacia del dólar.* El *National City Bank* desplegó gran actividad en préstamos y circulación en toda Suramérica. La *Gran Flota Blanca,* con sus modernos buques, monopolizó el transporte de casi todas las exportaciones. La *Cerro Pasco Copper Corporation* controló la industria eléctrica en las minas de cobre de Perú y Chile. Otras compañías hicieron inversiones en la explotación del estaño boliviano.

Estados Unidos tropezó con un rechazo que no había tenido antes Inglaterra. Las naciones del Cono Sur, especialmente Argentina, se mantuvieron en la *zona de influencia inglesa,* aunque compartida con Francia y Alemania. En *Chile* la influencia extranjera incluyó a Estados Unidos, cuyas relaciones comerciales eran ya antiguas.

El capitalismo extranjero explota el petróleo

El motor de explosión había despertado la fiebre del petróleo durante la segunda revolución industrial y fue en esta explotación donde se volcaron los capitales de las potencias imperialistas. Al principio cada potencia explotó sus propios yacimientos o los de sus colonias. En Estados Unidos la *Standard Oil Company,* fundada por iniciativa de John D. Rockefeller (1870) monopolizó la explotación nacional y a partir de 1900 invirtió capitales en Latinoamérica a cambio de concesiones muy beneficiosas. Pero encontró la fuerte competencia de la *Shell* y otras compañías inglesas que ya tenían concesiones de las repúblicas.

Como *los países latinoamericanos no tenían capitales,* los gobiernos otorgaron concesiones a las poderosas compañías para que explotaran los

Torre para explotación de petróleo.

yacimientos por períodos de hasta 80 años, sin control alguno, pagando impuestos muy bajos y salarios insuficientes, y en vales o tiquetes con los cuales los obreros compraban alimentos y ropa en las tiendas de las propias compañías.

En *Venezuela*, la competencia entre la Shell y la Standard Oil terminó en acuerdo (1928) y el gobierno dio más facilidades de inversión. La Standard Oil logró el monopolio en Perú y Bolivia. En *México*, Porfirio Díaz hizo concesiones a entidades inglesas y norteamericanas. Ecuador y Colombia, otorgaron concesiones a compañías norteamericanas ya avanzado el siglo XX. En cambio, Argentina no hizo concesiones y estableció el monopolio estatal.

GLOSARIO

Arbitraje internacional: arreglo pacífico de disputa entre Estados por decisión de gobernantes de países de prestigio, que son escogidos por los Estados litigantes para que actúen como jueces conforme al Derecho internacional.

Panamericanismo: de la palabra griega *pan*, que significa todos, se aplica al movimiento de unión entre todos los países americanos bajo la dirección de los Estados Unidos; el nombre lo dio la prensa norteamericana hacia el año de 1889.

Unión aduanera: pacto mediante el cual un grupo de países establece iguales tarifas o aranceles de aduana para la importación de productos.

¿Para qué la Historia?

Cuando repasamos la actual situación de algunas repúblicas centroamericanas y del Caribe encontramos problemas muy similares a los que se vivieron a principios de siglo. Sin duda, son las consecuencias a largo plazo de aquel pasado. La hostilidad de algunos gobiernos de la región hacia los Estados Unidos y muchos sentimientos nacionalistas de rechazo, se explican, en buena parte, por la irrespetuosa política del garrote y las sucesivas intervenciones militares.

Actividades

Trabajo individual

Sobre un planisferio distingue, con colores, los países capitalistas de finales del siglo XIX y las regiones americanas víctimas de la expansión imperialista europea y norteamericana. Elabora el cuadro de convenciones.

Trabajo grupal

Con tres compañeros, precisa las definiciones de los siguientes enunciados:

Nacionalismo, Neocolonialismo, Imperialismo, monopolio "Destino manifiesto", "Diplomacia del Dólar", "Enmienda Platt" y "política del garrote".

¿Cuál de estas expresiones, consideras que está relacionada con el desarrollo puertorriqueño? ¿Por qué?

Trabajo individual

Escribe un ensayo de tres cuartillas sobre las causas y modalidades de la expansión de Estados Unidos sobre el resto del continente, entre fines del siglo XIX y primera mitad del XX.

Trabajo grupal

El curso se divide en dos grupos para organizar un debate sobre "las concesiones" hechas por los gobiernos latinoamericanos a los países industrializados. Prepara tus argumentos, destacando las condiciones favorables o desfavorables para América Latina. Redacta las conclusiones y consígnalas en tu libreta.

Trabajo individual

Consulta en biblioteca, sobre el origen de los partidos Demócrata y Republicano en Norteamérica y sobre la ideología que cada uno defiende.

Trabajo individual

Piensa y responde lo siguiente:

—¿Cómo explicas la conciencia de superioridad de la civilización occidental a comienzos del siglo XX? ¿Consideras que aún se mantiene? ¿Por qué?

—¿Qué diferencias puedes establecer entre la presencia extranjera en el Caribe y en el "cono sur", en la primera mitad del siglo XX?

TALLER

9

Elaboración de tirillas o historietas gráficas

Una actividad escolar agradable para abordar, en el estudio de las Ciencias sociales, es la elaboración de *Tirilla o historieta gráfica*, la cual día a día se ha convertido en un medio de comunicación masiva.

Una tirilla es una secuencia de imágenes acompañadas de un texto lingüístico que relata una acción; una especie de historias contadas en dibujos.

Esta forma de expresión surgió en Europa a finales del siglo pasado con un contenido cómico y familiar, pero a lo largo de su desarrollo ha ido incorporando temas políticos, ecológicos, de aventura, terror, etc. La popularidad de su lenguaje, le ha permitido su reconocimiento universal y su catalogación como el noveno arte.

En esta oportunidad vas a conocer las pautas básicas que te permitirán elaborar una tirilla:

— Se elaboran viñetas o cuadros dispuestos en forma secuencial.

— Enfocar las figuras desde todos los ángulos posibles: de frente, de perfil, por detrás, desde arriba o desde abajo, para producir impresión de pequeñez, grandeza o importancia y dar ritmo, variedad, claridad y movimiento a la historieta.

— La tirilla puede ser muda o hablada. Esto es acompañada o no de texto gráfico o lingüístico que expresa onomatopeyas, comentarios, diálogos o pensamientos de los personajes. (Pide explicación a tu maestro(a) de español sobre las onomatopeyas).

— Los textos lingüísticos van dentro de unos globos que pueden ser ovalados, cuadrados, rectangulares, dentados, punteados o en forma de nube. Cada globo tiene una especie de cola o pico que indica qué personaje habla. Si aparecen burbujas expresan sólo el pensamiento de alguien.

— Para expresar movimiento o trayectoria se utilizan trazos de huellas o espirales.

— Los gestos o expresiones del rostro deben ser muy significativos.

Consigue tirillas que circulen en tu país y llévalas a clase. En grupo determina si:

— Cada viñeta o cuadro está dispuesto en forma secuencial.

— Es una tirilla muda o hablada.

— Si es hablada, en su texto hay onomatopeyas. ¿Qué expresan?

— ¿Qué forma tienen los globos?

— ¿Se observa movimiento y trayectoria?

— ¿Las expresiones de los rostros corresponden al mensaje.

Escoge un tema del proceso histórico americano, define sus personajes, los mensajes que quieres trasmitir y crea una tirilla que desarrolle una historia. Trata de incorporar el mayor número de recursos propios de la tirilla para que le des riqueza y variedad.

Reflexiona: De las tirillas existentes en tu país, ¿cuál es la de tu preferencia? ¿Por qué?

¿Cuál es tu personaje favorito y qué vicios o valores humanos encarna? ¿Qué sentimientos suscita? ¿Qué valores trasmite?

¡Crea tu propio personaje!

De las guerras mundiales a la guerra fría

CAPÍTULO

24

SÍNTESIS

La revolución mexicana

- ¿Recuerdas la dictadura de Porfirio Díaz? Pues en 1910 se hizo reelegir después de 35 años en el poder y el hacendado *Francisco Madero* dirigió una *sublevación general* que logró la renuncia y el exilio del octogenario dictador. Pero las reformas de Madero (Constitución, no reelección y sufragio universal) eran insuficientes para el clamor de los campesinos, obreros y estratos medios. Surgieron caudillos populares, sobresaliendo *Emiliano Zapata* que exigía reforma agraria y tierras para los indios, y *Pancho Villa,* dirigente de los agricultores del norte contra el latifundio.

La revolución mexicana fue el más violento y espectacular final de una época y del sistema económico, político y social que había imperado en Hispanoamérica. La Gran Depresión de 1929 modificó la política interna de los Estados Unidos y las teorías del liberalismo económico tuvieron que modificarse y aceptar que el Estado intervenga en las economías nacionales. Hacia Latinoamérica, la política del Buen Vecino del presidente Roosevelt inició relaciones amistosas que estrecharon la solidaridad durante la Segunda Guerra mundial. En América Latina comenzó la industrialización, se desarrolló un fuerte nacionalismo y nuevos sectores sociales con ideas fascistas, socialistas y comunistas llegadas de Europa, desarrollaron movimientos a favor de la independencia económica y las clases populares.

Pancho Villa (en el centro), en compañía de los generales Obregón y Pershing(de izquierda a derecha).

Lázaro Cárdenas. Organizó la revolución mexicana, impulsó la industrialización y llevó a cabo el reparto de tierras a campesinos.

Madero fue traicionado y asesinado (1913) por el general Victoriano Huerta, que tuvo el apoyo de las oligarquías, el ejército y el embajador norteamericano. Sin embargo, el presidente Wilson no reconoció a Huerta y ordenó a los infantes de marina ocupar el puerto de Veracruz, lo que originó tensiones con el nuevo gobierno de *Venustiano Carranza*. Este hacendado expulsó a Huerta, se impuso a los demás grupos, atrajo a los obreros que formaron batallones del nuevo ejército y promulgó la *Constitución de 1917*. Esta proclamó el subsuelo propiedad de la nación y los derechos del Estado a nacionalizar los recursos naturales del país, los derechos del campesino a la tierra y de los obreros a la huelga, la sindicalización, la jornada de ocho horas. La Constitución tenía influencias socialistas pero no se impuso una sola ideología.

Los principios constitucionales no se pudieron aplicar por las guerras civiles que ensangrentaban el país. Perecieron asesinados Carranza, Villa, Zapata y Obregón, el líder de los trabajadores urbanos. Las medidas antirreligiosas del presidente Calles provocaron la reacción armada de los católicos, que fue vencida por las fuerzas del gobierno.

- El general *Lázaro Cárdenas,* durante su presidencia (1934-1940) consolidó el poder, aglutinando a campesinos, obreros, militares e intelectuales en el PRI (*Partido Revolucionario Institucional*), acabó con la corrupción e impulsó las conquistas revolucionarias. Distribuyó millones de hectáreas de tierras entre los campesinos, fortaleció los sindicatos y nacionalizó las empresas petroleras extranjeras.

- *La revolución originó un México nuevo,* bajo el control de un solo partido y el ejército. Desaparecieron el latifundio y los poderes de las oligarquías y las empresas extranjeras. La Iglesia perdió libertad, bienes e influencia. Pese a la profunda religiosidad del pueblo, se mantuvo prohibida la educación cristiana en los colegios. La mayoría campesina recibió tierras. Sin duda, el cambio más radical fue la igualación social, el mestizaje de las distintas etnias y la exaltación de la herencia indígena de la nación.

Estados Unidos: de la Gran Depresión a la recuperación

- A comienzos de la revolución mexicana, se desató la *Primera Guerra mundial* (1914-1918) entre las potencias. En ella combatieron *Los Aliados*: Inglaterra, Francia, Rusia e Italia a los que se unieron muchas naciones del mundo, contra *Los Imperios*: Alemania, Austria y Turquía. Por primera vez, los Estados Unidos participaron en una guerra entre europeos y contribuyeron a la victoria de los Aliados.

  La guerra produjo importantes consecuencias para América: *Estados Unidos se convirtió en el banquero del mundo*, pues prestó once mil millones de dólares a los Aliados y después a Alemania. *El imperialismo europeo desapareció en América Latina* porque las potencias no pudieron invertir ni comprar como antes. En cambio, *Estados Unidos*, ya sin competidores, *continuó su expansión económica* en Latinoamérica.

- Sin embargo, la próspera economía norteamericana se hundió cuando el valor de las acciones de las compañías bajó bruscamente en la Bolsa de New York en octubre de 1929. Se arruinaron muchísimos millonarios, cesaron las compras, cerraron los bancos, fábricas y oficinas y, en 1933, catorce millones de norteamericanos estaban desempleados. ¿Sabes a qué se debió la Gran Depresión que se prolongó varios años? Quizás has visto películas sobre el tema y estás informado que la sociedad norteamericana invertía exageradamente en acciones de las compañías, de modo que los capitales resultaron excesivos para producir los automóviles, maquinarias y equipos que en realidad podían comprar los consumidores.

La política del Buen Vecino y las presiones de Argentina, Brasil, Chile y México concurrieron en la *Séptima Conferencia celebrada en Montevideo* (1933) que proclamó el principio de *No intervención*, o sea que ninguna nación tiene derecho a intervenir en los asuntos internos y externos de otra (...) En 1947 se firmó el *Pacto de Río* (Tratado Interamericano de Asistencia Recíproca) y la *Novena Conferencia en Bogotá* (1948) fundó la *OEA (Organización de Estados Americanos)* como organización regional en el marco de la ONU.

Seleccionado de Organización de los Estados Americanos y Carta de la OEA reformada por el Protocolo de Buenos Aires, Publicaciones de la OEA, y Peter Waldmann, América Latina, 1984, págs. 346- 349.

Wall Street, New York, Octubre 24 de 1929.

Franklin Delano Roosevelt. Mediante su política del "Buen vecino" buscó el acercamiento de las repúblicas latinoamericanas a los Estados Unidos.

Entre 1939 y 1945 la humanidad vivió la *Segunda Guerra mundial*, conflicto que involucró a todos los continentes. Ante la expansión nazifascista de Alemania e Italia, se aliaron Inglaterra, Unión Soviética y Estados Unidos contra el EJE formado por Alemania, Italia y Japón. Todas las naciones latinoamericanas (excepto Argentina que lo hizo tardíamente) participaron junto a los Estados Unidos: Brasil envió una legión a Europa, los países del Caribe colaboraron en la lucha contra los submarinos alemanes que hundían barcos en estas aguas y, sobre todo, aportaron alimentos, combustibles y otros recursos para ganar la guerra.

Seleccionado de Augusto Montenegro, *Historia de América*, 1990, págs. 250.

La Gran Depresión fue mundial: cierre de bancos, comercios y fábricas, desempleo y hambre de millones de personas. Los países europeos dejaron de pagar su deuda a los Estados Unidos. En Latinoamérica cayeron las exportaciones, no se recibieron más préstamos ni inversiones extranjeras y se redujeron las importaciones.

- La recuperación norteamericana comenzó con la victoria electoral del partido demócrata y su presidente *Franklin D. Roosevelt*, quien con el apoyo del Congreso fortaleció el poder ejecutivo para desarrollar su política del *Nuevo Trato* (New Deal). Esta abrió fuentes de trabajo, fijó impuestos a los ricos, ayudó a los desempleados con leyes de seguridad social y renovó la agricultura y la industria bajo supervisión estatal. Con el ejemplo norteamericano, en todas partes, los gobiernos abandonaron el liberalismo económico del siglo XIX y comenzaron a intervenir en la economía y las relaciones obrero patronales.

- Hacia América Latina, Roosevelt inauguró la política del *Buen Vecino*, procurando relaciones de amistad y respeto. El Secretario de Estado firmó el acuerdo de *No intervención* en la Conferencia de Montevideo (1933) y los infantes de marina se retiraron de los países ocupados en el Caribe. El Congreso abolió la Enmienda Platt de la Constitución cubana y Washington aceptó la nacionalización mexicana del petróleo.

Comienza la industrialización en Latinoamérica

- En las repúblicas, la solución a la crisis económica fue fabricar las manufacturas que antes venían del extranjero, o sea, la *sustitución de importaciones*. Ya se hacía en Argentina y algunos países desde la Primera Guerra mundial. Esta y otras repúblicas contaban con emprendedoras burguesías, capitales y creciente número de trabajadores en las ciudades. Con la intervención de sus gobiernos, Argentina, Brasil, Chile, México y Colombia desarrollaron industrias de alimentos, bebidas, textiles y otras para el consumo nacional.

Clases medias, obreros y militares

La crisis económica y la industrialización estaban acompañadas de grandes cambios sociales y políticos.

- Las *clases medias*, compuestas por profesionales, intelectuales y pequeños propietarios urbanos formaron partidos y movimientos políticos, que se caracterizaron por el nacionalismo, el rechazo a las oligarquías y la defensa de los derechos de los obreros, los indios y los negros. De ahí el nombre *populismo* dado a movimientos y gobiernos que buscaban la modernización y el bienestar de sus pueblos.

  La principal fuerza de las clases medias fueron los estudiantes de las universidades, inspirados en el movimiento de reforma universitaria de años antes (1918) en las ciudad de Córdoba, Argentina. De la lucha por reformas académicas y la autonomía de las universidades públicas, los estudiantes pasaron a participar directamente en la política.

- La clase obrera se hizo sentir desde los años veinte. Existían algunas organizaciones, como los sindicatos mineros de Chile y las confederaciones de trabajadores de Argentina, Brasil, Uruguay y México que hacían huelgas para forzar mejores salarios y condiciones laborales. La crisis de 1929 y la naciente industrialización aumentaron las organizaciones sindicales, que lograron su reconocimiento legal y muchos derechos de los trabajadores en la década siguiente.

- Un nuevo tipo de militares intervino en los procesos. Eran oficiales, principalmente jóvenes y de clases medias, con formación profesional en academias militares bajo instructores alemanes o franceses. La nueva

A *Grupos de clases medias en La Habana, alzados contra el gobierno dictatorial de 1927.*
B *Movimiento estudiantil en Córdoba, Argentina, en 1918.*

A

B

"En México, por fortuna, no tuvimos una ideología total, una idea convertida por los doctores revolucionarios en un catecismo universal fundamento del Estado y de la sociedad... Esto nos salvó de muchos errores; por ejemplo, hemos tenido violencia popular y gubernamental, pero no terror ideológico".

Octavio Paz, mexicano Premio Nobel de Literatura en 1990.

oficialidad tenía sentimientos nacionalistas y conciencia de que formaba el cuerpo social capacitado para asegurar el orden y dirigir el país. Por ello abundaron los golpes y gobiernos militares en la década del treinta, en unos casos para facilitar cambios sociales, en otros para frenar los movimientos populares.

Nuevas ideologías inspiran los cambios

Ante la crisis mundial cobraron fuerza las teorías opuestas al liberalismo. El socialismo marxista atrajo a los intelectuales, estudiantes y obreros, después del triunfo de la revolución rusa (1917) que aplicó las teorías de *Carlos Marx* y de *Lenin*, el máximo dirigente revolucionario. La *Internacional Comunista* estimuló y dirigió desde Moscú la fundación de partidos comunistas en Latinoamérica, para fomentar revoluciones en unos países y, en otros, hacer alianzas con los partidos populistas. Los comunistas sólo tuvieron alguna fuerza en Chile y México, sin lograr la adhesión masiva de los obreros.

Pocos años después, contra las democracias liberales y, a la vez, contra el comunismo, se impusieron el *fascismo* en Italia, con el dictador Benito Mussolini, y el *nazismo* en Alemania con Adolfo Hitler. Ambos sacaron a sus naciones de la crisis económica y organizaron Estados *totalitarios*, o sea, que controlan toda actividad de los ciudadanos y suprimen sus libertades. Según el fascismo, el Estado debe ser gobernado por los miembros de superior capacidad de la sociedad y el interés del Estado está por encima del interés de los individuos. El fascismo influyó en grupos políticos y militares latinoamericanos.

El proceso particular de las repúblicas

- En *Brasil* una sublevación con apoyo militar (1930) llevó al poder a *Getulio Vargas*, gobernador de Río Grande del Sur. Vargas reprimió a comunistas y fascistas, aunque su gobierno se inspiró en el fascismo. Una nueva Constitución le otorgó la dictadura y controló las empresas, dio protección social a los obreros y superó la crisis económica. En 1945 los militares lo derrocaron y cinco años después ganó las elecciones presidenciales. Pero la inflación y la oposición del Congreso, la prensa y el ejército, lo llevaron al suicidio (1954).

Victor Raúl Haya de la Torre, intelectual y dirigente político peruano, fundador del APRA.

- *Argentina* fue otro caso de populismo fascista. En 1943 un golpe militar inició reformas sociales inspiradas por el general *Juan Domingo Perón*. Elegido presidente por abrumadora mayoría, Perón aplicó el *justicialismo*, su doctrina antiimperialista que justificó la nacionalización de los servicios públicos, el poder de los sindicatos, los grandes beneficios a los obreros y el control de las empresas privadas y las universidades. Eva Perón, la esposa del presidente, fue la venerada líder de los trabajadores. Cuando Perón extremó su política autoritaria el propio ejército lo derrocó (1955).

- En *Perú* tuvo gran protagonismo el APRA (Alianza Popular Revolucionaria), movimiento de universitarios, profesionales y trabajadores que fundó y dirigió el intelectual *Víctor Raúl Haya de la Torre*. Su ideología era un *socialismo indigenista*, antiimperialista, defensor de la nacionalización de las tierras y que invitaba a la unidad de los pueblos hispanoamericanos. Aunque tenía métodos comunistas, el APRA era contrario al marxismo y los comunistas fueron sus enemigos. El ejército impidió siempre que el APRA llegara al poder.

- En *Bolivia, Paraguay* y *Ecuador* hubo intervenciones de militares populistas y reacciones de oficiales vinculados a las oligarquías. En *Chile* gobernó el *Frente Popular*, una coalición de partidos de clases medias con socialistas y comunistas. En *Venezuela* oficiales jóvenes apoyaron al partido de clases medias *Acción Democrática* liderado por *Rómulo Betancourt*. En cambio, sin intervención militar, *Colombia* tuvo gobiernos liberales con un programa de avanzadas reformas sociales.

- Las repúblicas centroamericanas padecieron prolongadas dictaduras militares. En *Nicaragua, Anastasio Somoza* jefe de la guardia nacional gobernó de 1937 a 1956 en que fue asesinado. Sus hijos le sucedieron en la presidencia. En *República Dominicana, Leonidas Trujillo* gobernó treinta años (1930-1961). Su régimen saneó la deuda externa y modernizó al país, pero bajo una cruel tiranía hasta que cayó asesinado. En *Cuba* una revolución de clases medias y suboficiales (1933) terminó en la dictadura populista del sargento (después general) *Fulgencio Batista* que atrajo una coalición de partidos, entre ellos el comunista. ◆

GLOSARIO

Socialismo: doctrinas que tienen en común el principio de que los bienes de producción de las naciones no deben ser propiedad privada sino de la sociedad; el socialismo marxista es la doctrina más radical y en América Latina suele ser presentada como sinónimo exclusivo de socialismo, pero, en general, los socialistas se diferencian de los marxistas en que no son partidarios de la lucha de clases ni los métodos violentos para llegar al poder.

Nazismo: deriva de la abreviatura "nazi", en alemán, del nombre nacionalsocialismo; fue la doctrina impuesta por Hitler que sustentó el dominio del Estado sobre el individuo, el antisemitismo y la creencia en la superioridad racial del ario y del pueblo alemán para dirigir el mundo.

Comunismo: movimiento político mundial fundamentado en las teorías filosóficas, económicas y sociales de Marx y Lenin, y que se organiza en partidos y asociaciones para llegar a la sociedad sin clases sociales mediante la revolución violenta que suprima la propiedad privada de los bienes de producción.

¿Para qué la Historia?

El capítulo trata uno de los períodos de la historia continental en que hubo más conmociones pero seguidas de optimismo y esperanzas en la creatividad y el desarrollo de América Latina. Seguramente te ha sido útil para comprender que entre los movimientos renovadores y los nuevos modelos políticos, uno de los más importantes fue la creación del Estado Libre Asociado de Puerto Rico en 1952, resultado de la lucha política del líder Luis Muñoz Marín al frente del partido popular democrático. Este capítulo ayuda también a comprender la OEA, con sus éxitos en el desarrollo científico y cultural, pero también con sus fracasos y las críticas de que ha sido una organización subordinada a los intereses de los Estados Unidos durante la guerra fría.

Actividades

Trabajo individual

Ingéniate una tirilla que muestre los diversos momentos vividos por México, desde 1910 hasta 1930. Exhíbela en un lugar visible y acompáñala de un pequeño informe.

Trabajo grupal

Invita a tres compañeros a la biblioteca y consulta en qué consistió el "movimiento cristero" y cuál es la actitud, que ante él asumió el gobierno.

Trabajo individual

En tu libreta, elabora un cuadro comparativo entre el gobierno mexicano de Lázaro Cárdenas y el brasilero de Getulio Vargas.

¿Cuál de los dos, te parece mejor gobierno? ¿A cuál calificas de populista? ¿Por qué?

Trabajo grupal

En compañía de tres compañeros y ampliando la información que te ofrece tu texto de clase, determina las consecuencias de la depresión de 1929 y de la Segunda Guerra mundial, para los países latinoamericanos.

Explica brevemente en qué consistió la sustitución de importaciones.

Trabajo individual

Escribe un ensayo de dos cuartillas sobre los movimientos que se desarrollaron en América Latina en contra de las dictaduras y del imperialismo.

Trabajo grupal

Conformar equipos de trabajo de cuatro estudiantes para que cada grupo elabore una cartelera alusiva a los nuevos sectores sociales que entraron en la lucha política, en la primera mitad del siglo XX. Destacar sus características en cada región latinoamericana.

Revoluciones y dictaduras desarrollistas

CAPÍTULO

25

SÍNTESIS

La guerra fría

Al terminar la Segunda Guerra mundial se acabó también la unión de los aliados y sobrevino la "guerra fría" entre el *Este o bloque de países socialistas* dirigido por la Unión Soviética, y el *Oeste o bloque de las democracias capitalistas* encabezado por Estados Unidos. Se llamó guerra fría porque los enfrentamientos fueron indirectos; por ejemplo, gran competencia armamentista y apoyo de la Unión Soviética a revoluciones y guerrillas, mientras Estados Unidos se convertía en el guardián mundial contra la expansión del comunismo. Como verás, América Latina fue seriamente afectada por la guerra fría.

En Bolivia, el Movimiento Nacionalista Revolucionario con parte del ejército (1951) nacionalizó las minas de estaño y adelantó una reforma agraria. La revolución cubana comenzó con el derrocamiento de la dictadura de Batista por las guerrillas de Fidel Castro, cuyo liderazgo es único en el continente. El enfrentamiento de Estados Unidos y la revolución, la alianza de Cuba con la Unión Soviética y la ayuda a los movimientos insurgentes de Latinoamérica, mantuvieron en tensión al continente. Al disolverse la Unión Soviética y el bloque socialista de Europa, la isla cayó rápidamente en la mayor pobreza. En 1979, los sandinistas iniciaron en Nicaragua su revolución, pero ante las presiones de las otras repúblicas centroamericanas entregaron el poder a la oposición que triunfó. En Perú, Brasil y los países del Cono Sur, los militares se impusieron para impedir revoluciones y aplicar teorías y programas de desarrollo económico, privando de libertad a los ciudadanos.

Harry S. Truman, presidente de los Estados Unidos (1945-1952), principal dirigente en la "Guerra Fría".

Victor Paz Estenssoro, dirigente político, iniciador de la revolución boliviana.

La revolución boliviana

En 1951 ganó las elecciones el *Movimiento Nacionalista Revolucionario* (MNR) con su líder *Víctor Paz Estenssoro*. El MNR, apoyado por sectores del ejército, *nacionalizó las minas de estaño,* principal riqueza nacional, y decretó la *reforma agraria* que parceló los latifundios y los repartió entre mineros y campesinos. El gobierno también organizó sindicatos rurales y milicias mineras, y logró préstamos y respaldo de Estados Unidos para impedir que los comunistas controlaran la revolución.

Pero no se logró el desarrollo industrial y agrario esperado. Hubo conflictos con los poderosos sindicatos mineros, el MNR se dividió y Paz Estenssoro fue derrocado después de su segunda reelección (1964). El gobierno militar sofocó la oposición de los mineros y acabó con las guerrillas. El país vivió golpes militares de *derecha* y de *izquierda* hasta 1983 en que fue elegido *Hernán Siles Zuazo,* antiguo dirigente del MNR. Desde entonces Bolivia ha tenido gobiernos democráticos.

La revolución cubana estremece a América

- El antecedente fue la *segunda dictadura del general Fulgencio Batista* (1952-1958) que enfrentó cruelmente la oposición de los universitarios y partidos. En cambio, las guerrillas de la Sierra Maestra (al suroriente de la isla) dirigidas por el abogado y exlíder estudiantil *Fidel Castro* y el argentino *Ernesto «Che» Guevara* se extendieron con los campesinos, la ayuda en armas y alimentos de los estratos medios y altos, y el apoyo de la resistencia clandestina urbana. Ante la derrota del desmoralizado ejército, Batista huyó (1 de enero de 1959). Castro bajó de la Sierra, entró triunfalmente en La Habana y fue nombrado primer ministro por los grupos que habían combatido a la dictadura.

- Después de controlar militarmente el país y hacer fusilar a unos 500 miembros del disuelto ejército, el gobierno revolucionario promulgó la *reforma agraria* que acabó con los latifundios, estableció amistosas *relaciones con la Unión Soviética* y nacionalizó todas las empresas extranjeras y cubanas de producción. Simultáneamente, los periódicos, sindicatos y asociaciones profesionales pasaron al Estado, y los comunistas desplazaron de sus cargos a los revolucionarios que se oponían al marxismo. Estados Unidos rompió relaciones diplomáticas y estableció el embargo comercial a Cuba.

Las leyes revolucionarias y los ataques verbales de Castro al "imperialismo yanqui" tenían apoyo de las multitudes, movilizadas por organizaciones que, a la vez, vigilaban a los ciudadanos. Así, la revolución se identificó

"De un siglo a esta parte, nuestras economías han estado vinculadas a la economía internacional y el 50% de nuestra población aún está estancada en condiciones precapitalistas".

Raúl Prebisch, fundador de CEPAL, 1965.

con las ideas y el liderazgo de Castro. En 1961 fracasó la invasión de un ejército de exiliados, organizado por la CIA y abandonado a última hora por orden del presidente Kennedy. El triunfo consolidó a Castro, que proclamó la república socialista, nacionalizó toda la educación privada, expulsó a más de cien sacerdotes y presionó la salida de la mayoría del clero.

Estados Unidos logró que Cuba fuera *excluida de la OEA* y que las repúblicas rompieran relaciones con ella por intervenir en Nicaragua, Venezuela y otros países para fomentar revoluciones. La ayuda de la Unión Soviética se acentuó y sobrevino la *crisis de los misiles* cuando el presidente Kennedy exigió el retiro de las bases de proyectiles que construían los soviéticos (1962). Estuvo a punto de estallar la guerra entre las potencias, pero Moscú desmanteló las bases y Washington se comprometió a no invadir ni propiciar invasiones a Cuba.

En los primeros años decayeron la producción azucarera, la calidad de la educación y los servicios médicos por el exilio y la prisión de profesionales, técnicos y obreros cualificados. El éxodo masivo de 1960-1962 y las salidas restringidas posteriores se calculan en más de 600 000 personas durante la década (el 10% de la población de 1959). Además, miles de prisioneros llenaron las cárceles durante veinte años.

- En la década de los setenta, *la revolución se consolidó y subordinó más a la Unión Soviética*, mediante la Constitución socialista de 1976, la dirección del Partido Comunista y el modelo soviético de economía planificada. Esta concentró más las propiedades en el Estado y aumentó las exportaciones (más del 80%) a la Unión Soviética. La revolución hizo importantes progresos en la medicina, la salud pública y la educación.

Todo con ayuda de la Unión Soviética que compraba el azúcar a precio más alto que el mundial y le vendía petróleo a bajo costo. A cambio de la

"En nombre propio y recogiendo el sentir de los pueblos de nuestra América, la Asamblea Nacional del Pueblo de Cuba... Condena el latifundio, fuente de miseria para el campesino; condena los salarios de hambre y la explotación inicua del trabajo humano; condena el analfabetismo, la ausencia de maestros, escuelas, médicos y hospitales; (...) condena las oligarquías militares y políticas...condena la concesión de recursos naturales de nuestros países a los monopolios extranjeros, (...)".

Declaración de La Habana 2 de septiembre de 1960. *Antología Histórica. Historia de América*, págs. 85-87.

Fidel Castro en el palacio municipal de Santiago el día del triunfo de la revolución cubana, 1º de Enero de 1959.

Ernesto "Che" Guevara, médico, político, intelectual y guerrillero argentino. Símbolo de la revolución cubana.

ayuda, Cuba fue el foco comunista de Latinoamérica, centro de entrenamiento guerrillero y de reuniones internacionales marxistas. Castro también ayudó a los revolucionarios de África. En 1978 había 38 650 soldados y técnicos en Angola y Etiopía, colaborando con guerrillas comunistas. Así, *la gran ayuda económica soviética se volcó en la militarización* y Cuba llegó a tener el ejército más numeroso y mejor armado de América Latina: 400 000 soldados y paramilitares.

- En los años ochenta aparecieron *las crisis*: otra salida masiva (125 000 personas por el puerto de Mariel), en su mayoría obreros formados por la revolución, retiro de las tropas cubanas de Angola, y fusilamiento de altos oficiales y prisión de otros, acusados de tráfico de drogas (1989). La disolución de la Unión Soviética y el derrumbe del socialismo en Europa, marcó el *fin de la ayuda petrolera y los créditos,* cayendo la isla en la en la mayor pobreza de su historia y con alta deuda externa, tanto a los países occidentales como a Rusia. Estados Unidos extremó el embargo comercial que Castro y sus partidarios lo denuncian como causante de la miseria cubana. Castro mantiene la represión, adopta algunas medidas de apertura económica y busca ayuda de los gobiernos latinoamericanos.

Nicaragua, segunda república marxista en Latinoamérica

- *La "dinastía" de los Somoza*. Después del asesinato de Anastasio Somoza (1956), fueron sucesivamente presidentes sus hijos *Luis* y *Anastasio Somoza Debayle*. Este, elegido fraudulentamente, se mantuvo por la fuerza de la guardia nacional y aumentó sus propiedades, chocando con banqueros e industriales. El asesinato del líder de la oposición *Pedro Joaquín Chamorro* (1978) desencadenó la rebelión.

  La coalición de comerciantes, industriales, profesionales y parte del clero, coordinó sus acciones con el *Frente Sandinista de Liberación Nacional.* Este movimiento guerrillero nació en los años sesenta con el nombre del patriota nacionalista Augusto César Sandino (a quien conociste en el capítulo anterior). Muchos de sus miembros eran marxistas entrenados en Cuba. Finalmente, la guerra civil, la presión de los presidentes norteamericano y latinoamericanos y un levantamiento nacional produjeron la caída de Somoza (1979).

- Pronto *los sandinistas controlaron el ejército y la Junta de Reconstrucción Nacional* e iniciaron la revolución con *Daniel Ortega* al frente del nuevo gobierno: nacionalización de los bienes de los Somoza y de empresas industriales y comerciales, distribución de tierras, educación marxista que redujo el alto analfabetismo, asistencia técnica y militar cubana, hostilidad a la prensa y la Iglesia, y ayuda económica de la Unión Soviética y otros países socialistas.

El presidente Reagan acusó a Nicaragua de ayudar a los guerrilleros de El Salvador, decretó el embargo comercial y financió a las milicias contrarrevolucionarias. La guerra civil terminó por la mediación de los presidentes centroamericanos. Lograron un pacto entre los partidos de oposición y el gobierno de Daniel Ortega (1989) para desmovilizar a *«los contra»* y celebrar elecciones libres en 1990. En ellas perdieron los sandinistas, debilitados por el derrumbe del socialismo en Europa. Pero la presidenta Violeta Chamorro se debate entre los partidos que la eligieron, los sandinistas que componen legalmente las fuerzas armadas y los "contras" que han vuelto a armarse.

Perú, original revolución de las fuerzas armadas

En 1968 los militares tomaron el poder y constituyeron el Gobierno Revolucionario de las Fuerzas Armadas que asumió los poderes ejecutivo y legislativo. Su presidente, el general *Juan Velasco Alvarado* comenzó la *"tercera vía peruana, ni capitalista ni comunista"*, que nacionalizó empresas extranjeras, como la *International Petroleum Company*, y bancos poderosos del país, aplicó drástica reforma agraria, contra los latifundios, repartió tierras a los campesinos y agrupó a éstos y a los obreros en respectivas cooperativas.

Pero el gobierno suspendió la Constitución y el Congreso, limitó la libertad de expresión y expropió los grandes periódicos y revistas. Hasta que los altos oficiales se inquietaron ante el poder de los obreros, la creciente deuda externa y el recelo de los Estados Unidos por las relaciones diplomáticas y económicas con la Unión Soviética, Cuba y otros países socialistas. Por ello destituyeron a Velasco y los militares reformistas (1975), cambiaron al modelo

Miembros del Frente Sandinista de Liberación Nacional.

Junta militar chilena, encabezada por el general Augusto Pinochet, en un desfile militar.

económico brasileño y convocaron a asamblea constituyente y elecciones. La Constitución entró en vigor en 1980 y se restableció la democracia.

El país padece el terrorismo del movimiento *Sendero Luminoso*. Alberto Fujimori, elegido en 1990, asumió poderes dictatoriales y logró la captura y prisión del máximo jefe terrorista y sus subalternos.

Militares, seguridad nacional y neoliberalismo

El apoyo de la revolución cubana a los movimientos subversivos y las crisis sociales y económicas de América Latina propiciaron las dictaduras militares. Se fundamentaron en la *doctrina de la seguridad por medio del desarrollo nacional* y tuvieron apoyo de los gobiernos norteamericanos y la inversión extranjera.

- En *Brasil* los militares tomaron el poder ante la creciente fuerza de los comunistas (1964), aceleraron la industrialización con capitales extranjeros y alta tecnología importada, y multiplicaron las exportaciones. El rápido crecimiento económico convirtió el país en potencia, pero exigiendo sacrificios a los trabajadores y los sectores marginados. La deuda externa llegó a ser la más alta del mundo. En 1985 se posesionó el primer presidente civil en veinte años y elegido por votación directa. Después se aprobó la actual constitución (1988).

- En *Chile*, el marxista *Salvador Allende* llegó a la presidencia en elecciones democráticas (1970), pero su intento de crear el Estado socialista empeoró la situación económica y provocó el descontento general. Las fuerzas armadas dieron un sangriento golpe y Allende se suicidó (1973). Una junta militar asumió los poderes ejecutivo y legislativo y nombró presidente al jefe del ejército general *Augusto Pinochet*. La *represión fue implacable* y dejó numerosos muertos, desaparecidos, encarcelados y exiliados. La ONU condenó la violación de derechos humanos y el gobierno norteamericano se distanció de Chile.

La ideología marxista fue erradicada y el caos económico comenzó a resolverse, aplicando las *teorías neoliberales* del norteamericano *Milton Friedman*: economía de mercado con libertades y apoyo del Estado. Inicialmente hubo fracasos pero las inversiones de capitales extranjeros y nacionales, y las privaciones impuestas a los trabajadores, lograron un asombroso crecimiento económico.

En 1980 un plebiscito aprobó la Constitución propuesta por el régimen, la que estuvo en suspenso hasta 1989, otro plebiscito rechazó prolongar la presidencia de Pinochet y en 1990 se restableció la democracia con el presidente Patricio Aylwin. Pero, de acuerdo con la Constitución, Pinochet conserva la jefatura del ejército. En 1993 fue elegido presidente para el período siguiente Eduardo Frei, hijo del expresidente y líder de la democracia social cristiana de Chile. ◆

GLOSARIO

Desarrollismo: teoría que pretende el desarrollo social y económico de las naciones pobres aplicando el modelo económico de las naciones ricas.

Nacionalización: pasar propiedades y funciones privadas al dominio del Estado.

Izquierda y derecha: en política, nombres de tendencias, grupos y movimientos; izquierda los que se enfrentan a los sistemas vigentes para cambiarlos radicalmente; la derecha aparece como defensora del sistema.

¿Para qué la Historia?

El historiador francés Fernand Braudel ha dicho que la Historia es "ciencia del pasado y del presente, de lo que cambia y de lo que permanece". El capítulo demuestra cuán real es esta afirmación, porque muchos de los procesos tratados aquí no han terminado y muchos de los gobernantes mencionados son aún protagonistas en su país. Este capítulo igualmente te ayuda a confirmar que las revoluciones y las dictaduras cambiaron muchas condiciones sociales, políticas y económicas de las repúblicas que las vivieron. Pero también que muchas costumbres y, sobre todo, la manera de pensar y sentir no cambian en breve tiempo; permanecen las condiciones humanas, principalmente el anhelo de libertad frente a la opresión.

Actividades

Trabajo grupal

Organizados por grupos de trabajo, comenten y redacten cinco argumentos que refuercen la afirmación escrita en la frase de la página 230.

Trabajo grupal

Con tres compañeros ve a la biblioteca y consulta sobre la reforma agraria Boliviana y Mexicana. Elabora un cuadro comparativo, destacando sus causas, logros y permanencia en los cambios. Debes consignarlo en la libreta de trabajo.

Trabajo individual

Realiza una entrevista a cinco personas adultas sobre su aceptación o rechazo a un bloqueo comercial contra Cuba, igualmente sobre si considera que Puerto Rico debe brindar apoyo a dicha isla. Prepara muy bien las preguntas, ojalá pueda gravar las respuestas o escríbelas en tu libreta. Presenta tu informe al grupo. Evalúen los resultados y elaboren sus propias conclusiones.

Trabajo individual

Analiza y responde en tu libreta lo siguiente:
¿Cómo explicas que con la disolución de la Unión Soviética y del Socialismo europeo se produzca tan cruel crisis económica en Cuba y en Nicaragua? ¿A qué atribuyes la debilidad de sus economías? ¿Se puede calificar a la Unión Soviética de agresiva y expansionista? Sustenta tus preguntas con buenos argumentos.

Trabajo individual

Elabora un cuadro cronológico de la evolución de Bolivia, Cuba y Nicaragua, desde 1950 hasta 1990, destacando sus principales acontecimientos. Luego concluye: ¿En cuál se presentó mayor violencia y crisis? ¿Cuál gozó de mayor estabilidad política y desarrollo económico?

Trabajo grupal

Supongan la siguiente situación: Uno de los compañeros de curso es elegido presidente de los Estados Unidos, los demás son sus consejeros presidenciales. Elaboren un plan de acción para América Latina cuyos objetivos sean respeto, justicia y verdadero desarrollo económico. Escríbanlo en un cartel y péguenlo en un lugar visible para todos los miembros del colegio.

CAPÍTULO

26

SÍNTESIS

Presencia de la mujer en las sociedades americanas

Las mujeres antes del siglo XX

Desde remotos tiempos, la mujer ha sido, en la familia, en el clan y la tribu, la depositaria y transmisora de valores y tradiciones del grupo social, porque su influencia sobre el hombre, sobre los hijos, se origina biológicamente con la maternidad. Pero aunque la naturaleza da a la mujer condiciones privilegiadas para influir en las sociedades, sabes bien por tus estudios históricos anteriores que la mujer estaba sometida al varón en todas las culturas. Considerada el «sexo débil», no recibía igual educación que los hombres, casi siempre los padres decidían con quién debía casarse y no podía disponer libremente de sus propiedades. Las leyes tampoco le reconocían capacidad para desempeñar profesiones ni cargos públicos.

Las primeras informaciones sobre el Nuevo Mundo, ofrecidas por las crónicas, muestran que la mujer era objeto ritual y de regalo en las culturas indígenas, costumbre que siguieron los aztecas en los primeros encuentros con los españoles, por ejemplo, la Malinche obsequiada por su padre a

Hasta hace poco el silencio sobre las mujeres en las obras históricas hacía pensar que solamente los hombres habían hecho la historia. Hoy las investigaciones ponen de manifiesto la importante participación femenina en los procesos de conquista, colonia e independencia. Los movimientos a favor de la igualdad política, jurídica y social de los sexos comenzó en Estados Unidos. Allí se dio la Declaración de Independencia de la Mujer en 1848 y gradualmente las campañas lograron el reconocimiento de derechos hasta el voto (1920). En Latinoamérica todo fue más lento y desigual según los países. La educación fue el primer logro en casi todo el subcontinente y hoy el magisterio latinoamericano está mucho más a cargo de mujeres que de hombres. Después de los sesenta se ha vigorizado la presencia femenina en los cargos oficiales, partidos y sindicatos debido a las acciones de la ONU contra la discriminación femenina.

Mujeres mexicanas representadas en un cuadro alusivo a la obra literaria , del Nobel mexicano Octavio Paz, "El laberinto de la soledad".

Policarpa Salavarrieta es conducida al cadalso.

Cortés. Las crónicas revelan también las numerosas y brutales ocasiones en que los conquistadores se apoderaron de las mujeres como "botín de guerra".

Pero los historiadores ya se interesan por investigar a la mujer en los hechos históricos, no sólo como víctimas, sino como protagonistas activas. Hoy sabemos de heroicas mujeres enfrentadas a los conquistadores y de valientes españolas que acompañaron a sus maridos en la conquista. También las investigaciones dan a conocer la labor culturizadora de muchas españolas, criollas y mestizas que desde los primeros tiempos se dedicaron a crear hospitales y a enseñar y fundar conventos, sitios donde las mujeres se dedicaron a los estudios y dejaron testimonios escritos de los valores y costumbres de su tiempo.

La presencia femenina fue importante en las conspiraciones y movimientos de rebeldía del siglo XVIII. *Manuela Beltrán* en Socorro (pueblo de la Nueva Granada) arrancó y pisoteó el edicto que fijaba nuevos impuestos a la colonia, lo que agitó los ánimos que iniciaron la rebelión de los comuneros. *Micaela Bastidas* participó con su esposo Tupac Amaru en el movimiento indígena hasta ser apresada y ejecutada de manera atroz junto con él.

En la Independencia hubo muchas esposas, hijas y hermanas de los criollos combatientes. Recuerda a las norteamericanas que formaron la sociedad "Hijas de la Libertad" para combatir la Ley del Timbre y boicotear los artículos ingleses. En Hispanoamérica las figuras de patriótica actividad más recordadas son *Antonia Santos*, y *Policarpa Salavarrieta* ejecutada por los realistas en Santafé de Bogotá, *Evangelista Tamayo* que combatió a las órdenes de Bolívar, *Teresa Corneja, Manuela Tinoco y Rosa Canelones* tomaron parte en las batallas de independencia de Nueva Granada y Quito, *Juana Ramírez* en Venezuela, *Juana Azurduy de Padilla* en el Alto Perú y *Josefa Montesinos, María del Rosario Saravia de Lanza y Pacuala Oropesa* en acciones guerreras en Cochabamba.

Muchas otras criollas expusieron sus vidas, llevando alimentos, ropa y hasta armas e informaciones a los patriotas o cosiendo las banderas de los ejércitos. Otras manifestaciones femeninas de rebeldía tuvieron importante significado como cortarse la larga cabellera y vestirse de negro en señal de luto, por la ejecución de algún patriota o la ocupación de la ciudad por los realistas.

No obstante la activa participación de las mujeres en la Independencia, las constituciones y las leyes de las repúblicas fundadas no les dieron el derecho al voto ni a ser elegidas aunque perteneciesen a familias propietarias. Se consideraba propietario al hombre, no a la mujer. Muchas mujeres pensaban, igual que los varones, que ellas no tenían capacidad para gobernar ni legislar y que el participar en política era impropio de su naturaleza femenina.

Carrie Chapman Catt's, dirigente sufragista Norteamericana, en 1890.

La mujer conquista derechos en Estados Unidos

Los primeros movimientos feministas comenzaron en Inglaterra y Estados Unidos debido a la revolución industrial. La incorporación de las mujeres a las fábricas cambió el esquema familiar tradicional pero las leyes continuaban sometiendo la mujer a la obediencia del varón. Contra esta desigualdad, las mujeres formaron *movimientos sufragistas*, así llamados porque reclamaban el derecho al sufragio o voto. Este les daría fuerza electoral para obtener de los gobiernos y los legisladores que elevaran la condición jurídica y social de la mujer.

En 1848, el movimiento liderado por *Elizabeth C. Stanton, Lucrecia Mott* y *Susan Anthony* reunió en Seneca Falls, Estado de New York la primera convención de derechos femeninos en la historia. Allí proclamaron la *Declaración de Independencia de la Mujer,* documento que hacía recuento histórico de las injustas desigualdades y concluía reclamando derechos políticos, civiles y morales.

Logros en la lucha por la igualdad de la mujer.

HITOS EN LA LUCHA POR LA IGUALDAD DE LA MUJER

La mujer, hoy más que nunca, figura en el temario mundial como resultado de 30 años de presión y de labor constante en defensa de sus intereses.

1946. Las Naciones Unidas crean la Comisión de la Condición Jurídica y Social de la Mujer con la finalidad de observar la situación de la mujer y promover sus derechos en todo el mundo.

1952. La Comisión inicia la Convención sobre los derechos políticos de la mujer, primer mandato mundial en que se conceden a la mujer derechos políticos en pie de igualdad ante la ley: el derecho de votar, de ser elegida y de ejercer cargos públicos.

1957 y 1962. Se incian convenciones sobre la igualdad de la mujer casada, en que se le garantiza igualdad de derechos en el matrimonio y en la disolución del matrimonio.

1967. Declaración sobre la eliminación de la discriminación contra la mujer.

1975. Año Internacional de la Mujer. La Conferencia Mundial del Año Internacional de la Mujer, celebrada en México, D.F proclama el período 1976-1985 Decenio de las Naciones Unidas para la Mujer: Igualdad, Desarrollo y Paz. Por primera vez, se pide a los organismos que reúnan información estádistica completa sobre la mujer.

1979. La Asamblea General de la Naciones Unidas aprueba la Convención sobre la eliminación de todas las formas de discriminación contra la mujer.

1980. La Conferencia Mundial sobre la Mujer, celebrada en Copenhague, adopta el Programa de Acción para la Segunda Mitad del Decenio de las Naciones Unidas para la Mujer: Igualdad, Desarrollo y Paz. Se pide a los organismos que preparen las datos sobre la situación de la mujer y que efectúen análisis de las tendencias en el tiempo.

1985. La Conferencia Mundial para el examen y la evaluación de los logros del Decenio de las Naciones Unidas para la Mujer: Igualdad, Desarrollo y Paz aprueba las Estrategias de Nairobi orientadas hacia el futuro para el adelanto de la mujer.

"La máxima participación de la mujer, en igualdad de condiciones con el hombre, en todos los campos, es indispensable para el desarrollo pleno y completo de un país, el bienestar del mundo y la causa de la paz".

Convención sobre la eliminación de todas las formas de discriminación de la mujer, *aprobada por la Asamblea General de la ONU, 1979.*

Paralelamente se presionaba para que la mujer recibiera igual educación que los varones y, desde 1837 se abrió el primer colegio femenino (Mount Holyote) de los Estados Unidos y los de varones comenzaron a admitir mujeres. La formación intelectual femenina dio resultados positivos y el número de maestras superó al de maestros, predominando su influencia en la formación de ciudadanos con los principios cívicos y democráticos del país.

El Estado de Mississippi (1839) garantizó a la mujer el disfrute de su propiedad y otros estados siguieron su ejemplo. Se fueron modificando las leyes sobre matrimonio y divorcio que hasta entonces eran favorables a los hombres. El sufragio se otorgó por primera vez en el Estado de Wyoming en 1869, para atraer la inmigración femenina y combatir la embriaguez y la corrupción. Otros estados del Oeste lo concedieron mientras las legislaciones estatales reglamentaron el trabajo y la atención a la maternidad. Finalmente, en 1920 el voto femenino se concedió en toda la Unión por la Enmienda Decimonovena a la Constitución.

Las asociaciones femeninas constituyeron una gran fuerza social y política contra la delincuencia, la corrupción, el alcoholismo y la mendicidad, logrando moralizar las costumbres y erradicar varios vicios en sus estados.

En Latinoamérica se buscó primero la igualdad educativa y civil

El sufragio femenino no tuvo muchos partidarios. Se consideró durante mucho tiempo que la actividad política, igual que muchas profesiones, le harían perder «femineidad» a la mujer y que los hogares perderían su estabilidad si la mujer se dedicaba a la lucha electoral y profesional. La equiparación en los estudios fue el primer campo de actividad femenina aceptada. Comenzó en Argentina con el presidente Sarmiento que creó escuelas normales, introdujo modelos educativos norteamericanos y estimuló el ingreso femenino a las universidades. A fines del siglo XIX se graduaron las primeras doctoras argentinas. En 1917 el Club de Madres desarrolló planes contra la mortalidad infantil y a favor de la crianza científica de los hijos.

Los Congresos Feministas desde 1910 lograron modificar los códigos legales que exigían a la esposa autorización del marido para contratar y ejercer profesiones. Pero el sufragio no fue luchado con igual intensidad y la causa femenina se alió con el socialismo, ganándole mucha oposición. Hasta 1947 no votaron las mujeres. Otro tanto sucedió en México. La revolución dictó la *Ley sobre relaciones familiares* (1917) que otorgó personalidad jurídica a la mujer para administrar sus bienes y equiparó su autoridad a la del padre en el hogar. Pero los movimientos feministas se dividieron, muchos se adhirieron al marxismo y en el Congreso Nacional Femenino de 1923, el radical movimiento de Yucatán planteó temas muy controvertidos que debilitaron al movimiento y hasta los años cincuenta no se concedió el sufragio femenino.

María Cano, pionera del movimiento obrero en Colombia.

Uruguay fue el país en que se dictó la más avanzada legislación protectora de los derechos de la mujer como madre y esposa. Pero allí tampoco hubo prisa por conceder el sufragio femenino.

Gradualmente desde los años treinta y cuarenta, las mujeres comenzaron a estudiar otras carreras universitarias, empezando por Artes, Filosofía y Letras, y Pedagogía (donde existían estas últimas). Aun el prejuicio de los sociedad machista demoró en admitirlas y aceptarlas como abogadas y médicas. Las primeras y contadas mujeres que estudiaron Medicina en las universidades latinoamericanas (también en los Estados Unidos) sufrieron las burlas y subestimación de los estudiantes y aun de la mayoría de los profesores, todos hombres. En 1925, la universidad colombiana de la ciudad de Cartagena graduó en Medicina a la primera mujer; era una norteamericana.

La igualdad política se logra primero en Puerto Rico y Cuba

Liga Femínea, fundada en 1917. En el centro, y vestida de azul, su fundadora Ana Roqué de Duprey.

- En Puerto Rico el primer proyecto de ley sufragista se presentó en 1908; no prosperó pero la campaña fue continuada por la *Liga Femínea Puertorriqueña* creada en 1917 (más tarde se llamó Liga Social Sufragista) con la dirección de *Ana Roqué de Duprey, Carlota Matienzo y Ángela Negrón.* La *Asociación Puertorriqueña de Mujeres Sufragistas* (fundada en 1925) y otras igualmente activas colaboraron hasta lograr en 1929 la ley del voto femenino, pero restringido a las mujeres que supieran leer y escribir y fueran ciudadanas americanas. Finalmente, la *ley del sufragio universal de 1935* reconoció el derecho sin restricciones y por igual a ambos sexos

- En Cuba, desde 1915 las mujeres fundaron el *Partido Nacional Sufragista*, cuyo programa continuó el *Club Femenino Cubano* que amplió su acción al campo político y laboral y creó la Federación de Asociaciones Femeninas de Cuba, bajo el liderazgo de *Hortensia Lamar*. La Federación culminó suscampañas en *Congresos Nacionales Femeninos* (1923 y 1925), los primeros de esta índole en América Latina, a favor de la igualdad civil y política de la mujer y contra la prostitución y la discriminación laboral femenina. Otras asociaciones lograron que la VI Conferencia

Rigoberta Menchú, guatemalteca defensora de los derechos de las mujeres indígenas, galardonada con el premio Nobel de la paz en 1993.

Panamericana reunida en La Habana (1928), tratara el tema de la igualdad de derechos entre los sexos y creara la *Comisión Interamericana de Mujeres*. En ella sobresalió por sus aportes a la asistencia social, *Elena Mederos*, líder intelectual cubana. Los movimientos femeninos cubanos, ya con fuerza dentro de los partidos políticos, obtuvieron el derecho al sufragio a todos los cubanos de ambos sexos, por Ley constitucional de 11 de junio de 1935. En las elecciones del año siguiente votaron por primera vez las cubanas mayores de edad.

Sin embargo, de 30 países solamente Puerto Rico, Cuba, Ecuador en 1929 y Brasil en 1932 fueron los únicos que otorgaron tal derecho a la mujer antes de los años cuarenta. La mayoría, 23, lo hizo entre 1942 y 1957, y los tres restantes en los años sesenta. Colombia en 1957 y la abogada Esmeralda Arboleda fue la primera colombiana que desempeñó el cargo de ministra.

La mujer en la vida laboral y los movimientos populares

Además de los derechos de las trabajadoras que reclamaron los movimientos en Cuba y Puerto Rico, vale la pena que conozcas otras acciones en que sobresalieron las mujeres. En los años veinte se destacó en la República de Colombia *María Cano*, activista del movimiento socialista y el naciente partido comunista, entrando agitadoramente en un campo hasta entonces cerrado para las mujeres.

GLOSARIO

Feminismo: movimiento que busca el reconocimiento de la igualdad de los sexos en los campos político, jurídico, social, económico, mediante leyes y cambios en la conducta y los usos sociales. En los últimos años se viene aplicando a movimientos que exaltan la liberación total de la mujer en campos que corresponden a la vida privada de las personas.

Soldaderas: nombre dado a las mujeres que acompañaban a sus maridos en las campañas de independencia y de las guerras civiles, para prepararles la comida, lavar sus ropas y hasta tomar las armas cuando era necesario.

Desde los años sesenta la presencia femenina en la vida laboral y los sindicatos ha tomado más fuerza. La mujeres desempeñan actividades de liderazgo que cada vez son aceptadas con más respeto y reconocimiento a las capacidades de la mujer. En Bolivia sobresalió la activista revolucionaria *Lydia Gueiler de Moller*, quien llegaría a la presidencia en los años setenta. También se destaca la labor de la Federación Sindical de Mujeres Campesinas "Bartolina Sisa" de Bolivia, y otras asociaciones de campesinas regionales de este país. Las persecuciones políticas han dado vida a clubes o sociedades de familiares de las víctimas o desaparecidos bajo las dictaduras. Sobresalen por su actividad y elocuente presión "Las Madres de la Plaza de mayo" en Argentina, y "El Comité de Madres de El Salvador". ◆

¿Para qué la Historia?

El tema te aproxima a situaciones que se viven a diario en nuestra sociedad porque cada día es mayor la presencia femenina en las oficinas, las fábricas, las universidades, y en otras actividades que les estaban muy limitadas, a pesar de que Puerto Rico fue pionero en la defensa de los derechos de la mujer. Aún la mujer es discriminada en muchos campos. Por ejemplo, de las más altas posiciones de gobierno a fines de 1990, de los 159 Estados miembros de las Naciones Unidas solamente seis (3.8%) tenían jefes de Estado mujeres. En muchos países todavía el salario femenino es inferior al de los varones. Sin embargo, la incorporación femenina al mundo laboral y profesional va en aumento considerable, asumiendo retos y dificultades que antes eran principalmente de los hombres, como los accidentes automovilísticos.

Actividades

Trabajo grupal

Con tres compañeros ingéniate la mejor forma para ilustrar en una cartelera la siguiente frase: "La discriminación contra la mujer viola los principios de la igualdad de derechos y del respeto de la dignidad humana". Los mejores trabajos serán escogidos para decorar el colegio y como material didáctico.

Trabajo individual

Analiza y escribe en tu libreta cómo se relaciona el desarrollo industrial y económico de América con el surgimiento de movimientos feministas.

En tu ciudad ¿qué mujeres se han destacado en tiempos pasados? Actualmente, ¿qué mujeres merecen ser reconocidas públicamente? ¿Por qué?

Trabajo grupal

Con tus compañeros forma pequeños grupos de trabajo. Cada uno de estos escogerá un poema dedicado a la mujer. Pueden consultar en la biblioteca los escritos por Gabriela Mistral, Alfonsina Storni o los de Juana de Ibarbourou. Lo leen con atención y comentan: ¿Qué sentimientos encuentran reflejados? ¿A qué época hacen referencia? ¿Cuál es el tema central?

Trabajo individual

Elabora un ensayo de dos cuartillas sobre la superación femenina y los retos que le plantea la sociedad actual.

Trabajo grupal

Organiza pequeños grupos de trabajo para realizar una galería de "Mujeres americanas ilustres". Tu maestro coordina la distribución de tareas.

Puede ser por períodos históricos o por países. Cada grupo consigue las fotografías o ilustraciones de las mujeres que le hayan correspondido y las acompaña de un informe escrito de su obra. Organizan la galería e invitan a todo el alumnado y directivos del colegio a observarla.

Trabajo individual

Ingéniate una composición poética a la mujer de hoy.

Declámala ante tu grupo de la mejor manera ¡Adelante!

Documentos

"La búsqueda de un nuevo camino"

"En 1945 las naciones iberoamericanas parecen revivir la ilusión de los líderes de la emancipación. Superado el trauma de la depresión, estas naciones se encuentran mejor equipadas, por su forzado desarrollo industrial, que antes de la crisis y estimuladas por el clima creado a lo largo del conflicto mundial para intentar alcanzar los ideales de soberanía, progreso y bienestar social... Todas estas naciones entraron de inmediato en la Organización de Naciones Unidas. Su compromiso con el sistema democrático parecía firme y su peso —veinte votos— en la Asamblea rectora del nuevo orden mundial podía esperarse concluyente. No tardaría en apreciarse la irrealidad de este propósito... En la década de 1950 ya se advertía que las posibilidades de la industrialización por sustitución de importaciones había alcanzado su techo... Al mismo tiempo, la división ideológica y política del mundo en dos bloques, más aún la guerra fría no tendría para la América ibérica sino repercusiones negativas (...)

La década de 1960 barrió con todas las expectativas. Conforme las revolución cubana adquiría su definitivo color sovietizante e impulsaba la insurrección en todo el continente, caían uno tras otro los regímenes más o menos democráticos, como treinta años atrás, a impulso de la crisis económica. Y si bien los Estados Unidos —que antes habían regulado la revolución guatemalteca— ofrecían a través del presidente Kennedy una acción conjunta para lograr el avance económico social... este programa se estrelló contra un sinfín de adversidades. Sólo una cosa parecía lograda: el aislamiento de Cuba, el fracaso general de los movimientos subversivos y guerrilleros surgidos desde México a Argentina a costa del renacimiento de las dictaduras. En 1970 se vive, como un siglo atrás, una situación de equilibrio entre dos fórmulas políticas antagónicas. Si antes fue el pulso entre el liberalismo y la reacción conservadora..., ahora el liberalismo compite con un socialismo que se presenta como progresista y verdadera solución a los problemas socioeconómicos de Hispanoamérica. Esta oferta no alcanza el éxito, el nuevo modelo ofrecido a los pueblos ibéricos no es aceptado, pero en una segunda victoria el liberalismo resulta desplazado por las dictaduras. No hay, pues, ni revolución ni desarrollo.

Salvador Allende, primer marxista en el poder por voto ciudadano.

A lo largo de la década de los setenta la situación se hace más confusa, en todos los planos. El trágico ensayo de Allende en Chile, el desesperado y fracasado retorno del peronismo en Argentina, la ambigua revolución nicaragüense, se contraponen a la crítica situación del sistema mexicano, a la aparente solidez de la democracia en Venezuela, al agotamiento de las iniciativas revolucionarias del ejército peruano, al terrorismo permanente en varios países centroamericanos, al triunfo generalizado de las dictaduras en buena parte de Suramérica y a los intentos democratizadores del Pacto Andino.
Su insuficiente desarrollo económico y su poco satisfactorio sistema político ha privado hasta ahora a las naciones ibéricas de la influencia y posición eminente en el mundo que por su riqueza potencial y su madurez cultural parecen llamadas".

J. A. Lacomba y otros. Historia contemporánea II. El siglo XX, *págs. 257 y 258.*

Canadá

"Canadá que compartía el continente con Estados Unidos, compartía también el mismo espíritu precursor. También era una sociedad democrática en ascenso, dedicada al trabajo, fiel al principio de la igualdad, compuesta de inmigrantes que se esforzaban por prosperar, pragmática ante la vida, orgullosa de sus realizaciones materiales.

Pero Canadá tenía muchas cosas que le daban aspecto muy distinto al de su populoso vecino. Su tierra y clima eran más difíciles de domar y soportar (...). Canadá era una sociedad bicultural. La mayoría de la población era de habla inglesa y predominantemente protestante. Se había permitido a su población francesa que conservara "el beneficio y el uso de sus leyes, usos y costumbres propios" cuando Gran Bretaña tomó la región a Francia en el siglo XVIII y el Canadá francés nunca dejó de insistir en el derecho a su característico modo de vida. Era una sociedad esencialmente campesina, conservadora, muy devota de la Iglesia católica, que representaba un papel básico en la vida de la comunidad. La imagen del Canadá y virtualmente todos los aspectos de la sociedad canadiense estuvieron influidos por la necesidad de acomodar a distintos grupos culturales, tolerar grandes disparidades y mantener un ambiente de respeto mutuo (..)

El Imperio británico proporcionó el marco dentro del cual Canadá resolvió sus difíciles problemas de geografía y población. Dentro de la flexible estructura del Imperio, Canadá se desplazó hacia la autonomía y la independencia sin romper nunca con la metrópoli. En el proceso hizo que el Imperio se transformara en el Commonwealth (Comunidad británica de Naciones)...

Canadá creó repetidamente su armazón institucional antes que la gente estuviera presente para utilizarla. El símbolo de la frontera fue la Real Policía Montada del Canadá —los Mounty de guerrera roja— en contraste con la imagen del "turbulento Oeste" en Estados Unidos...

Como socio menor en estrechas relaciones de trabajo con Estados Unidos, Canadá tuvo que esforzarse bastante para preservar sus intereses y su identidad. El simple tamaño de Estados Unidos y su anterior desarrollo industrial actuaban como un imán atrayendo a los canadienses en busca de oportunidades. Gran número de inmigrantes rurales y urbanos cruzaron la frontera hacia las crecientes ciudades norteamericanas...

Mediado el siglo XX los canadienses se veían solos, empezando a explotar las ilimitadas riquezas de su helado norte, con la ayuda de la ciencia, con su capacidad para crear las instituciones necesarias y con una población a la que no detenían las fatigas. Como un elemento rector dentro de la Comunidad Británica de Naciones y un miembro cada vez más vigoroso de la asociación de América del Norte, Canadá estaba en condiciones de beneficiarse y de vigorizarse con ambas asociaciones

"Canadá: situación social y económica". En Historia de la Humanidad, *Tomo 12* El siglo veinte *vol. 3, págs. 137 y 138.*

Para trabajar

- Explica brevemente cuáles son los dos momentos históricos, descritos en el primer documento, donde los países iberoamericanos reviven la ilusión de hallar un nuevo camino de progreso y bienestar social.
- ¿Qué hechos truncaron esta ilusión hacia los años 50?
- ¿Por qué se afirma que no hubo ni revolución ni desarrollo?
- El segundo documento cómo describe a la sociedad canadiense y por qué dice que es una sociedad bicultural?
- ¿Cuál la principal dificultad que tiene que afrontar para mantener su identidad?

La crisis

La especulación crece más que la producción y la producción más que el consumo y todo crece a ritmo de vértigo hasta que estalla, súbita, la crisis. El derrumbamiento de la Bolsa de Nueva York reduce a cenizas, en un solo día, las ganancias de años. De pronto las más valiosas acciones se convierten en papeluchos que no sirven ni para envolver pescado.

Caen, en picada, las cotizaciones, y en picada caen los precios y los salarios y más de un hombre de negocios desde la azotea. Cierran fábricas y bancos; se arruinan los granjeros. Los obreros sin trabajo se calientan las manos ante las fogatas de basura y mascan chicle para consolar la boca. Las más altas empresas se vienen abajo; y hasta Al Capone se desploma sin levante.

La vida cotidiana de la crisis

De mala manera, a las bofetadas, la crisis despierta a los norteamericanos. La catástrofe de la Bolsa de Valores de Nueva York ha roto el Gran Sueño, que prometía llenar todos los bolsillos de dinero, todos los cielos de aviones, todas las tierras de automóviles y rascacielos.

No hay quien venda optimismo en el mercado. Se entristece la moda. Caras largas, ropas largas, largos cabellos: se acabaron los alocados años veinte y con ellos acabaron las piernas a la vista y el cabello corto de las mujeres.

Verticalmente baja el consumo de todo. Sólo aumentan las ventas de cigarrillos, horóscopos y bombillas de veinticinco vatios, que dan luz mortecina pero gastan poco.

Hollywood prepara películas sobre gigantescos monstruos desatados, King Kong, Frankestein, inexplicables como la economía, imparables como la crisis, que siembran el terror en las calles de las ciudades.

Galeano Eduardo: Memorias del Fuego III. El Siglo del Viento, págs. 97 y 103.

Para trabajar

- Realiza un perfil biográfico del autor de los textos anteriores.
- ¿De qué manera describe, Eduardo Galeano, la gran depresión mundial?
- Compara esta descripción con la que se te ofrece en páginas anteriores ¿qué opinas al respecto?
- A que hacen referencias las siguientes expresiones: "no hay quien venda optimismo en el mercado" y "se acabaron los alocados años veinte".

Evaluación

1. Piensa, analiza y escribe en tu libreta las respuestas a las siguientes preguntas:

- ¿Qué situaciones caracterizan a los Estados Unidos a finales del siglo XIX?
- ¿Por qué en Norteamérica son tan marcadas las divergencias entre el sector de la agricultura nacional y el sector de industriales y capitalistas?
- Explica brevemente las modalidades de la expansión de Estados Unidos sobre el continente entre fines del siglo XIX y primera mitad del XX.

2. Sobre un mapa político de América Latina ubicar los siguientes personajes en el país correspondiente: Anastasio Somoza, Fulgencio Batista, Augusto Pinochet, Jorge Videla, Alfredo Stroesner, Fernando Balaunde Terry.

- Políticamente, ¿cuál es la relación entre ellos?
- ¿Qué diferencias adviertes entre un gobierno democrático y una dictadura?
- Describe los derechos humanos que con frecuencia son desconocidos por los gobiernos de fuerza.
- ¿Qué es una dictadura desarrollista? ¿Por qué el ejemplo más original ha sido Brasil?
- A qué atribuyes el hecho de que en Estados Unidos no se hayan presentado revoluciones ni dictaduras militares.

3. Copia los siguientes personajes. Al frente de cada uno, escribe en dos renglones, su importancia para el desarrollo del continente:

John F. Kennedy
Salvador Allende
Ronald Reagan
Henry Kissinger
Fidel Castro
Víctor Paz Estenssoro
Juan Domingo Perón
Daniel Ortega
Jimmy Carter

UNIDAD 6

América hoy: desarrollo y perspectivas

Presentación

La Unidad es de vital importancia porque aborda los temas que nos unen y que nos aproximan al conocimiento de nuestra realidad presente: las manifestaciones culturales de nuestros pueblos, los problemas más agudos en esta década final del siglo, las diferentes modalidades de integración económica con sus resultados y la latinoamericanidad de Puerto Rico.

Los inconformes buscan, con las revueltas populares, la solución a sus problemas comunes.

Objetivos

1. Valorar la creatividad intelectual, literaria y artística de los pueblos americanos.
2. Tomar conciencia de la problemática actual y de la necesidad de cooperación entre todos los Estados del continente.
3. Comprender y valorar los lazos históricos y culturales de Puerto Rico con las demás naciones latinoamericanas

Capítulos

27. Desarrollo científico y cultural.
28. Problemas y perspectivas de América Latina.
29. Relaciones e integración latinoamericanas.
30. Puerto Rico en el contexto de América Latina.

Desarrollo científico y cultural

CAPÍTULO

27

SÍNTESIS

Auge de ciencia y tecnología en los Estados Unidos

Desde la Segunda Guerra mundial, los Estados Unidos están a la cabeza del mundo en este campo. Su triunfo en el conflicto y su liderazgo en el mundo occidental durante la guerra fría aceleraron los avances. Importantes científicos alemanes radicados en Norteamérica, como *Albert Einstein*, realizaron investigaciones basadas en la división de los átomos de cuerpos radioactivos muy poderosos como el uranio, para la fabricación de armas nucleares. Pero la división del átomo no se utilizó solamente para fines bélicos sino industriales y médicos.

Estados Unidos por sus antecedentes históricos y su condición de gran potencia mundial, ha tenido un vertiginoso progreso científico y tecnológico. Paralelamente poetas y novelistas del siglo XX expresan el modo de vida americano y también disfrutan de la libertad de crítica para objetar los defectos de su sociedad y su organización. La pintura y la arquitectura responden a diferentes tendencias, muchas originales de los norteamericanos. Los pueblos latinoamericanos no han podido sobresalir por su aporte a las ciencias, pero en cambio son ricos en creatividad literaria y artística. Varios de sus autores han sido galardonados con el Premio Nobel de Literatura. La poesía, el teatro y la novela de las últimas décadas se caracterizan por la denuncia de las injusticias sociales y el clamor de una renovación constructiva.

Albert Einstein, autor de la teoría de la relatividad y gestor de la revolución científica del siglo XX.

La conquista del espacio ha sido, desde la década del 50, uno de los mayores retos para el ser humano.

"El deber del poeta, del escritor, es escribir acerca de estas cosas. Es suyo el privilegio de ayudar al hombre a resistir elevando su corazón, recordándole el valor y el honor, y la esperanza y el orgullo y la compasión y la piedad, y el sacrificio..."

William Faulkner, 1950.

La energía nuclear se ha aplicado en la construcción de grandes proyectiles para la conquista del espacio. Esta comenzó en la década del cincuenta, con el lanzamiento del satélite *Sputnik* en 1957 por parte de la Unión Soviética y en el mismo año, el *Explorer* por parte de los Estados Unidos. En los años siguientes la NASA perfeccionó los proyectiles nucleares para llegar a la luna hasta que en 1969, los astronautas *Armstrong, Collings y Aldrin,* tripulando el Apolo 11, descendieron en la superficie lunar y colocaron allí la bandera norteamericana. Otras exploraciones del espacio han continuado hasta hoy en coordinación con los rusos.

La invención y fabricación de automóviles, maquinarias industriales, televisores y equipos de sonido ha alcanzado progresos insospechados. Los computadores fabricados en serie se han convertido en artículo de primera necesidad, transformando radicalmente el trabajo y aun la vida cotidiana, al igual que el fax ha revolucionado las comunicaciones.

A partir de los años ochenta, los científicos comenzaron los llamados estudios sobre las "Energías Alternativas", ya que el petróleo, el gas y los recursos hidráulicos se están agotando. La NASA desarrolla estudios sobre la *energía solar*, con ayuda de satélites de información al respecto. La *teledetección* es una de las ciencias actuales para apreciar la destrucción de los recursos de la Tierra. En el campo de la salud se realizan innumerables estudios sobre el cáncer y el SIDA, las dos mortales enfermedades de nuestro siglo.

Las artes norteamericanas

- Durante el siglo XX se han desarrollado tendencias artísticas importantes en pintura, como el *expresionismo abstracto, el Pop-Art, el Minimalismo y el Happening o arte conceptual.*

  El *expresionismo abstracto*, procedente de Europa, se caracteriza por el predominio de los gestos y trazos, independientemente de la búsqueda de belleza.

  El *Pop-Art* ha sido la gran innovación. Es realista, figurativo y, ante todo, un arte urbano —nació en la populosa New York— por sus temas vinculados a la estética de la ciudad y porque se dirige al gran público. En las obras se encuentran frecuentes alusiones a los artículos de la sociedad de consumo, como la Coca Cola. Los principales exponentes son *Robert Rauschenberg, Jasper Johns y Andy Warhol,* creador del famoso «Popeye» y que incluyó los comics en esta tendencia. El "Collage" también se ha incorporado en el Pop-Art, que se dio principalmente en la década de los cincuenta y sesenta.

  La *tendencia minimalista* comenzó a fines de los sesenta y se caracteriza porque el artista vuelve a la abstracción geométrica pura, plasmando en la tela configuraciones cuadradas, triangulares, colores vivos y contrastantes. Entre los minimalistas se destacan *Kenneth Noland y Frank Stella.*

  El *«Happening» o Arte Conceptual* se distingue principalmente porque cada artista realiza una determinada forma de pintar, independiente de la estética y las formalidades artísticas. Se destacó en esta tendencia *Allan Kaprow.*

- En *música* la creación más famosa ha sido el *Jazz*, nacido del folklore negro y que logró su difusión por el mundo en la década de los cuarenta, con intérpretes tan famosos como *Louis Armstrong, Sonny Rollings, Dexter Gordon y Sarah Vaughan.*

Primera Liz Taylor coloreada por Andy Warhol, precursor del arte pop. Nueva York, 1963, colección particular.

Ernest Hemingway, premio Nobel de literatura en 1954, autor de la novela "El viejo y el mar".

Una arquitectura de variadas tendencias

Hasta 1930 predominó la construcción clásica en las grandes urbes. Después de la Segunda Guerra mundial se impusieron los edificios monumentales, con los típicos rascacielos y el estilo funcional. En las décadas de los sesenta y setenta, el Pop Art influyó en las construcciones. Desde los ochenta, la arquitectura aparece vinculada a los avances tecnológicos y el *American Institute of Architecture* se especializa en construir edificios que asimilan la energía solar.

La literatura norteamericana

El surgimiento de escritores norteamericanos de fama mundial se dio a partir de la Segunda Guerra mundial, brillando *William Faulkner* con *Mientras agonizo, El sonido y la furia*, entre otras, y *Ernest Hemingway*, autor de *El viejo y el mar* que le mereció el Premio Nobel de Literatura. Célebre novelista fue *Margaret Mitchell*, cuya obra *Lo que el viento se llevó* se mantiene en el cine hace más de cincuenta años. La posguerra inspiró también una corriente literaria de búsqueda de identidad del individuo ante la masificación de la sociedad. Otras corrientes reflejaron los problemas políticos de su tiempo y el poder hegemónico de los Estados Unidos.

En los años sesenta y comienzos de los setenta, la literatura expresó la inconformidad de las minorías, la lucha contra la segregación racial y el rechazo a la guerra del Vietnam por amplios sectores de la opinión pública norteamericana. El filósofo *Herbert Marcuse*, con su libro *Eros y Civilización* influyó decisivamente en las agitadas juventudes.

En la poesía norteamericana se destacan los *"Poetas de la Montaña Mágica"*; como *Robert Creeley y Charles Olson*.

La literatura latinoamericana

Las conmociones vividas por América Latina en el siglo XX se han reflejado en una abundante creación literaria.

En la poesía de la primera mitad del siglo continuó el modernismo con la chilena *Gabriela Mistral*, primera latinoamericana que ganó el premio Nobel de literatura y cuyos poemas son de amor, desconsuelo y soledad. Aunque con otra temática, sobresalieron la uruguaya *Juana de Ibarborou* con poemas de pasión amorosa y *Alfonsina Storni* la gran poetisa argentina.

Hacia los años treinta apareció el *vanguardismo* con el chileno *Pablo Neruda* (1904-1973), de fecunda obra conocida en todo el mundo y considerado al poeta contemporáneo más grande de Latinoamérica. Sus composiciones imaginativas y amorosas se vuelven realistas y angustiadas al cantar los sufrimientos del continente con fuerte acento socialista. La otra gran figura de la narrativa hispanoamericana contemporánea es el argentino *Jorge Luis Borges*, de gran erudición que unió la lírica con profundos temas filosóficos en sus ensayos y cuentos. *Octavio Paz*, mexicano, es la tercera gran figura de esta generación literaria, autor de ricas y numerosas poesías y ensayista notable, honrado con el premio Nobel en 1990.

La literatura se interesó también desde los años treinta por la negritud, con el cubano *Nicolás Guillén*, iniciador de la poesía afrocubana y los poemas vanguardistas del puertorriqueño *Luis Pales Matos.*

- La novela inició el siglo con vivas narraciones de los problemas sociales. El colombiano *José Eustasio Rivera* en su obra *La Vorágine*, muestra crudamente la esclavitud contemporánea de los trabajadores de las caucherías en las selvas. *Mariano Azuela* comenzó la novela social en su país con *Los de abajo,* muy crítica de la revolu-

Entre las más expresivas y originales manifestaciones culturales de América Latina se encuentran la música. En ellas se sienten las raíces española, indígena y africana. A veces sin mestizaje, como las canciones y bailes indios con sus instrumentos ancestrales en las selvas, los llanos y mesetas andinas. En las ciudades y regiones más pobladas se combinan danzas y canciones con guitarras españolas adoptadas por todos los grupos étnicos. Sin duda la *música tropical* ha alcanzado fama en todo el mundo.

Portada de la edición Losada del "Canto general" de Pablo Neruda, premio Nobel de literatura en 1971.

El rey Gustavo Adolfo de Suecia entrega a Gabriel García Márquez, colombiano, el premio Nobel de literatura en 1982.

ción, también *Martín L. Guzmán* autor de *El águila y la serpiente*. El venezolano *Rómulo Gallegos* en su novela *Doña Bárbara* relata la vida llanera y el indómito carácter de sus habitantes. Con anterioridad el indigenismo fue exaltado por el peruano *César Vallejo* en la novela *Tungsteno*, que narra la vida de los indios que trabajan para empresas extranjeras y peruanas.

Desde los años sesenta una promoción de novelistas y ensayistas aborda críticamente las condiciones de la sociedad en Latinoamérica. Los principales son: el guatemalteco *Miguel Ángel Asturias* con la novela *Señor Presidente*, en que narra las interioridades de una dictadura; el cubano *Alejo Carpentier*, el mexicano *Juan Rulfo*, los argentinos *Ernesto Sábato* con *El Túnel*, y *Julio Cortázar* con *Rayuela*, los peruanos *Ciro Alegría*, defensor del indigenismo y autor de *La serpiente de oro*, y *Mario Vargas Llosa* con novelas como *Los Cachorros, La tía Julia y el escribidor*; y el colombiano *Gabriel García Márquez*, autor de novelas mundialmente conocidas, entre ellas, *Cien años de soledad, El otoño del patriarca, Crónica de una muerte anunciada.*

En el Caribe sobresalen *Arturo Laguerra*, con *La llamarada, René Márquez* con *Otro día nuestro* y *Pedro Juan Soto* con el *Francotirador*, los tres de Puerto Rico y *Guillermo Cabrera Infante* de Cuba con *Tres tristes tigres*.

Arte latinoamericano en el siglo XX

- El movimiento de renovación en la plástica latinoamericana comenzó en México con el *Muralismo*, en el que se destacaron figuras como *José C. Orozco, Diego Rivera y David A. Siqueiros*. Sus obras reflejan el pasado indígena y la historia de una nación donde los indios aparecen como los grandes protagonistas. El muralismo ha tenido una original corriente en Brasil con *Emiliano di Cavalcanti y Cándido Portinari*.

  La *corriente indigenista* que se dio en la década de los treinta y que todavía se presenta en muchas de las obras actuales, tuvo representantes tan importantes como el ecuatoriano *Manuel Rendón* y *Oswaldo Guayamasín*. En Colombia surgió el *Grupo Bachué* con figuras como *Luis Alberto Acuña*. En Chile se dio el *Grupo Montparnasse* con *Camilo Mori*.

"Madre campesina", mural del mexicano David Alfaro Siqueiros, 1924.

En todos los países se encuentran obras de gran calidad y que siguen distintas corrientes artísticas, muchas comprometidas políticamente. En Argentina y Uruguay las obras reflejaron su gran admiración por las tendencias predominantes en Europa, como el vanguardismo.

En la década de los sesenta se distinguió por su estilo y creatividad el pintor colombiano *Alejandro Obregón*, quien posteriormente se inclinó hacia el expresionismo americanista, y *Fernando Botero*, con sus célebres figuras de "gordos". En Ecuador sobresalen los pintores *Estuardo Maldonado y Luis Molinari Flórez*.

Arquitectura latinoamericana

En la arquitectura latinoamericana siempre se han destacado México y Argentina, especialmente sus capitales. México, durante los primeros años del siglo, imitó los estilos europeos y norteamericanos que posteriormente la revolución remplazó por un estilo indigenista en el cual las grandes fachadas están revestidas con ornamentos simbólicos de la cultura autóctona. En Argentina el monumentalismo y las grandes avenidas recuerdan las ciudades europeas de principios de siglo. Posteriormente se mezclaron con los estilos modernos y renovadores.

Brasil y Venezuela son los países de Latinoamérica que en los últimos años han desarrollado estilos muy modernos y que han transformado la infraestructura de las ciudades. ◆

GLOSARIO

Premio Nobel: en realidad son cinco premios anuales creados con la fortuna que dejó el químico sueco Alfred Nobel en su testamento (1896) y por su expresa disposición para los bienhechores de la humanidad por sus creaciones en física, química, medicina, literatura y en pro de la paz y la fraternidad entre los pueblos. Los premios son otorgados respectivamente por las academias de ciencias y de literatura y dos instituciones, todas de Suecia. Actualmente existe también el Premio Nobel de Ciencias Económicas.

Vanguardismo: nombre dado a todos los movimientos del siglo XX que en las artes y la literatura se caracterizan por su ruptura con las reglas y la audacia en la expresión pictórica o poética; los principales movimientos vanguardistas son el surrealismo, el dadaísmo, el ultraísmo.

¿Para qué la Historia?

Es posible que cuando tú y tus compañeros disfrutan las canciones con guitarras u otros instrumentos o bailan un ritmo bien sabroso no hayan reparado que éstas son también expresiones culturales de los pueblos, mucho más duraderas que algunas instituciones, políticas y planes de desarrollo económico porque reflejan los sentimientos, el espíritu y la mentalidad de los pueblos. La historia resumida en este capítulo intenta hacer justicia al mencionar a los principales artistas, poetas, científicos, novelistas y ensayistas del continente. Si investigas sobre ellos encontrarás vidas de esfuerzos y sacrificios para dar a conocer sus obras. ¿No crees que algunas de estas figuras pueden ser modelos a seguir en tus proyectos y creaciones?

Actividades

Trabajo grupal

Organiza tu grupo de trabajo y contando con gran creatividad, ilustren una cartelera con los últimos avances en ciencia y tecnología. Acompáñenla de cortos pero reflexivos y críticos informes, según correspondan a las ilustraciones.

Trabajo individual

Responde brevemente en tu libreta:

- ¿A qué se le llama energía alternativa?
- ¿Qué es la teledetección?
- ¿Cuáles son los programas que desarrolla la NASA?
- ¿Por qué es importante el Cabo Cañaveral y dónde está ubicado?
- ¿Qué ventajas y desventajas aprecias en la conquista del espacio?

Trabajo grupal

Prepárate para que realices una buena ponencia en el debate sobre "Ciencia y Tecnología a la orden del día". Un grupo defiende los favores de los diarios avances científicos; mientras el otro grupo expone argumentos que sustenten la deshumanización de la sociedad actual y la pérdida de valores. Al final se redactan las conclusiones y se asumen compromisos personales.

Trabajo individual

Decídete a caminar por tu ciudad, solo o en compañía de tu familia. Observa con atención las formas arquitectónicas sobresalientes, las más antiguas y las más modernas. Recuerda construcciones importantes por su valor histórico en el resto de los países americanos. Prepara un informe para leerlo a tu curso y al escuchar los de tus compañeros enriquecerás tu trabajo.

Trabajo grupal

Organizados, en pequeños grupos, preparen una sesión de audición musical latinoamericana. Cada grupo escoge la melodía que debe llevar: jazz, cumbia, merengue, regué. Después de la audición, en plenaria se establece el valor artístico, sus orígenes y las semejanzas o diferencias que puedan surgir.

Trabajo individual

De la abundante creación literaria latinoamericana del siglo XX, escoge un poema que te haya llamado la atención. Apréndetelo y declámalo de la mejor manera ante tus compañeros de grupo. Al anunciar el título del poema, debes hablar muy brevemente de su autor.

TALLER 10

Elaboración de ensayos

En el proceso de enseñanza-aprendizaje, de las Ciencias Sociales, es fundamental el desarrollo de un alto sentido crítico y analítco, para lo cual necesitas conocer y aprender a expresar tus propios puntos de vista a través de un ensayo. Esta forma de trabajo es un escrito en el que el autor expresa su opinión sobre un tema determinado.

A continuación te presentamos las características esenciales que tú debes tener en cuenta para realizar un ensayo:

— Por ser opinión personal, es un escrito subjetivo.
— La forma de lenguaje empleada es la exposición.
— Debe tener una clara argumentación.
— Su extensión es variable, puede ser desde un artículo de revista o periódico hasta un libro.
— Claridad y orden en la exposición de las ideas.
— Relativa sencillez, ya que generalmente no se dirige a lectores especializados.
— Puede asumir un tono serio, humorístico o satírico.

Busca un breve ensayo de un autor contemporáneo para leerlo y comentar sus características en clase. Puede encontrarlo en el suplemento dominical de un periódico o revista.

Elabora un ensayo sobre uno de los siguientes temas: Desarrollo Económico de Puerto Rico, Aspectos que favorecieron el desarrollo norteamericano, Usos y costumbres de la gente de mi ciudad.

Evalúa el ensayo y determina si cumplió estas exigencias:

— El tema elegido se conoce suficientemente.
— El escrito expresa puntos de vista personales o toma de decisiones.
— Tiene una buena argumentación.
— Hay claridad y orden en la exposición de las ideas.

Escribe un ensayo sobre un tema que siempre te haya inquietado, para publicarlo en el periódico mural de tu colegio. Ten en cuenta las características señaladas y las que tú has descubierto.

Un buen ensayo exige claridad en las ideas.

Problemática latinoamericana

CAPÍTULO

28

SÍNTESIS

Un crecimiento demográfico singular

En el siglo XIX la población aumentó enormemente en Europa, Estados Unidos y los países del Cono Sur y Brasil, lo que seguramente recuerdas. Pero el ritmo de crecimiento del resto de América Latina se aceleró en el siglo XX como en ninguna otra parte del mundo. En 1900 había 63 millones de habitantes en América Latina y para el 2000 se calcula que habrá 523 millones. Centroamérica ha triplicado su población mientras que los países andinos y Brasil pasaron en 30 años de 60 millones a 150 millones.

Entre los principales problemas latinoamericanos del siglo XX están el rápido crecimiento demográfico, desigual y concentrado en las ciudades, el analfabetismo, el empobrecimiento agudizado de las mayorías, la enorme desigualdad social y económica entre las minorías ricas y las mayorías que viven en la pobreza absoluta. A estos problemas existentes desde mediados de siglo, se unen en las últimas décadas las acciones de las guerrillas que destruyen fuentes de riqueza y trabajo, el comercio de drogas con su secuela de vicios y el terrorismo del narcotráfico. La crisis de la deuda externa acelera el empobrecimiento de las repúblicas y de su poblaciones demasiado sacrificadas frente a las exigencias y presiones de las potencias financieras del Norte.

Vista panorámica de Ciudad de México, D.F. Su densidad de población es una de las mayores del mundo.

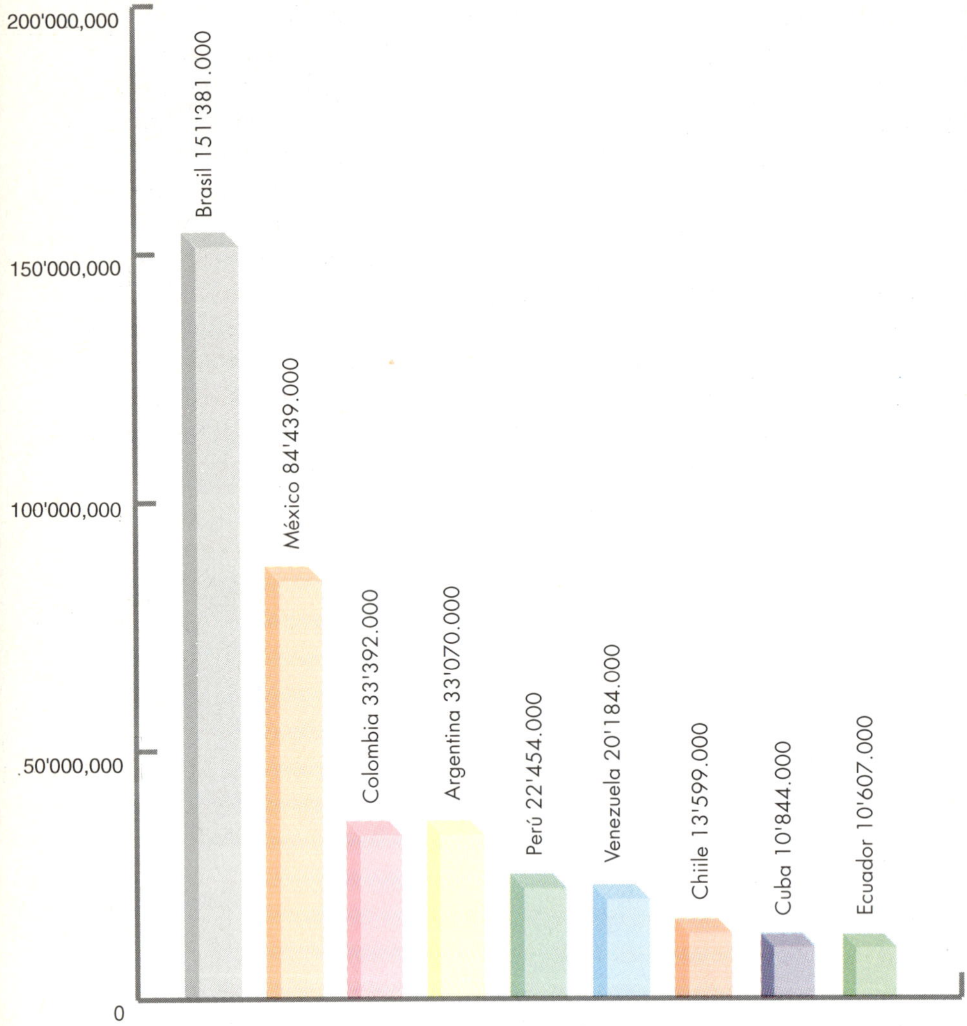

Estados latinoamericanos con mayor población (1992).Datos de la Enciclopedia Británica, Libro del año 1993, págs. 552-754.

Te preguntarás ¿por qué este crecimiento? En el siglo XX mejoró la calidad de vida por la alimentación y los avances de la ciencia. Las vacunas y antibióticos acabaron con las epidemias de fiebre amarilla y paludismo, redujeron la tuberculosis y otras enfermedades del trópico y diezmaron los insectos trasmisores. Por otra parte, las primeras décadas del siglo fueron de bastante paz, por lo cual disminuyó otra causa de mortandad. También las ciencias han logrado disminuir las excesivas muertes de recién nacidos y prolongar la vida de los ancianos. El promedio de vida en el siglo XIX fluctuaba entre 40 y 50 años, y ahora es de 65. Esta cifra varía según los países: en Puerto Rico las esperanzas de vida sobrepasan los 70 años, mientras en Bolivia y Haití solamente llegan a los 50 años.

El crecimiento de población debió significar un aumento de gente trabajadora y contribuyente, pero no ha sido así porque las oportunidades de empleo y el número de escuelas y hospitales y otros servicios públicos necesarios no han crecido a igual ritmo que la población. Además el crecimiento demográfico presenta otras características negativas para el desarrollo.

Con el Tratado de Libre Comercio entre Estados Unidos, Canadá y Mexico, aprobado en 1993, se abre camino ala conformación gradual del mercado más grande del planeta: un territorio de 22 millones de kilómetros y 360 millones de habitantes, con posibilidades de extenderse a otros países.

Distribución irregular y concentración urbana

Muchas regiones están deshabitadas e incomunicadas debido a la geografía; por ejemplo, la mitad de Colombia y las dos terceras partes de Brasil. Actualmente la población se concentra en las ciudades, a diferencia de comienzos del siglo XX, cuando sólo ocho ciudades tenían más de cien mil habitantes: *Buenos Aires y Río de Janeiro* más de medio millón, *México, Montevideo, Santiago de Chile y La Habana*, más de doscientos mil, y *Lima y Bogotá* algo más de cien mil. De las repúblicas, solamente *Argentina, Chile, Cuba, Uruguay y Venezuela* eran más urbanas que rurales en los años treinta.

La urbanización es un gran signo de prosperidad pero los campos y la agricultura se han quedado sin trabajadores en muchas partes, porque los campesinos emigran a las ciudades buscando mejores condiciones de vida o huyendo de los combates entre las guerrillas y las fuerzas de orden público. Como no hay oportunidades de empleo ni los campesinos están capacitados para el trabajo urbano, todas las capitales están rodeadas de los llamados *cinturones de miseria*, o sea, tugurios donde se hacinan personas sin empleo y el hambre y las condiciones de vida favorecen el vicio y la delincuencia.

"Como las mayorías de las poblaciones de América Latina están compuestas por niños y jóvenes, resulta que los adultos son minorías; y como éstos son los que trabajan, una minoría produce y sostiene a las mayorías. Este problema no lo tienen los grandes países europeos ni los Estados Unidos porque hay más equilibrio entre su población joven y adulta".

Augusto Montenegro, Historia de América, *1990, pág. 252.*

En los últimos años la población crece más lentamente

Muchos gobiernos realizan campañas para que las parejas controlen la natalidad. Estas campañas cuentan con la asistencia de instituciones norteamericanas. La disminución se debe también a las emigraciones de latinoamericanos principalmente a Estados Unidos para vivir el llamado "sueño americano"; algunos burlando las leyes otros legalmente. Como bien sabes, un alto número de puertorriqueños se radicó en el territorio de los Estados Unidos.

A esta emigración se agregan otras de carácter político e ideológico, como los éxodos masivos de cubanos (más de un millón y medio de personas han salido de Cuba), los exiliados chilenos huyendo de la dictadura militar y los exiliados nicaragüenses afectados por la revolución sandinista.

El analfabetismo es otro grave problema

La falta de recursos de los Estados y frecuentemente la mala administración impiden desarrollar planes educativos y de construcción de escuelas y contratación decorosa de maestros. En la década de los cincuenta solamente *Argentina, Chile, Uruguay, Cuba, Puerto Rico y Costa Rica* tenían el menor número de analfabetos en Latinoamérica. La revolución mexicana no logró solucionar este problema, pero la

Proyección de la población latinoamericana hacia el año 2010. Enciclopedia Británica, Libro del año 1993, pág. 756.

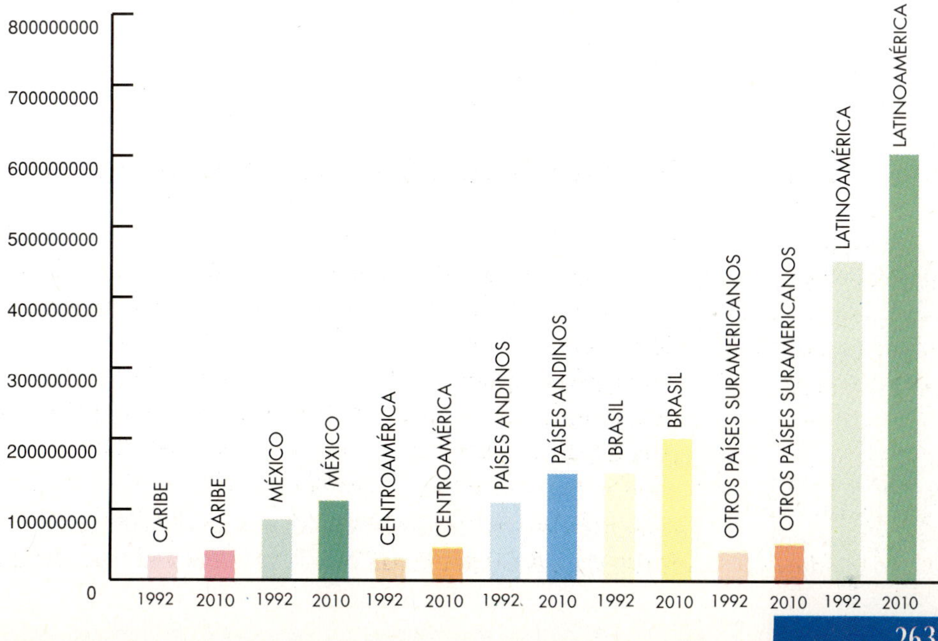

Estudios de la CEPAL y del Banco Mundial indican que, en las últimas décadas, 115 millones de latinoamericanos han vivido en condiciones de extrema pobreza.

" (...) La actual insurrección chiapaneca, sin duda tendrá corta vida. La que tiene una larga vida es la situación de pobreza extrema, de injusticia y violación en la que viven, desde el siglo XVI, los indios que son campesinos y los campesinos que son indios, es decir, la mayoría de la población chiapaneca ".
(...)
"Chiapas (...) necesita recursos: el 50% de su población se sigue ocupando en el sector primario, contra el 22% nacional; una tercera parte de sus viviendas carecen de luz y el 40% de agua potable, y la tasa de ananfabetismo es muy alta y el ingreso percápita, muy bajo".

Chiapas o la rebelión del otro México; Carlos Fuentes. The New York Times, Enero 6 de 1994.

revolución cubana dio gran importancia a la alfabetización y el nivel educativo ya era alto antes de 1960. Otras naciones desarrollan campañas oficiales y de entidades privadas que reducen el número de los que no saben leer ni escribir, aunque no en la cantidad que las naciones necesitan.

Según las estadísticas los datos son más optimistas respecto a que la población estudiantil de primaria y secundaria ha aumentado en los últimos años en mayor porcentaje que la población total de las naciones. Pero las deserciones continúan siendo muy altas: la mayoría de los niños y jóvenes no cursa más de los tres primeros grados de primaria.

La desigualdad social se agudiza

En capítulos anteriores has visto los modelos de soluciones intentados para desarrollar nuestros países y mejorar el nivel de vida de las mayorías. Sin embargo, los datos de la CEPAL (Comisión Económica para América Latina) y del Banco Mundial indican que en la década de los ochenta más de 115 millones de latinoamericanos vivían en extrema pobreza. El crecimiento económico ha empobrecido más a los estratos populares, especialmente a los trabajadores del campo. Allí persisten los grandes latifundios y los sistemas laborales arcaicos, en que el propietario contrata jefes de familia y todos los demás miembros tienen que trabajar en la hacienda sin contrato personal ni pago de acuerdo con la ley.

La suerte de los campesinos se ha intentado cambiar mediante reformas agrarias. Recuerda que la primera fue obra de la revolución mexicana, con el lema de que "La tierra es para quien la trabaja", pero condujo a excesivos minifundios con baja producción. Algo similar ocurrió en Bolivia. La *Ley de Tierras* en Puerto Rico fue de las primeras reformas agrarias en Latinoamérica. ¿Podrías resumir si tuvo consecuencias similares?

En la revolución cubana los latifundios expropiados pasaron al Estado o a granjas del pueblo que el Estado coordina y asiste técnicamente. El número de pequeños propietarios y sus tierras son reducidos. Otras reformas agrarias como las de Chile, Venezuela y Colombia se han desarrollado con lentitud y con efectos parecidos. La de Perú, más dinámica al principio, se ha visto obstaculizada por la subversión. Igual que en Colombia.

"(...) En Chiapas, la modernidad ha penetrado tarde y mal. No ha liberado a los campesinos ni mejorado sus condiciones de vida. Al contrario, al transformar la cultura tradicional y las antiguas jerarquías, ha acentuado las terribles desigualdades sociales y culturales".

Los indígenas son manipulados. Octavio Paz. La jornada, México, 1994.

Inseguridad, violencia, guerrillas

Ya conoces por lo estudiado en el capítulo 25 que entre los años sesenta y ochenta la frustración popular y los abusos causaron movimientos de lucha armada, dirigidos por profesionales e intelectuales de estratos medios y altos. Contaron con el estímulo y apoyo material y logístico del gobierno revolucionario cubano, la ideología marxista y el ambiente de la guerra fría entre las potencias. Sin embargo, parece que estas luchas fratricidas están arraigadas en una mentalidad latinoamericana con larga tradición de que los problemas se solucionan por la fuerza y no por la negociación pacífica. La violencia la usan quienes abusan del poder legalmente constituido y los que toman las armas para derrocarlo. Todo esto alienta la lucha armada como medio de llegar al poder y, frecuentemente, como medio de vida.

Las consecuencias son bien dramáticas. Una guerra civil ensangrentó a El Salvador durante diez años. Aunque se ha pactado la paz mediante la cooperación de varios gobiernos latinoamericanos, las pérdidas de vidas y daños materiales son altísimos. Igual sucedió en Nicaragua y continúa ocurriendo en Colombia y Perú. Sin contar los daños morales a las víctimas.

El ejercicio pleno de la democracia en Latinoamérica se ha visto interrumpido por el uso de la violencia.

Las crisis morales

Los problemas sociales se han agudizado por la ruptura con normas éticas y sociales que se consideraban válidas para todos los tiempos y sociedades, como el respeto a la vida, la integridad física de las personas y su honra. La pérdida de influencia de las

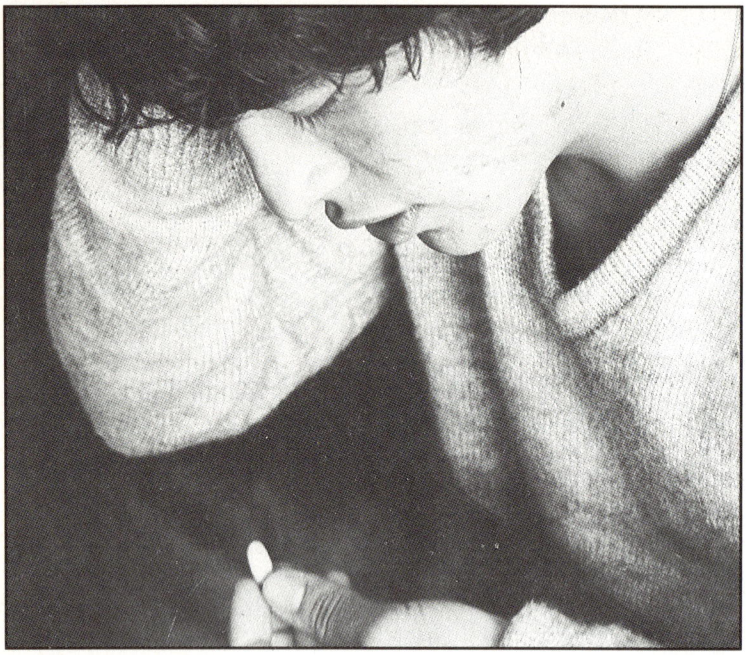

Inseguridad, pobreza y drogadicción: manifestaciones de la crisis de la sociedad actual.

religiones cristianas en Estados Unidos y Latinoamérica ha influido en el abandono de valores tradicionales familiares y de respeto social. A los asesinatos y el terrorismo se añade el secuestro que resulta un lucrativo negocio ocasionando a las víctimas la pérdida de la vida o, si la salva, de su estabilidad emocional. Y en todo el continente y gran parte del mundo, se desarrolla el gran mal del consumo de drogas que se vincula a otros vicios y produce la consecuente destrucción moral y física de aquellos jóvenes, y adultos, que caen en esta dependencia.

El consumo se ha multiplicado en los países de alto desarrollo industrial y cultural, en tanto que la producción se da en regiones de los países andinos: Perú, Bolivia y Colombia. Un intenso comercio entre productores y áreas de consumo se ha generalizado con graves consecuencias para los países latinoamericanos. Los grupos productores y traficantes de la droga se convirtieron en poderes económicos que estimulan a los campesinos locales y de escasos recursos para cultivarla, proporcionándoles beneficios que los Estados no han podido suministrar.

El comercio de las drogas hacia Estados Unidos ha originado por parte de su gobierno una guerra contra el narcotráfico que afecta principalmente a Colombia. Mujeres y hombres, tanto niños como adultos y ancianos, son víctimas desde hace varios años, de actos terroristas por parte de los carteles de la droga contra las medidas represivas del gobierno y de los agentes de la DEA. Centenares de personas han muerto o han quedado lisiadas de por vida al estallar carrosbombas en sitios públicos de Bogotá y otras ciudades colombianas.

La deuda externa

A mediados de 1982 el gobierno de México anunció que no podía continuar pagando sus obligaciones externas, que en aquel momento eran de $8000 millones de dólares. Cuando los bancos acreedores mundiales y México llegaban a un acuerdo para evitar la suspensión de pagos, Argentina confrontaba una situación parecida (1984). Sucesivamente la situación de México se agravó por la caída de los precios del petróleo (1986), el gobierno de Perú planteó que abonaría al servicio de la deuda solamente el 10% de los ingresos por exportaciones y Brasil, el mayor deudor, suspendió los pagos.
Desde la independencia los gobiernos latinoamericanos han concertado empréstitos con los bancos del exterior. Esta situación ya la has

"América Latina se caracteriza por la concentración de gran parte de la propiedad agrícola en manos de pocos propietarios... En un extremo de la escala se encuentran algunos miles de propiedades gigantescas y en el otro hay millones cuya superficie media es insuficiente para dar el sustento diario a una familia".

Informe de la CEPAL.

estudiado en la Unidad 4. Aquellos endeudamientos produjeron en diferentes ocasiones suspensiones unilaterales de pagos por las repúblicas afectadas, suspensiones de nuevos préstamos y renegociaciones del pago entre los bancos acreedores y los gobiernos deudores. Pero la crisis actual es más delicada por su carácter mundial: afecta a todas las repúblicas, los bancos que hacen los préstamos (estadounidenses, europeos y japoneses) han internacionalizado sus actividades y actúan conjuntamente, y existen organismos reguladores de los créditos, el *Fondo Monetario Internacional* y el Banco Mundial, que junto con la banca exterior tienen poder para presionar sobre los gobiernos y las economías de los deudores. Por tanto, es la peor crisis en la historia de Latinoamérica por sus graves consecuencias internas.

Según los especialistas, el endeudamiento se agravó por imprevisiones de los gobiernos y por la excesiva oferta de capitales a invertir por parte de los bancos y agencias internacionales. Este período terminó bruscamente con la crisis mundial del petróleo, que llevó a Estados Unidos y demás naciones poderosas a subir las tasas de interés de sus préstamos, a comienzos de los años ochenta, y a suspender los préstamos a largo plazo. Entonces las repúblicas buscaron nuevos créditos a corto plazo para pagar los intereses de las deudas contraídas con anterioridad. Con lo cual se elevó la deuda.

Se han realizado numerosos estudios y reuniones para solucionar la crisis, siendo uno de los más importantes el Grupo de Cartagena o asociación de países deudores. Lo más espectacular fue la cumbre reunida por Fidel Castro en La Habana, en la que participaron delegados de algunas repúblicas y donde Castro planteó la imposibilidad de pagar y retó a las potencias a destinar una parte de su presupuesto militar a la cancelación de la deuda. Cada gobierno está renegociando sus plazos y aplicando las recomendaciones de austeridad impuestas por los bancos y el Fondo Monetario Internacional para continuar pagando el servicio de la deuda: reducción del gasto público, congelación de salarios y reducción de trabajadores, aumento y creación de nuevos impuestos y aumento de las tarifas de servicios públicos. ◆

GLOSARIO

Servicio de la deuda externa: pago de los intereses pactados por el capital prestado.

Latifundio: grandes extensiones de tierra generalmente improductivas que pertenecen a un propietario, sea una persona natural o una compañía.

¿Para qué la Historia?

Dice un viejo refrán que a las personas se les conoce mejor en las tristezas que en las alegrías. Pues bien, mientras en el capítulo anterior te informaste de lo que nos une y alegra, en este capítulo estudiaste aspectos que nos entristecen como lo son las históricas dificultades de integración y hasta de cooperación de los Estados Unidos con las débiles repúblicas latinoamericanas. Te informaste sobre el llamado "*Diálogo Norte-Sur*", o sea, entre los países ricos, casi todos en el hemisferio Norte, y los países pobres que abundan en el Sur. Las Naciones Unidas lo propiciaron buscando crear un orden económico mundial equilibrado y sacar adelante a las naciones con menor desarrollo económico. Hasta ahora sin éxito.

Actividades

Trabajo individual

Analiza y escribe en tu libreta:

a) Factores que propiciaron el crecimiento poblacional y mejoraron la calidad de vida, en el siglo XX, en América Latina.
b) Implicaciones negativas del crecimiento poblacional para el desarrollo latinoamericano.
c) Causas de la emigración de latinoamericanos y hacia dónde emigran.

Trabajo individual

Elabora un mapa de América Latina con su división política. Localiza con color azul las ciudades que a comienzos de siglo tenían más de cien mil habitantes y con color rojo las que actualmente pasan de cinco millones de habitantes. ¿Cuál es tu conclusión?

Trabajo grupal

Invita a tres compañeros para intercambiar ideas y buscar posibles soluciones a los cinturones de miseria urbanos. Ingéniense un plan de desarrollo rural que motive la estadía en este sector. Preséntenlo en la puesta en común, complementen el trabajo y elijan el mejor para desarrollar un proyecto comunitario.

Trabajo grupal

Organizados en pequeños grupos de trabajo, redacten las preguntas para realizar una entrevista a tres profesores o personas vecinas adultas, sobre los problemas demográficos y de analfabetismo de tu país; también sobre sus posibles soluciones. Con el cuestionario bien preparado y una grabadora llevarás un buen informe periodístico a la plenaria.

Trabajo individual

En tu libreta, escribe un ensayo de dos cuartillas sobre las acciones de la Reforma Agraria en América Latina. Especifica las características de tu país.

Trabajo grupal

Invita a tres o cuatro compañeros a realizar un collage que ilustre diversas situaciones de inseguridad, violencia, guerrilla y crisis moral. Sobre él, y con color que resalte consigna un lema que invite al respeto social. En la puesta en común se eligen los mejores trabajos y se exhiben en un lugar visible a todos los miembros del colegio.

Relaciones e integración latinoamericanas

CAPÍTULO

29

SÍNTESIS

Bolívar tuvo el primer proyecto de unión

El Congreso de Panamá se reunió en 1826 por convocatoria del Libertador y con el fin de crear un pacto o alianza militar y política para detener a España si intentaba recuperar sus antiguas colonias, ayudar a las que aún no se habían independizado y tomar medidas para el intercambio de las repúblicas. O sea, era *un proyecto de unidad hispanoamericana.* Excluía a Estados Unidos, Brasil y Haití por no ser de origen español. Pero al Congreso asistieron solamente representaciones de México, Centroamérica, Gran Colombia y Perú. A pesar de las buenas intenciones y declaraciones, los acuerdos y planes económicos, políticos y militares nunca se llevaron

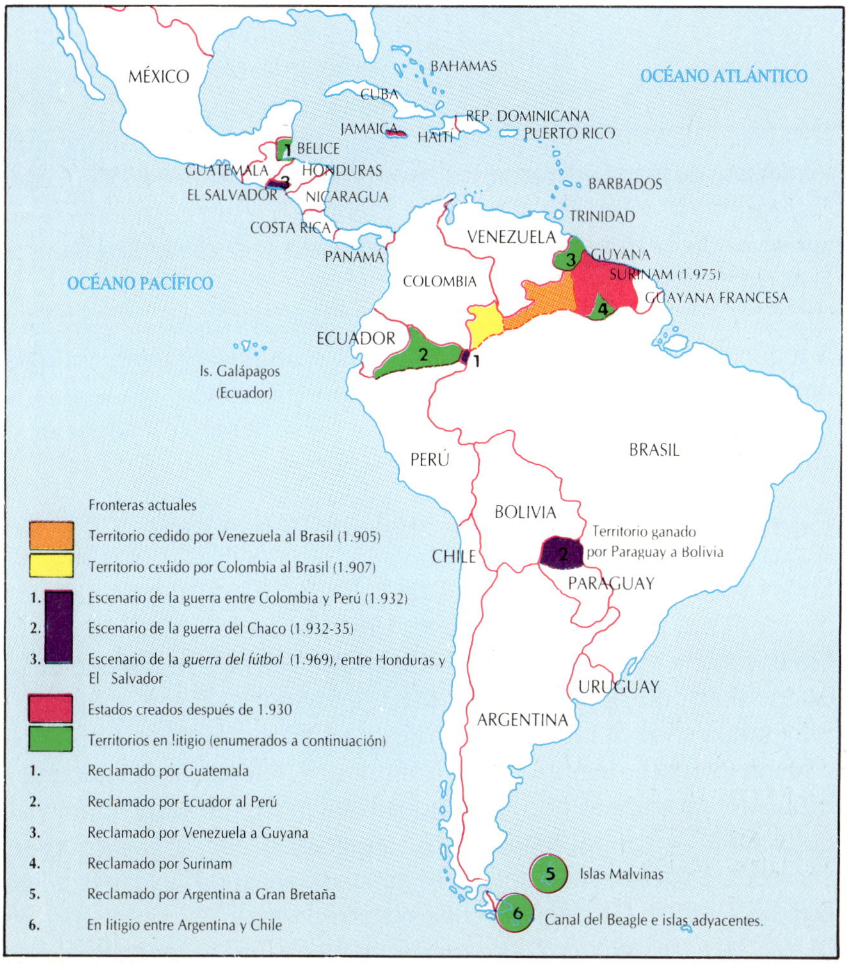

Las organizaciones de integración económica que agrupan solamente países de América Latina han buscado o intentan un desarrollo económico independiente de las potencias del Norte. Las primeras asociaciones se formaron en la década de los sesenta por recomendaciones de la CEPAL y sus planes de industrializar las repúblicas. Pero fracasaron, excepto el Pacto Andino que se mantiene con dificultades. En la actualidad existen CARICOM que integra las Antillas de habla inglesa, SELA que agrupa a todas las repúblicas, los Tratados de la Cuenca del Plata y del Pacto Amazónico con fines de conservación y desarrollo de regiones geográficas compartidas. En el marco mundial de la economía de mercado de los años noventa se han creado MERCOSUR y el Grupo de los Tres. Otras integraciones de carácter político han tenido importancia en los tratados del Canal de Panamá y la paz centroamericana.

América Latina. Zonas en conflicto

a la práctica. El ideal bolivariano fracasó por la desconfianza o indiferencia de algunas naciones, la diversidad de problemas de cada una y las dificultades del propio Bolívar, como gobernante de Colombia, para mantener latente la idea de unidad.

Sesión de la OEA, en su sede en Washington. (Foto Revista Cromos).

En la segunda mitad del siglo XIX, cuando el colombiano José María Torres Caicedo difundía el nombre de América Latina y su proyecto de unión, se celebraron varias reuniones tendientes a formar alianzas de las repúblicas. El *Congreso de Lima* (1847) con diplomáticos de Colombia, Ecuador, Perú, Bolivia y Chile frente a la amenaza de una expedición española que apoyaba al caudillo ecuatoriano Flórez; el *Congreso Continental* en Santiago de Chile (1856) con representantes de Perú, Ecuador y Chile para tomar decisiones ante a la expansión de Estados Unidos; la *Conferencia de Lima* (1864-1865) entre delegados de Perú, Bolivia, Chile y Ecuador para responder a la agresión de la flota española en el Pacífico y declarar la guerra a España.

Aunque los acuerdos tomados en estas reuniones interamericanas nunca fueron ratificados por los gobiernos, echaron las bases de una futura asociación política y económica y del derecho internacional americano.

"El problema de ayer, de hoy, de mañana en toda América Latina es la unión de acción, la comunidad de la vida internacional de los pueblos y gobiernos latinoamericanos".

Eugenio María de Hostos

Comienza la integración económica en el siglo XX

En los años sesenta, los estudios de la CEPAL (Comisión Económica para América Latina de las Naciones Unidas) con sede en Santiago de Chile, concluyeron que el problema consistía en la gran dependencia de los mercados extranjeros y que las naciones debían integrarse, formando asociaciones subregionales para su industrialización, principio mantenido siempre por la Comisión. A diferencia del panamericanismo propiciado por los Estados Unidos y la unidad continental de la OEA —que ya conoces— la integración que se inició desde entonces es solamente de países latinoamericanos; excluye a los Estados Unidos. Los primeros organismos fueron:

La ALALC (*Asociación Latinoamericana de Libre Comercio*) por el

Tratado de Montevideo, 1960, e integrada por los países del Cono Sur y Brasil, a los que se añadieron México y todas las otras repúblicas de Suramérica. El objetivo era liberalizar el comercio de las áreas mediante recíprocas rebajas aduaneras. Aunque comenzó con impulso, la ALALC fracasó. Igual suerte corrió el MCC (*Mercado Común Centroamericano*) formado también en 1960 por el Tratado de Managua entre las repúblicas centroamericanas (sin Panamá). La organización suprimió algunas tarifas aduaneras de dichos países e incrementó el comercio entre ellos, pero esta integración se paralizó por el conflicto entre Honduras y El Salvador (1969) y las guerras civiles posteriores en la región.

El Pacto Andino aún persiste

Esta asociación subregional de los países recorridos por la cordillera de los Andes nació por el *Acuerdo de Cartagena* (ciudad costera de Colombia) el 26 de mayo de 1969, que suscribieron Colombia, Chile, Perú, Bolivia y Chile. Venezuela se adhirió en 1973. El Pacto se proponía crear un mercado común, distribuir equitativamente los beneficios de la integración y negociar como bloque con los países ajenos al pacto. Para ello las naciones miembros debían suprimir gradualmente tarifas aduaneras y desarrollar planes conjuntos de industrialización. El Pacto nació con grandes esperanzas de éxito, pero cuando los estados miembros establecieron normas comunes sobre inversiones de capital extranjero, Chile, ya bajo la junta militar, se retiró de la organización (1976).

El pacto ha sido reformado por diversos acuerdos y para hacerlo más efectivo se creó el *Tribunal de Justicia del Acuerdo de Cartagena* (1979) con la función de garantizar el cumplimiento del mismo y resolver controversias. Su sede es Quito.

La ODCA (Organización Demócrata Cristiana de América) agrupa a los partidos demócratas cristianos del continente desde su fundación en 1947. En 1979 La Internacional Socialista creó un Comité para América Latina a fin de integrar a partidos y movimientos de revolucionarios sobre la base de proyectos socialistas. La COPPPAL (Conferencia Permanente de Partidos Políticos de América Latina) se creó en Oaxaca (México) en 1979. Agrupa a unos treinta partidos de tendencias diversas, con el fin de afianzar el derecho de los pueblos a la autodeterminación.

Reunión de los presidentes del Pacto Andino en Caracas, Venezuela, 1983.

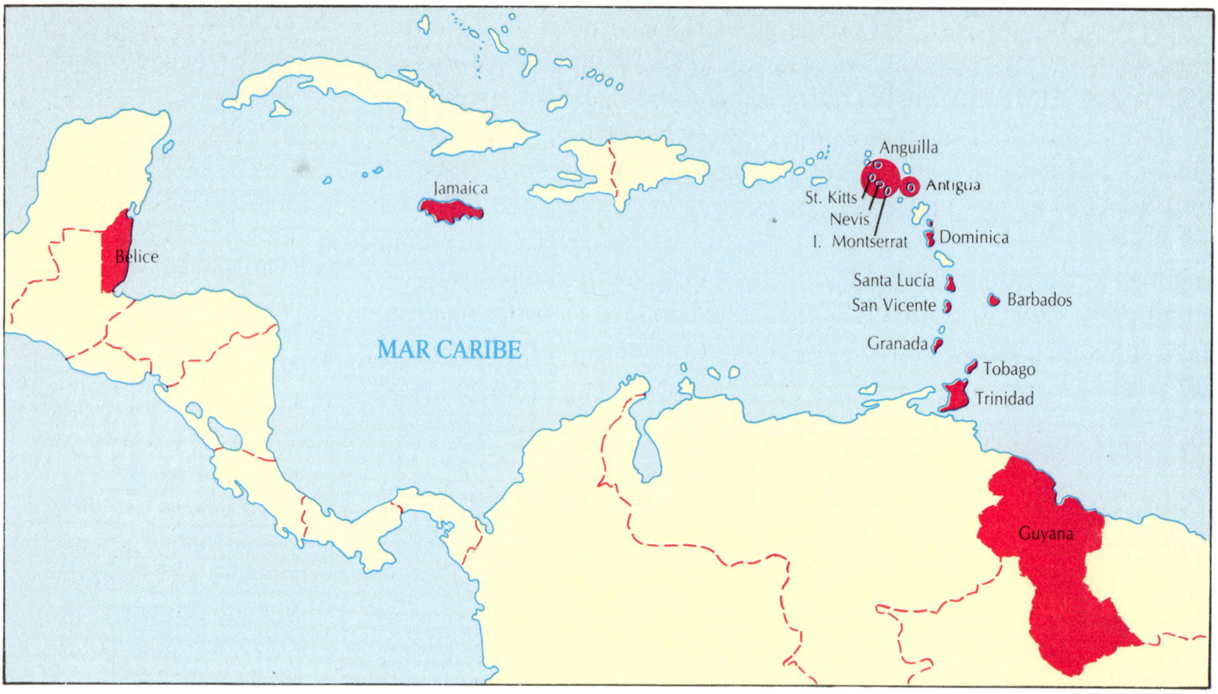

Comunidad Caribeña (CARICOM).

El *Grupo de Contadora,* nombre de la isla panameña que fue centro de las reuniones de los gobernantes de Colombia, Venezuela, México y Panamá hizo notables esfuerzos de cooperación en Centroamérica. El antecedente del Grupo fueron las Declaraciones y gestiones de los presidentes de Colombia, Venezuela y Panamá bajo el gobierno del general Torrijos que culminaron en los *Tratados del Canal* (1977) con el gobierno del presidente Jimmy Carter. Estados Unidos reconoció la soberanía de Panamá sobre la antigua zona del Canal y la entrega gradual de la vía interoceánica.

Los Estados del pacto asumieron posiciones políticas contra la dictadura somocista de Nicaragua e influyeron en el restablecimiento de la democracia en Bolivia. Pero debido a la desigualdad de intereses y desarrollo económico de los estados miembros, no todas han cumplido con las *desgravaciones* en los términos fijados y tampoco han tenido éxito los planes comunes de industrialización. El pacto ha estado a punto de desaparecer y en 1987 se derogó la cláusula que impedía las inversiones de capitales extranjeros.

Nuevas organizaciones a partir de los años setenta

Las experiencias de las organizaciones y pactos anteriores llevó a otras áreas de Latinoamérica a crear organizaciones de acuerdo con sus semejanzas geográficas y económicas.

- CARICOM (*Comunidad Caribeña*). Está compuesta por antiguas colonias inglesas: Jamaica, Trinidad-Tobago, Belice, Guyana, Granada y otras que puedes localizar en el mapa. Se creó por el Tratado de Charaguamas (en Trinidad) en 1973. En la misma fecha se creó el Mercado Común del Caribe, con los mismos miembros y que funciona en íntima relación con Caricom. Esta integración tiene dificultades por las grandes diferencias de desarrollo de los estados miembros y por diferencias políticas con Jamaica y Guyana cuando éstas tuvieron regímenes socialistas. En la práctica, Caricom resulta más un mecanismo regulador del comercio que una organización supranacional.

- EL SELA (*Sistema Económico Latinoamericano*). Creado en 1975 con 25 países y el propósito de integración regional más amplio que los otros pactos. Se ha orientado a desarrollar la producción de alimentos, fertilizantes, semillas y ha tenido éxito por un marcado carácter apolítico y flexible que le permite integrar naciones con diferentes sistemas de gobierno. Por ello es la única organización subregional de Latinoamérica a que pertenece Cuba con su gobierno socialista.

En 1983 el SELA planteó la crítica situación de América Latina en la UNTACD (Conferencia de las Naciones Unidas para el Comercio y el Desarrollo), destacando las dificultades de pago de la deuda externa y la obligación de las naciones ricas del mundo de ayudar ante la crisis de Latinoamérica.

- *El Tratado de la Cuenca del Plata* asocia a Argentina, Brasil, Bolivia, Paraguay y Uruguay, o sea los cinco estados que tienen territorios en la cuenca de dicho río. El Tratado existe desde 1969, se firmó en Brasilia con los propósitos de desarrollar armónicamente la cuenca e integrar físicamente la región. Ha sido también un canalizador y regulador de los conflictos históricos entre Argentina, la de mayor área en la cuenca, y Brasil, en plena expansión económica. Bajo los gobiernos militares de ambas repúblicas, hubo tensiones muy fuertes.

Otras organizaciones importantes que integran a diferentes niveles son el CELAM, la ODCA, el Comité del IS para América Latina, la COPPAL y varias organizaciones regionales de trabajadores. EL CELAM (*Consejo Episcopal de América Latina*) se fundó en Río, en 1955, con las funciones de ayuda pastoral a las conferencias nacionales de obispos, promover el estudio y reflexión de los problemas nacionales para coordinar la acción evangelizadora, aplicar experiencia nacionales en los demás países y organizar las reuniones de la Conferencia Episcopal Latinoamericana, o sea de todos los obispos de América Latina que se celebran cada cierto tiempo; la última fue en Santo Domingo (1992). El CELAM tiene su sede en Bogotá y lo componen un obispo presidente y obispos representantes de cada diócesis de América Latina. Se han llevado a cabo acciones como el Plan Indigenista Andino, el Instituto de Educación Rural.

Sistema Económico Latinoamericano (SELA). Organización interamericana, creada en 1975.

El Grupo de Río, o G3, creado en 1984, busca la integración de los miembros, consolidar la democracia en Latinoamérica e impulsar tanto el libre comercio como el desarrollo social.

El mayor proyecto de cooperación entre dos de las naciones del Tratado, Brasil y Paraguay, es la central hidroeléctrica de Itaipú, la más grande del mundo. Los dos países se reparten por igual la energía obtenida y como Paraguay aún tiene suficiente energía le está vendiendo su parte a Brasil. Sin embargo, los proyectos de construcción de represas ha originado situaciones tensas entre Argentina y Brasil y negociaciones de ambos gobiernos.

Las organizaciones recientes

- ALADI (*Asociación Latinoamericana de Integración*) fue creada por el Tratado de Montevideo de 1980, como sucesora de la ALALC a los veinte años de creada ésta y comprobarse la imposibilidad de lograr sus propósitos. La ALADI se formó en el marco de la cooperación Sur-Sur, o sea, entre países en vías de desarrollo y, por tanto, prefiere las negociaciones bilaterales y las moderadamente abiertas antes que las multilaterales que hacía la ALALC.

- El *Tratado de Cooperación Amazónica* fue suscrito el 3 de julio de 1978, por los ministros de Relaciones Exteriores de los ocho estados latinoamericanos que poseen áreas selváticas de la cuenca amazónica. Son ellos Brasil, Bolivia, Colombia, Ecuador, Guyana, Perú, Surinam y Venezuela. Está vigente desde 1980 y no tiene órganos permanentes sino que es un tratado entre gobiernos que ratifica la soberanía de cada Estado a su actual territorio en el área y acata un conjunto de principios y normas comunes para regular las relaciones internacionales en la cuenca y los acuerdos tienen que ser tomados por unanimidad entre los países miembros. Más que una integración es un pacto de cooperación entre Estados con el propósito de promover el desarrollo de sus respectivos territorios amazónicos, racionalizar el uso de sus recursos y preservar el medio ambiente.

  Lo peculiar del Pacto Amazónico es que surgió por iniciativa de Brasil, el país dominante pues posee el 63% de la cuenca, y los demás temieron que el Tratado fuera un instrumento de liderazgo y dominio brasileños. No obstante, sus acciones en el Tratado han sido muy importantes por cuanto ha sido una oportunidad de asociarse a las repúblicas hispanoamericanas vecinas, de las que había estado aislado por razones de idioma, cultura y litigios fronterizos.

- El *Grupo de Río*, se formó en esta ciudad en 1984, asociando a los miembros de los grupos de Contadora (Colombia, Panamá, México y Venezuela) y de Apoyo (Argentina, Brasil, Uruguay y Perú) que habían fracasado en sus gestiones de paz en Centroamérica. Con nuevos fines y estrategias, el Grupo de Río es un mecanismo de consulta y concertación política que busca la identidad latinoamericana y quiere ser una voz conjunta en las relaciones internacionales. Trabaja prioritariamente por consolidar el sistema democrático en Latinoamérica e impulsar el libre comercio y el desarrollo social. Cada año se reúnen los presidentes del grupo que ha crecido con nuevos Estados miembros.

- MERCOSUR (*Mercado del Sur*) nació en 1991 por el Tratado de Asunción entre Argentina, Brasil, Paraguay y Uruguay para constituir en 1994 un mercado común, aprovechando las experiencias anteriores y hacer progresar la integración propuesta en el marco de ALADI. Este tratado tiene en cuenta las situaciones derivadas de la deuda externa y las medidas proteccionistas de Estados Unidos y Europa que obstaculizan las exportaciones latinoamericanas. Se espera que MERCOSUR mejore la integración de Argentina y Brasil y la política de Estados Unidos hacia la región.

- El *Grupo de los Tres* lo componen México, Colombia y Venezuela según las reuniones de Puerto Vallarta, en México en 1990. Adelantan un Acuerdo institucional sobre liberalización del comercio e inversiones de capital, así como de mecanismos para la solución de controversias. En 1993 los cancilleres recorrieron los países centroamericanos y se reunieron con el Secretario de la OEA para verificar el cumplimiento del *Compromiso de Caracas* sobre el desarrollo económico y social de la región para fundamentar la paz y las instituciones democráticas. Posteriormente (2 y 3 de octubre) los tres jefes de Estado celebraron la *Cumbre de Puerto España (Trinidad)* y en reunión con los representantes de los países de CARICOM acordaron constituir la Asociación de Estados Caribeños y manifestaron su preocupación por el retorno a la democracia en Haití y Cuba. ◆

GLOSARIO

Desgravaciones: reducción y supresión de derechos o tarifas de aduana que recíprocamente acuerdan los Estados miembros de las organizaciones de integración.

Cooperación Sur-Sur: planes de ayuda mútua de los países de bajo y mediano desarrollo surgida de las Conferencias UNCTAD de las Naciones Unidas y otras organizaciones internacionales.

¿Para qué la Historia?

Las organizaciones que has conocido no surgieron de la noche a la mañana; son el resultado de intentos anteriores en etapas históricas distintas. Las organizaciones de integración creadas recientemente y las existentes buscan el desarrollo y elevar el nivel de vida de los latinoamericanos, teniendo en cuenta los nuevos rumbos de la economía mundial, que son muy distintos a los de décadas anteriores. Las experiencias que aporta el conocimiento histórico debe servir a economistas, hombres y mujeres de empresa, legisladores y gobernantes para tomar las medidas necesarias a la solución de la gravedad de América Latina. La Historia debe servir también a los dirigentes políticos y empresariales del Norte para una efectiva cooperación entre vecinos y un convencimiento de que en el mundo actual todos los pueblos dependen de todos. Quizás el tema de este capítulo renueve las esperanzas de un futuro mejor para todos.

Actividades

Trabajo individual

Responde brevemente en tu libreta:

- ¿Qué diferencia adviertes entre el proyecto de unidad continental de Bolívar y el panamericanismo propiciado y dirigido por los Estados Unidos?
- ¿A qué organizaciones interamericanas pertenece tu país y qué beneficios ha obtenido?
- ¿Qué opinión te merece la actuación de la Iglesia frente a la problemática latinoamericana? Con asesoría de tu profesor lee un aparte del Documento de Puebla.

Trabajo grupal

Con cuatro compañeros, resume los pactos y organismos de integración. Forma dos grupos: en uno los creados antes de 1960 y en otro los creados después de este año. Precisa los propósitos de cada uno, sus realizaciones, sus dificultades para lograr las metas propuestas y establece la principal diferencia entre estos dos grupos de organizaciones.

Trabajo individual

Escribe un ensayo de dos cuartillas sobre el manejo económico y político que le ha dado Estados Unidos a sus relaciones con América Latina, durante el siglo XX.

Trabajo individual

Elabora un mapa de América Latina con su división política. Localiza, según a los países que corresponda, los organismos de integración regional. Escribe la sigla, el acuerdo o tratado que le dio origen y el año. En recuadros ingéniate la manera de ilustrar su objetivo principal.

Trabajo grupal

Organiza un debate sobre los fines, realizaciones y fracasos de la OEA. Un grupo hace ver los éxitos de esta organización, mientras el otro grupo argumenta que sus acciones han sido un total fracaso para la integración americana. Cada grupo debe citar casos concretos.

Trabajo grupal

En pequeños grupos realiza un seguimiento, de por lo menos 15 días, a una noticia sobre el tema de la integración y relaciones latinoamericanas. Deben estar atentos en radio, televisión y prensa escrita. Recortar los artículos o grabarlos y escribir un informe para presentarlo en la plenaria.

Puerto Rico en el contexto latinoamericano

CAPÍTULO
30
SÍNTESIS

Desde los tiempos de la cultura taína la historia de Puerto Rico se relacionó con la de las Antillas y Suramérica. A partir de la conquista Puerto Rico vivió procesos comunes con todas las colonias españolas: extinción indígena, trasplante de instituciones, sistemas económicos, animales y semillas. Sobre todo, cristianización y asimilación de la lengua española. En el siglo XVIII la liberalización del comercio y el correo comunicaron a San Juan con los puertos caribeños españoles y varios de la metrópoli. Aunque desde 1898 Puerto Rico quedó política y económicamente separada de América Latina, los lazos del idioma y la cultura la integran cada vez más a la latinoamericanidad.

Antiguos y profundos nexos históricos

- Las relaciones de Puerto Rico con el continente comenzaron en los tiempos precolombinos cuando los taínos, pertenecientes a la *familia lingüística arawack*, emigraron desde Venezuela. Algunas tribus se establecieron en Puerto Rico y otras pasaron a las demás Antillas Mayores. Bien recuerdas que la cultura predominante fue la taína, de la cual persiste su herencia no solamente en el nombre Borinquen sino en numerosas palabras incorporadas a la lengua castellana.

Familia Taína. Su bohío fue construido con troncos de árboles, cañas y hojas de palma.

Castillo de San Cristóbal, fortín para la defensa de San Juan por la parte este.

• Desde el descubrimiento y la conquista, Puerto Rico y las demás colonias españolas tuvieron historia y cultura comunes. La conquista de Puerto Rico fue contemporánea de la de Cuba y Jamaica. Por los mismos años en que Ponce de León fundaba Caparra, otros conquistadores se dirigían al Darién o Tierra Firme. San Juan fue de las tres primeras diócesis fundadas en América en 1511. Puerto Rico, igual que La Española, fue una "escuela de conquistadores" y de ella partieron muchos españoles en otras expediciones. El propio Ponce de León marchó a la Florida, a la cual dio este nombre, en busca de las "fuentes de la eterna juventud".

Puerto Rico recibió las mismas instituciones, formas de trabajo y costumbres españolas que el resto de Hispanoamérica. Particularmente la lengua y la cristianización. Puerto Rico padeció un despoblamiento similar al de La Española, Cuba y Jamaica y las relaciones entre Puerto Rico y La Española fueron estrechas en lo jurídico y eclesiástico, porque la Audiencia de Santo Domingo tenía jurisdicción sobre todas las Antillas y el arzobispo de Santo Domingo sobre los obispos antillanos.

En los siglos XVI y XVII, las fortalezas de San Juan, Santo Domingo, Santiago de Cuba, La Habana, Veracruz, Maracaibo, Cartagena y Portobelo formaron el "muro de piedra" que cerraba el Caribe a los barcos extranjeros y protegía de los ataques de piratas, corsarios y filibusteros. Los planos de los castillos se debieron al ingeniero militar *Bautista Antonelli*, la edificación al trabajo de los esclavos y el costo corrió por cuenta del situado mexicano, el principal ingreso de las empobrecidas Antillas. Las fortalezas más grandes de Cartagena, en Colombia, y de San Juan llevan el nombre de "San Felipe" por el rey Felipe II que ordenó construirlas.

Los ataques de los corsarios a unas colonias repercutieron en otras. Cuando el temido Francis Drake con más de 20 barcos fue rechazado en San Juan, se dirigió a las costas de Colombia y destruyó las ciudades menos protegidas de Riohacha y Santa Marta. A comienzos del siglo XVII, el fracaso de los holandeses en Bahía (Brasil), orientó hacia Puerto Rico al corsario Balduino Henrico (como llamaron en español al holandés Hendriksz) quien tomó e incendió a San Juan. Desde que

España perdió las Antillas Menores, hacia 1640, Puerto Rico quedó limitando con las islas de Francia e Inglaterra y creció su importancia estratégica. Por otra parte, creció el contrabando que fue una manera ilegal, pero intensa de relacionarse con las poblaciones del Caribe.

Las reformas borbónicas intensificaron los nexos

Puerto Rico fue una de las primeras beneficiadas. Mediante la *Real Compañía de Nuestra Señora de Montserrate* (1756), se establecieron vínculos con Venezuela, La Española y varios puertos de España. Las relaciones intercoloniales aumentaron después que España recuperó La Habana, que los ingleses habían ocupado durante un año (1762-1763). El informe de *Alejandro O'Reilly* al rey fue decisivo para el progreso de las colonias. Este personaje debe ser muy conocido por ti, dada la importancia de sus recomendaciones sobre Puerto Rico.

En los años siguientes el correo marítimo y posteriores leyes de liberalización comercial facilitaron las comunicaciones entre San Juan, Caracas, Cartagena, Santo Domingo, La Habana y Trinidad. La *Real Factoría Mercantil* (1787) impulsó el comercio autorizado de Puerto Rico con las vecinas islas inglesas y francesas.

En 1797 los ingleses lograron parcialmente su propósito de dominar en el Caribe al conquistar Trinidad, pero fracasaron en Puerto Rico por la resistencia del gobernador y las milicias de criollos y negros. En el mismo año de 1797 cesaron las relaciones de Puerto Rico con Santo Domingo, porque la totalidad de la isla fue entregada a Francia, pero se intensificaron las relaciones jurídicas, administrativas y eclesiásticas

"Hostos ha sido una de las más altas voces de la conciencia colectiva de Hispanoamérica".

Carlos Arturo Torres

Las fugas individuales o colectivas de esclavos fueron un tipo de manifestación en contra de la esclavitud.

© Orlando Rincón

Capitolio de la ciudad de San Juan, Puerto Rico.

con Cuba. La Audiencia de Puerto Príncipe (Camagüey) reemplazó a la de Santo Domingo y en ella se ventilaron los procesos de apelaciones de Puerto Rico (hasta 1872, en que la isla contó con Audiencia propia) y la jurisdicción del antiguo arzobispado de Santo Domingo pasó a Santiago de Cuba.

La coyuntura de la independencia continental

En las Cortes de Cádiz (1811), convocadas por el Consejo de Regencia que dirigía la lucha contra el ejército de Napoleón, 53 diputados hispanoamericanos defendieron los derechos de las provincias de ultramar y plantearon los anhelos de autonomía de las élites criollas. Entre ellos José Mejía Lequerica y el poeta José Joaquín Olmedo por Quito, Miguel Ramos Arispe y José María Guridi y Alcocer por México, Bernardo Jáuregui por La Habana. Pero sobresalió, según recordarás, el diputado puertorriqueño *Ramón Power* quien fue elegido primer vicepresidente de las Cortes y obtuvo más libertades comerciales y que el Intendente de Hacienda en cada colonia no dependiese del gobierno militar.

El proceso hacia la Independencia no se detuvo y en 1821 el imperio español en América quedó reducido a Cuba y Puerto Rico. La figura de Bolívar y el triunfo de los criollos atrajeron simpatías y hubo algunas conspiraciones. El Libertador tenía en mente las Antillas españolas y en Puerto Rico se preparó una insurrección que dirigiría *Luis Doucrouday Holstein*, general francés que había combatido a las órdenes de Bolívar; pero los conspiradores fueron descubiertos y el gobierno español hizo fusilar a los dirigentes. Fracasaron también otros intentos de los criollos cubanos porque España había convertido las islas en bastiones militares. Existían otras causas muy importantes ¿Podrías recordarlas?

Paralelismo histórico de Puerto Rico y Cuba

Desde entonces, Puerto Rico y Cuba quedaron aisladas del contexto latinoamericano y vivieron procesos similares. La labor de *Alejandro Ramírez*, Intendente de Hacienda, fue decisiva en el impulso que cobraron la economía, la instrucción y la cultura en Cuba y Puerto Rico. También el lamentable tráfico negrero. Cuando se restableció la Constitución en España (1821), los criollos tuvieron nuevas esperanzas y concurrieron sucesivamente a las Cortes los puertorriqueños *Demetrio O'Daly* y *José María Quiñones* y tres cubanos, entre ellos el sacerdote *Félix Varela*. Pero Fernando VII impuso nuevamente el absolutismo con ayuda de fuerzas francesas (1823) y los diputados tuvieron que huir.

Un movimiento a favor de Cuba y Puerto Rico tuvo su sede en New York y contó con el apoyo de hispanoamericanos exiliados en la ciudad. El principal propagandista fue el escritor chileno *Benjamín Vicuña*, desde su revista "La Voz de América".

La burla de la Junta de Información de Madrid en 1866, exasperó a los criollos. Muy conocido para ti es el movimiento dirigido por *Ramón Emeterio Betances y Segundo Ruiz Belvis*, que se expresó en *El Grito de Lares*. Este hecho estaba sincronizado con el movimiento cubano del hacendado Carlos Manuel de Céspedes que dio *El Grito de Yara* al mes siguiente e inició la guerra de independencia en Cuba. La República Dominicana dio refugio a puertorriqueños y cubanos perseguidos y proporcionó hombres para la lucha. Los lazos entre las tres islas se

La industria del tabaco gozó de gran desarrollo en Puerto Rico y Cuba.

"Alinear al lado del éxito mexicano el puertorriqueño sería hacer cosa discutible; es, sin embargo, indudable que como México, Puerto Rico ha hallado una fórmula política capaz de sobrevivir a cambios de coyuntura que en otras áreas latinoamericanas han provocado el agotamiento de más de una que parecía destinada a más larga vigencia. Transformada en colonia de los Estados Unidos por el Tratado de París, sometida a una transformación económica vertiginosa, la isla debió sufrir una masiva tentativa de asimilación de la metrópoli, que fracasó bien pronto".

Tulio Halperin Donghi, Historia contemporánea de América Latina, pág. 407

Ramón Emeterio Betances, separatista y organizador del movimiento independentista.

estrecharon. Betances marchó a París, donde fue miembro de la Delegación diplomática de Santo Domingo, representó también a los cubanos en armas ante la República Francesa (creada en 1871) y continuó la campaña por la independencia.

La *Junta Revolucionaria Cubana de Nueva York*, creada por José Martí, extendió su programa a la liberación de Puerto Rico y contó con la adhesión del Club Borinquen que presidía el médico puertorriqueño *Julio Henna Pérez*. Más tarde, *Eugenio María de Hostos* dirigió periódicos cubanos en New York y recorrió Suramérica en busca de apoyo para la libertad antillana.

En el nivel intelectual hubo manifestaciones de pertenencia a la cultura hispanoamericana. Profesionales y poetas puertorriqueños que cursaban sus carreras en España y Francia, hicieron amistad con escritores y profesionales latinoamericanos que se encontraban estudiando o desterrados en Europa. Sin duda, el intelectual de más prestigio e influencia en América Latina a fines de siglo fue *Eugenio María de Hostos*. Por su Tratado de Sociología, sus Lecciones de Derecho Constitucional (premiadas en la Exposición de Guatemala en 1887) y, sobre todo, por la obra pedagógica que realizó en Venezuela, Chile y República Dominicana.

Del aislamiento a las relaciones actuales

Desde 1898 el desarrollo histórico de la isla fue una excepción en el ámbito latinoamericano. Pareció que la norteamericanización política, económica y educativa acabaría con la cultura hispánica de los puertorriqueños. Pero, por las mismas vías pacíficas características de sus relaciones con España en el siglo anterior, Puerto Rico alcanzó gradualmente el reconocimiento de la lengua castellana, la aceptación de su cultura y la autonomía política hasta el actual status.

En los años cuarenta y cincuenta hubo estrecha comunicación política e ideológica de los partidos democráticos y los gobernantes *José Figueres* de Costa Rica, *Rómulo Betancourt* de Venezuela, *Eric Williams* de Jamaica y con *Luis Muñoz Marín* y el partido popular democrático. Muy importantes son las relaciones universitarias. Hace años, en 1948, la poetisa chilena Gabriela Mistral fue profesora de la Universidad de Puerto Rico. San Juan y otras ciudades son sede de seminarios, simposios y encuentros, no solamente de hombres de negocios, sino de intelectuales, educadores y religiosos. En las últimas décadas ha crecido el comercio con República Dominicana, Haití, Jamaica, Curazao y Trinidad Tobago. La belleza de la isla y sus adelantos atraen turistas latinoamericanos.

La literatura, las artes y la música puertorriqueña expresan valores y sentimientos comunes de los latinoamericanos, mientras que la música puertorriqueña, bella y alegre desde la época colonial, es uno de los lazos más fuertes entre Puerto Rico y las demás naciones. En todo el continente triunfan los compositores e intérpretes puertorriqueños y en los festivales, cada año, se reúnen en San Juan los más célebres de América y España.

Libros escritos por obreros de la Federación Libre de Trabajadores.

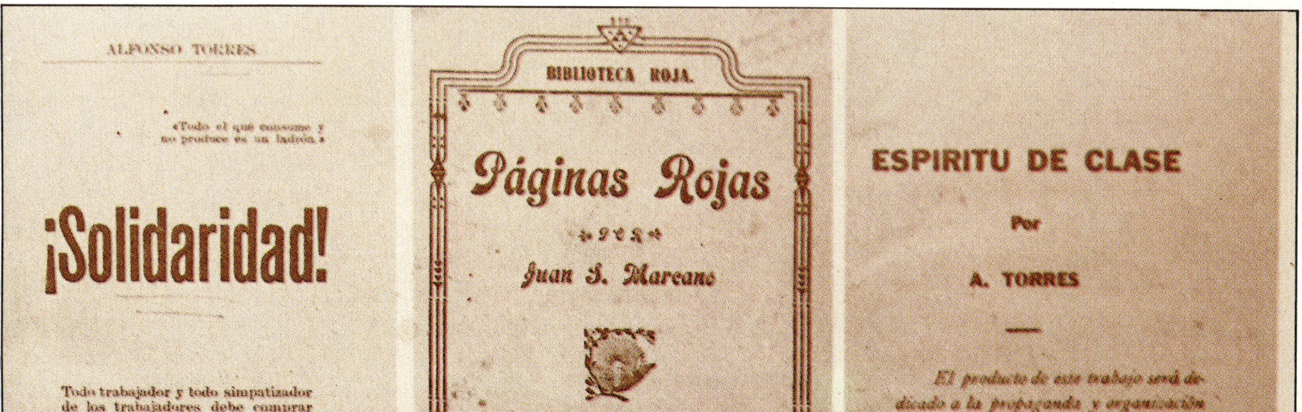

GLOSARIO

Arawack: nombre de la lengua indígena hablada por los taínos y otros pueblos de la costas suramericanas del Caribe; entre los grupos de esta familia lingüística que sobreviven actualmente figuran los indios de la península de La Guajira en el norte de Colombia.

Igual apreciación puede hacerse sobre el deporte. Sus grandes exponentes, como el beisbolista *Roberto Clemente* y el golfista *Chichí Rodríguez* son valorados en América Latina. La isla ha sido sede de los Juegos Centroamericanos y el Tour de las Américas. Puerto Rico tiene representación en el *Comité Olímpico Internacional.*

Las relaciones actuales de Puerto Rico y las naciones latinoamericanas se deben a la vitalidad de sus raíces históricas y culturales, que son las mismas de los países hermanos, y la manifiesta voluntad puertorriqueña de continuar siendo parte de América Latina.

¿Para qué la Historia?

El status de Puerto Rico es un tema muy debatido en la ONU y en los medios políticos de la isla y del Congreso de los Estados Unidos. Igualmente controvertido es el tema sobre la condición latinoamericana de Puerto Rico. Por su nivel de educación, salud y vida, en general, el pueblo puertorriqueño no padece el subdesarrollo característico de muchas regiones —y hasta países completos— de América Latina, los puertorriqueños son ciudadanos estadounidenses y el Estado Libre Asociado presenta las limitaciones propias de su singular condición política, única en todo el continente. Frente a estas consideraciones, encontramos la lengua española conservada y defendida con tenacidad inquebrantable y una tradición cultural, integrada por la religión, la literatura, las artes, la música y otras manifestaciones iguales a las de sus vecinos hispanoamericanos de las Antillas y del continente. Encontramos también una historia común desde el siglo XV hasta comienzos del XX. Este conocimiento histórico hace posible que puedas sacar tus propias conclusiones y asumir responsablemente tus deberes y derechos civiles y políticos.

Actividades

Trabajo individual

Ingéniate una tirilla que muestre momentos claves en la evolución histórica de Puerto Rico. Recuerda que las ilustraciones deben ir acompañadas de pequeños mensajes.

Trabajo individual

Contesta en tu libreta:

- Enuncia los elementos comunes de los taínos puertorriqueños y los de Haití y Cuba.
- ¿Por qué San Juan figura entre los primeros puertos en obtener libertad de comercio en el siglo XVIII?
- Cuál es tu apreciación de las relaciones de Puerto Rico con el resto de países latinoamericanos?

Trabajo grupal

Con tres compañeros realiza un perfil biográfico de José María de Hostos y José Martí. Determina en qué puntos coincidían y redacta un in forme sobre las relaciones de cubanos y puertorriqueños en el siglo XIX.

Trabajo grupal

Organizados en pequeños grupos de consulta en la biblioteca y buscan la "Carta de Jamaica", sacan los apartes que hagan referencia a Puerto Rico, los discuten y establecen las ventajas e inconvenientes para Puerto Rico, si se hubiera independizado de España al mismo tiempo que los países bolivarianos.

Trabajo grupal

En pequeños grupos dibujan o consiguen fotografías de poetas, escritores, músicos y deportistas actuales de Puerto Rico que tengan fama en el resto de América Latina. También las de extranjeros latinoamericanos conocidos en Puerto Rico. Valiéndose de la creatividad del grupo elaboran una cartelera que identifique el aspecto en que se destaca cada personaje.

Trabajo individual

Investiga y escribe un informe sobre los aspectos comunes actuales que existen en Puerto Rico y América Latina en cuanto a cultura, religión y economía. En la plenaria enriquecerás tu trabajo y ofrecerá información valiosa a tus compañeros.

Documento final de la III Cumbre de Jefes de Estado y de Gobiernos Iberoamericanos

1. Los Jefes de Estado y de Gobierno Iberoamericanos, reunidos en Salvador, Brasil, los días 15 y 16 de julio de 1993, dedicamos nuestra III Cumbre al examen del tema del desarrollo, con énfasis en el desarrollo social.

2. En esta oportunidad, reafirmamos nuestro pleno compromiso con la democracia representativa, el respeto, la defensa y la promoción de los Derechos Humanos y de las libertades fundamentales. En este marco, reiteramos los principios de soberanía, no intervención e integridad territorial y reconocemos el derecho de cada pueblo a constituir libremente, en paz, estabilidad y justicia, su sistema político y sus instituciones. Estos son objetivos básicos de la comunidad de naciones aquí reunidas y factores integrantes de cualquier política de cooperación. En este sentido, reiteramos plenamente todo lo dispuesto en la Declaración de Guadalajara del 19 de julio de 1991 y en el Documento de Conclusiones de Madrid del 14 de julio de 1992, que constituyen un conjunto de normas y principios que deben guiar nuestras relaciones. (...)

5. Las peculiaridades que nos distinguen estimulan, en esta Tercera Cumbre, un amplio intercambio de ideas sobre el tema del desarrollo. Nos impulsa la intención de contribuir, con nuestras reflexiones, al debate que esperamos sea realizado por la comunidad internacional, en los foros políticos de las Naciones Unidas, de la Organización de los Estados Americanos (OEA) y en todos los foros especializados en los que un Programa para el Desarrollo encuentra expresión. (...)

8. La Conferencia de las Naciones Unidas sobre Medio Ambiente y Desarrollo demostró que un amplio diálogo Norte-Sur es posible. Consideramos que el signo de solidaridad que orientó las deliberaciones de dicha Conferencia puede prevalecer en la definición de un «Programa para el Desarrollo». Afirmamos que la promoción de un diálogo constructivo es eficaz con el fin de identificar y explorar nuevas formas de asociación solidaria para la promoción del desarrollo (...)

12. Tenemos presente, sobre todo, que la meta final del desarrollo es la consecución de la dignidad plena del hombre. Si la comunidad internacional ha sido capaz de reducir el riesgo de la destrucción nuclear, deberá ahora eliminar el flagelo de la pobreza, del hambre y del analfabetismo..."

Publicaciones de la Tercera Cumbre Iberoamericana, Salvador, Brasil, 1993

Tratado del Canal de Panamá

"La República de Panamá y los Estados Unidos de América, (...)

Reconociendo la soberanía de la República de Panamá sobre su territorio,
Han decidido abrogar los tratados anteriores pertinentes al Canal de Panamá y celebrar un nuevo tratado que sirva como base para una nueva relación entre ambos países y
En consecuencia, han acordado los siguiente:

ARTICULO I
Abrogación de los tratados anteriores y establecimiento de una nueva relación.

1. Al entrar en vigor este tratado quedan abrogados y sustituidos:
   (A) La Convención del Canal Ístmico suscrita entre la República de Panamá y los Estados Unidos de América, en Washington, D.C., el 18 de noviembre de 1903.

   (B) El Tratado General de Amistad y Cooperación, firmado en Washington, el 2 de marzo de 1936 y el Tratado de Mutuo Entendimiento y Cooperación, firmados en Panamá el 25 de enero de 1955 (...)

2. De conformidad con las estipulaciones de este Tratado y Acuerdos Conexos, la República de Panamá, en su condición de soberano territorial, otorga a los Estados Unidos de América, por la duración de este Tratado, los derechos necesarios para regular el tránsito de barcos a través del Canal de Panamá y para manejar, operar, mantener, mejorar, proteger y defender el Canal. La República de Panamá garantiza a los Estados Unidos de América el uso pacífico de las áreas de tierras y aguas cuyos derechos de uso le han sido otorgados para dichos fines conforme a este Tratado y sus acuerdos conexos.

ARTICULO II
Ratificación, entrada en vigor y duración.
2. Este Tratado Terminará al mediodía, hora de Panamá, el 31 de diciembre de 1999.(...)

ARTICULO XIII
Transferencia de bienes y participación económica de la República de Panamá.

1. Al finalizar la vigencia de este Tratado, la República de Panamá asumirá la plena responsabilidad de la administración, funcionamiento y mantenimiento del Canal de Panamá, el cual le será transferido en condiciones de funcionamiento, libre de gravámenes y deudas, salvo lo que convinieren las partes". (...)

Tratados del Canal de Panamá, Publicaciones USIS, 1977.

Para trabajar

1. ¿Qué entiendes por la expresión iberoamericanos?
2. ¿Cuál fue el tema central de la cumbre brasileña de julio de 1993, y qué tareas se propusieron los países allí presentes?
3. ¿Consideras que en tu país se ejerce una verdadera democracia? Sí, no, ¿por qué?
4. ¿Cuál es tu opinión respecto al respeto de los derecho humanos en los países latinoamericanos?
5. Define cada uno de los términos siguientes: abrogar, sancionar y derogar un acuerdo o un tratado.
6. Panamá asume la plena responsabilidad sobre el canal el año 1999. ¿Qué repercusiones económicas y políticas puedes prever tanto para Panamá como para Norteamérica?

Esclavitud hereditaria en las caucherías

... "Cada empresario de caucherías tiene caneyes, que sirven de viviendas y bodegas. Ya conocerán los del Guacurú. Esos depósitos o barracas jamás están solos, porque en ellos se guarda el caucho con las mercancías y las provisiones y moran allí los capataces y sus barraganas.

"El personal de trabajadores está compuesto, en su mayor parte, de indígenas y enganchados, quienes, según las leyes de la región, no pueden cambiar de dueño antes de dos años. Cada individuo tiene una cuenta en la que se le cargan las baratijas que le avanzan, las herramientas, los alimentos, y se le abona el caucho a un precio irrisorio que el amo señala. Jamás cauchero alguno sabe cuánto le cuesta lo que recibe ni cuánto le abonan por lo que entrega, pues la mira del empresario está en guardar el modo de ser siempre acreedor. Esta nueva especie de esclavitud vence la vida de los hombres y es trasmisible a sus herederos. Por su lado, los capataces inventan diversas formas de expoliación: les roban el caucho a los siringueros, arrebátanles hijas y esposas, los mandan a trabajar a caños pobrísimos, donde no pueden sacar la goma exigida, y esto da motivo a insultos y a latigazos, cuando no a balas de winchester.

... "Recuerdo que la noche de mi llegada celebraban el carnaval. Frente a los barandales del corredor discurría borracha una muchedumbre clamorosa. Indios de varias tribus, blancos de Colombia, Venezuela, Perú y Brasil, negros de las Antillas, vociferaban pidiendo alcohol, pidiendo mujeres y chucherías. Entonces desde una trastienda, aventábanles triquitraques, botones, potes de atún, cajas de galletas, tabaco de mascar, alpargatas, franelas, cigarros. Los que no podían recoger nada, empujaban, por diversión, a sus compañeros sobre el objeto de la caída, y encima de él arracimábase el tumulto, entre risotadas y pataleos. Del otro lado, junto a las lámparas humeantes, había grupos nostálgicos, escuchando a las cantadores que entonaban aires de sus tierras: el bambuco, el joropo, la "cumbia-cumbia". De repente, un capataz velludo y bilioso se encaramó sobre una tarima y disparó al viento su winchester. Expectante silencio. Todas las caras se volvieron al orador. Caucheros, exclamó éste, ya conocéis la munificencia del nuevo propietario. El señor Arana ha formado una compañía que es dueña de los cauchales de La Chorrera y los de El Encanto. ¡Hay que trabajar, hay que ser sumisos, hay que obedecer! Ya nada queda en la pulpería para regalaros. Los que no hayan podido recoger ropa, tengan paciencia. Los que están pidiendo mujeres, sepan que en las próximas lanchas vendrán cuarenta, oídlo bien, cuarenta, para repartirlas de tiempo en tiempo entre los trabajadores que se distingan".

Tomado de "La Vorágine" de José Eustasio Rivera.

Para trabajar

- Busca el significado de los términos desconocidos.
- Localiza, sobre un mapa de América, la región cauchera a la cual hace referencia el texto y los lugares proveedores de mano de obra.
- De qué manera expresa el texto la riqueza cultural que se vive en las caucherías.
- ¿Cuáles son las condiciones humanas de los trabajadores de las caucherías? Con citas textuales fundamenta tus respuestas.
- Enuncia algunos productos, que circulan en los mercados puertorriqueños, derivados del caucho y nombra sus utilidades.
- ¿Qué expresiones del documento pueden explicar la presencia extranjera en la explotación del caucho?

Evaluación

- Define las siguientes expresiones:
  Vanguardismo
  Muralismo
  Minimalismo
  Pop - Art
  Premio Nobel
  Multinacionales
  Desgravaciones
  Iberoamericano
  Latinoamericano
  Situado mexicano

- Relaciona los contenidos de las dos columnas siguientes, ya sea con números o con líneas.

Andy Warhol	____ Eros y Civilización
Dexter Gordon	____ Poeta con gran acento socialista
Ernest Hemingway	____ Gran poetisa argentina
Margaret Mitchell	____ Su tema central fue la negritud
Herbert Marcuse	____ Intérprete de música Jazz
Alfonsina Storni	____ Creador de Popeye
Pablo Neruda	____ Autor de "El viejo y el mar"
Nicolás Guillén	____ Autor de "Lo que el viento se llevó"
Fernando Botero	____ Tungsteno
César Vallejo	____ Célebre pintor de "gordos"

- Analiza y responde:
  —¿Por qué se ha urbanizado la población de Latinoamérica desde 1930?
  —¿Qué relación puedes establecer entre el ritmo de crecimiento poblacional en América Latina y su calidad de vida?
  —¿Qué razones explican que Cuba, sólo sea miembro de SELA?
  —Resume y compara las acciones y programas del Tratado de Cooperación Amazónica con las del Pacto Andino.
- Consigna en tu libreta, las siguientes siglas y frente a cada una escribe su significado, el año de creación y el acuerdo o tratado que le dio origen. ALALC, MCC, CARICOM, SELA, OEA, ALADI, G3, MERCOSUR.

- Elabora un cuadro cronológico de la evolución de Puerto Rico y, frente a los acontecimientos que consideres de mayor trascendencia, elabora un dibujo alusivo.
  En un cuadro sinóptico, resume el desarrollo y perspectivas de tu país, en el siglo XX.

Epílogo

Tres reflexiones finales:

- El libro termina con los últimos hechos y procesos vividos en América durante esta década final del siglo XX, pero los conocimientos que has adquirido a través del libro ya te permiten comprender que la dinámica histórica continúa, unas veces con avances, otras con un ritmo más lento en la creatividad de las sociedades y hasta con retrocesos en la vivencia y defensa de los derechos humanos fundamentales.

- Al recorrer el pasado de las sociedades americanas has encontrado múltiples oportunidades de juzgar las actuaciones y actividades de gobernantes, dirigentes políticos, científicos, poetas, escritores, músicos, campesinos, comerciantes, sacerdotes y ministros de las iglesias cristianas. O sea, encuentras material para pensar críticamente sobre asuntos públicos en el pasado que proporcionan elementos y destrezas para juzgar y argumentar sobre los problemas políticos, sociales y económicos de nuestra sociedad en el presente. Al juzgar a hombres y mujeres del pasado enriqueces tu capacidad para juzgar no solamente a los demás sino tus propias acciones y decisiones.

- El estudio te ha llevado igualmente a conocer y comprender el desarrollo histórico de los pueblos hermanos de América y las raíces de los problemas propios que cada uno afronta para el siglo XXI. Has conocido las pérdidas humanas y materiales por las guerras civiles, la opresión y la intolerancia hacia quienes no piensan como exigen los sistemas y jefes dictatoriales. También te has asomado a la pobreza predominante en América Latina por las injusticias sociales y la desigualdad de oportunidades para que todos los hombres y mujeres puedan vivir dignamente.

Pues bien, este conocimiento nos hace más conscientes de que estamos construyendo la vida del siglo XXI próximo a comenzar. Y en este futuro en construcción todos tenemos una responsabilidad como miembros de la comunidad nacional y de la comunidad continental, como expresar a Eugenio María de Hostos: "Mi alma se ha hecho de todo el continente una patria intelectual que amo más cuanto más le conozco".

A.M.G.

TABLAS CRONOLÓGICAS

1325	Fundación de Tenochtitlán por los aztecas
1492	Cristóbal Colón llega a América
1494	Tratado de Tordesillas entre Portugal y los Reyes Católicos
1503	Los Reyes Católicos crean la Casa de Contratación
1512	Las Leyes de Burgos establecen la encomienda
1513	Vasco Núñez de Balboa descubre el océano Pacífico
1519	Comienza conquista de México por Cortés
1524	Carlos V crea Consejo de Indias
1531	Expedición de Pizarro y Almagro a Perú
1534	Ejecución de Atahualpa por Pizarro
1535	Sublevación de los incas dirigidos por Manco Cápac II
1537	Bula «Sublimis Deus» del papa Paulo III proclama libertad de los indios y capacidad para ser evangelizados
1538	Fundación de Santafé de Bogotá por Jiménez de Quesada Creación de la primera universidad americana en Santo Domingo
1540	Expedición de Valdivia inicia conquista de Chile
1585	Francis Drake toma las ciudades de Santo Domingo y Cartagena
1595	Rechazo a Hawkins y Drake en San Juan
1620	Los Padres Peregrinos llegan a Nueva Inglaterra
1635	Los franceses ocupan Martinica, Dominica y Guadalupe
1636	Fundación del Colegio de Harvard en Massachusetts
1680	Publicación de la Recopilación de Leyes de Indias
1697	España entrega la región oriental de la Española a Francia

1700 Comienza la dinastia de los Borbones en España

1770 Tratado de San Ildefonso entre España y Portugal sobre Brasil

1776 Declaración de independencia de las Trece Colonias inglesas

1780 Movimiento comunero en Nueva Granada y de Túpac Amaru en Perú.

1783 Inglaterra reconoce independencia de Estados Unidos

1789 Comienza la Revolución Francesa

1790 Insurrección de esclavos en Haití

1804 Haití se independiza de Francia

1807 La familia real portuguesa se traslada a Brasil

1808 Napoleón invade a España

1809 Juntas en Chuquisaca, La Paz y Quito

1810 Reunión de las Córtes extraordinarias en Cádiz, España. Juntas en Buenos Aires, Caracas, Santafé de Bogotá y Santiago de Chile

1814 Reconquista española de Chile, Venezuela y Colombia

1816 Congreso de Tucumán proclama independencia del Río de la Plata

1818 San Martín gana Batalla de Maipú y Chile se independiza

1819 Congreso de Angostura y triunfo de Boyacá en Nueva Granada

1821 Los dominicanos proclaman independencia de España
Plan de Iguala independiza a México
La Junta de Guatemala proclama independencia de España
San Martín proclama independencia de Perú
Batalla de Carabobo independiza a Venezuela
Batalla de Pichincha independiza a Ecuador

1822 Estados Unidos reconoce a las repúblicas independizadas
El príncipe Don Pedro proclama independencia del Brasil

1823 Mensaje del presidente Monroe al Congreso norteamericano

1824 Batalla de Ayacucho

1801-09	Presidencia de Thomas Jefferson
1803	Primer barco de vapor cruza el Atlántico hacia Europa
1833	Chile : Constitución centralista y conservadora de Diego Portales
1835	Argentina : Juan Manuel Rosas en la presidencia (hasta 1852)
1844	Los Dominicanos se independizan de Haití
1845	Inglaterra se apodera de la Costa de Mosquitos en Nicaragua
1848	Estados Unidos se apodera de territorios mexicanos
1851	Argentina : Constitución federal y liberalismo romántico.
1855-62	Perú : segundo gobierno de Castilla y medidas liberales
1858-61	México : Guerra civil y triunfo de la Reforma liberal
1861	Chile : triunfo del liberalismo moderado. Comienza inmigración
1861-64	Guerra de Secesión.
1863	Colombia : Constitución liberal y federalista
1864	Maximiliano de Habsburgo emperador de México
1865	Guerra del Paraguay contra Brasil, Argentina y Uruguay
1866-71	Guerra de Perú, Chile, Bolivia y Ecuador contra España
1868-78	Cuba : Guerra de independencia
1868	Puerto Rico : Grito de Lares
1875	Porfirio Díaz presidente de México
1879	Primera lámpara eléctrica inventada por Thomas Edison
1879-83	Guerra del Pacífico. Chile contra Bolivia y Perú
1886	Estados Unidos : agitación obrera en Chicago
1889	Brasil : los militares proclaman la república

1902	Se inagura la República de Cuba bajo tutela norteamericana
1903	Creación de la República de Panamá y Tratado con Estados Unidos sobre el Canal.
1910	Comienza la revolución mexicana
1916	Intervención norteamericana en República Dominicana
1917	Constitución revolucionaria de Querétaro en México
1920	Se concede el voto a las mujeres en todos los Estados Unidos.
1929	Caída de la Bolsa de valores de New York. Gran Depresión Voto femenino en Puerto Rico y Ecuador
1930	Getulio Vargas concede voto a las mujeres en Brasil
1933	Conferencia panamericana de Montevideo acuerda la No intervención en los asuntos internos de los Estados miembros
1936	Las mujeres votan por primera vez en Cuba
1937	Anastasio Somoza presidente de Nicaragua
1938	Nacionalización del petróleo mexicano por Lázaro Cárdenas
1945	Muerte de Roosevelt. Fin de la guerra y creación de la ONU
1951	El gobierno de Bolivia toma medidas revolucionarias
1959	Caída de Batista en Cuba. Triunfo de Castro
1963	Dictaduras en Guatemala, Honduras y República Dominicana
1973	Derrocamiento de Allende en Chile y Junta Militar presidida por Pinochet.
1979	Derrocamiento del dictador Somoza en Nicaragua. Comienzo del régimen sandinista.
1990	Fin de la dictadura militar de Pinochet y elecciones democráticas.
1993	Plebiscito confirma status político de Puerto Rico.

1826	Congreso de Panamá intenta unión de Hispanoamérica
1856	Congreso Continental de Santiago (Ecuador, Perú y Chile ante expansión norteamericana)
1948	La 9o. Conferencia panamericana crea la OEA
1955	Fundación del CELAM (Consejo Episcopal Latrinoamericano)
1969	Acuerdo de Cartagena crea el Pacto Andino
1973	Creación del Caricom y del Mercado Común Caribeño
1975	Creación del SELA
1980	Creación de ALADI como sucesora de la ALALC
1983	Brasil en crisis por deuda externa más alta del mundo
1985	Cumbre de La Habana sobre deuda externa
1986	El Grupo de Río absorbe los grupos de Contadora y de Apoyo con nuevos objetivos y planes de acción
1987	Presidentes centroamericanos aprueban plan de paz
1990	Elecciones libres en Nicaragua y fin del gobierno sandinista Creación del Grupo de los Tres (México, Colombia y Venezuela)
1991	Primera cumbre de Jefes de Estado y de Gobierno de Iberoamérica se celebra en Guadalajara (México) Creación de Mercosur
1992	Desaparecen la Unión Soviética y el bloque socialista. Cuba pierde aliados y mercados. Segunda cumbre de Jefes de Estado y de Gobierno iberoamericanos. Madrid. Cuarta Conferencia Episcopal Latinoamericana. Santo Domingo
1993	Gestiones de la OEA y la ONU para restablecer la democracia en Haití. Acuerdos de libre comercio : 1) entre Estados Unidos, Canadá y México, y 2) del Grupo de los Tres.

BIBLIOGRAFIA

GENERAL

BETHEL, Leslie (ed). Historia de América Latina. Traducción castellana de The Cambridge History of Latin America por Antonio Acosta y otros. Barcelona, Crítica, 1991-1993, 16 volúmenes.

CARDOSO, Ciro F.S. y PEREZ BRIGNOLI, Héctor. Historia económica de América Latina, 2 volúmenes. Barcelona, Crítica, 1979.

CESPEDES DEL CASTILLO, Guillermo (comp.). Textos y documentos de la América Hispánica (1492-1898), tomo XIII de Historia de España dirigida por Manuel Tuñón de Lara. Barcelona, Labor, 1986.

HALPERIN DONGUI, Tulio. Historia contemporánea de América Latina, Madrid, Alianza, 13a. edición, 1991.

HERNANDEZ SANCHEZ-BARBA, Mario. Historia de América. Madrid, Guadarrama, 1984, 3 volúmenes.

MONTENEGRO GONZALEZ, Augusto.Historia de América. Bogotá, Norma, 1990.

MORISON, Samuel Elliot y otros.Breve historia de los Estados Unidos.. Traducido por Odón Durán, Faustino Ballvé y Juan José Utrilla. México, Fondo de Cultura Económica, 1980.

MORRIS, Richard B. Documentos fundamentales de la historia de los Estados Unidos. Versión española por Antonio Guzmán. México, Limusa, 1986.

PARRY, J. H. y SHERLOCK, Philip. Historia de las Antillas. Traducido por Viviana S. de Ghio. Buenos Aires, Kapelusz, 1a. edición, 1976.

VICENS VIVES, Jaime (dir). Historia de España y América, Barcelona, Vicens Vives, 1974, vols 1-4.

UNIDAD 1

BEAZLEY, Michell (ed). América del Norte, América Central y Grandes Antillas. Valencia, Círculo de Lectores, 1991.

FLORES, Eusebio. La Tierra y el Hombre en las Américas. Costa Rica, Universidad Estatal, 1985.

UNESCO. Geografía de América Latina. Barcelona, Teide, 1975.

COL, Josefina Oliva de.La resistencia indígena ante la conquista. México, Siglo XXI, 1986.

UNIDAD 2

ARCINIEGAS,Germán. América en Europa. Buenos Aires, Suramericana,1992.

HANKE, Lewis. La lucha por la justicia en la conquista de América. Buenos Aires, Suramericana, 1949.

KONETZKE, Richard. América Latina II. La época colonial. Traducido por Pedro Scaron. México, Siglo XXI, 17a. edición española, 1985.

OTS CAPDEQUI, José. El Estado español en las Indias. México, Fondo de Cultura Económica, 1980.

VON HAGEN, Víctor. Los reinos americanos del Sol. Barcelona, Labor, 1964.

ZAVALA, Silvio. La filosofía de la Conquista. Fondo de Cultura Económica, 1972.

ZEA, Leopoldo (comp). El descubrimiento de América y su sentido actual. México, Fondo de Cultura Económica, 1989.

UNIDAD 3

GUERRA, Francois Xavier. Modernidad e Independencia. Ensayo sobre las revoluciones hispánicas. Madrid, Mapfre, 1992.

HALPERIN DONGUI, Tulio. Reforma y disolucióndе los imperios ibéricos, 1750-1850. Madrid, Alianza, 1985.

LYNCH, John. Las Revoluciones hispanoamericanas1808-1826. Barcelona, Ariel,1976.

ROMERO, José Luis. El pensamiento político de la emancipación (1790-1825). Caracas, Biblioteca Ayacucho, s/f, 2 vols.

SEVILLA SOLER, María del Rosario. Las Antillas y la independencia de la América española. Madrid, Consejo Superior de Investigaciones Científicas, 1989.

UNIDAD 4

ADAMS, Willi Paul. Los Estados Unidos de América. Traducido por Máximo Cajal y Pedro Gálvez. México, Siglo XXI, 4a. edición,1980.

ARDAO, Arturo. Génesis de la idea y el nombre de América Latina. Caracas, Centro de Estudios Latinoamericanos "Rómulo Gallegos", 1980.

BEYHAUT, Gustave et Helene. América Latina. De la independencia a nuestros días. México, Siglo XXI, 3ra. edición española,1990.

KAPLAN, Marcos. Formación del Estado nacional en América Latina. Buenos Aires, Amorrortu, 1976.

RAMA, Carlos M. Historia de las relaciones culturales entre España y América Latina. Siglo XIX. México, Fondo de Cultura Económica,1982.

VARIOS. El pensamiento latinoamericano en el siglo XIX. México, Instituto Panamericano de Geografía e Historia, 1986.

UNIDAD 5

ALDEA, Quintín y CARDENAS, Eduardo (dir.).La Iglesia del siglo XX en España, Portugal y América Latina. Tomo X del Manual de Historia de la Iglesia. Barcelona, Herder, 1987.

CARDOSO, Fernando Henrique y FALETTO, Enzo. Dependencia y desarrollo de América Latina. México, Siglo XXI, 1970.

LAVRIN ASUNCION (comp). Las mujeres latinoamericanas. Perspectivas históricas. México, Fondo de Cultura Económica, 1985.

MONTENEGRO GONZALEZ, Augusto. "Ejércitos, partidos políticos e intervenciones norteamericanas en Cuba (1899-1959)". En Universitas Humanística No. 17 (Universidad Javeriana), Bogotá, marzo de 1982.

VARIOS. América Latina: historia de medio siglo, Vol. 1. América del Sur, Vol. 2. México, Centroamérica y el Caribe. México, Siglo XXI, 1979 y 1981.

UNIDAD 6

FURTADO, Celso. La economía latinoamericana, formación histórica y problemas contemporáneos. México, Siglo XXI, 1980.

HENRIQUEZ UREÑA, Pedro. Historia de la Cultura en América Hispana. México, Fondo de Cultura Económica, 9a. reimpresión,1973.

KAPLAN, Marcos. Problemas del desarrollo y de la integración en América Latina. Caracas, Monte Avila, 1976.

LAMBERT, Jacques. América Latina. Estructuras sociales e instituciones políticas. Traducido por Pablo Bordonaba. Barcelona, Ariel, 1973.

SANCHEZ-ALBORNOZ, Nicolás. La población de América Latina desde los tiempos precolombinos al año 2000. Madrid, Alianza, 1977.

STANLEY J. y STEIN Bárbara. La herencia colonial de América Latina. Traducido por Alejandro Licona. México, Siglo XXI, 10a. edición, 1978.

SUNKEL, Osvaldo y PAZ, Pedro. El subdesarrollo latinoamericano y la teoría del desarrollo. México, Siglo XXI, 1986.